Ich will bleiben, aber wie?

Mira Kirshenbaum

Ich will bleiben, aber wie?

Neuanfang für Paare

Übersetzt aus dem Englischen von
Martina Georg

Scherz

Die Originalausgabe erschien unter dem Titel
«Our Love is too Good to Feel so Bad»
bei Avon Books, New York.

www.fischerverlage.de

Siebte Auflage 2008
Erschienen bei Scherz,
ein Verlag der S. Fischer Verlag GmbH,
Frankfurt am Main
Copyright © 1998 by Mira Kirshenbaum
Für die deutschsprachige Ausgabe:
© S. Fischer Verlag GmbH, Frankfurt am Main, 1999/2006
Einbandgestaltung: Franziska Muster
unter Verwendung eines Fotos von Image Bank, Zürich
Gesamtherstellung: CPI – Ebner & Spiegel, Ulm
Printed in Germany

ISBN 978-3-502-14361-1

Inhalt

An die Leserinnen und Leser dieses Buches 7

1   So stark kann keine Liebe sein 19
     Wo mögliche Liebeskiller lauern

2   «Ich tue mein Bestes» 35
     Liebeskiller Nr. 1: Die Grundversorgung
     vernachlässigen
     Frage: Wissen Sie noch, was für Ihre
     Beziehung wesentlich ist?

3   «Auf dich laß ich nichts kommen» 59
     Liebeskiller Nr. 2: Den Partner abwerten
     Frage: Ist Ihre Beziehung durch Abwertungen
     und Schubladendenken vergiftet?

4   «Wir leben nebeneinander her» 81
     Liebeskiller Nr. 3: Der Alltagsstreß nagt
     an der Liebe
     Frage: Ist Ihre Beziehung durch Anforderungen
     Ihres Alltags so belastet, daß sie dauerhaften
     Schaden genommen hat?

*5   «Zwischen uns hört man
     eine Stecknadel fallen»* 105
     Liebeskiller Nr. 4: Die Mauer aus Schweigen
     Frage: Können Sie offen, direkt und
     unverkrampft miteinander reden?

6 *«Was tust du für mich?»* 123
Liebeskiller Nr. 5: Unerfüllte Bedürfnisse
Frage: «Warum muß ich so kämpfen,
damit du meine Bedürfnisse befriedigst?»

7 *Sexualität heilen* 151
Liebeskiller Nr. 6: Unerfüllte Sexualität
Frage: Haben Sie eine positive Einstellung
zum Sex?

8 *«Wir finden einen Mittelweg»* 177
Liebeskiller Nr. 7: Wenn Gegensätze
sich nicht ergänzen
Frage: Leiden Sie daran, daß Sie in vieler
Hinsicht einfach zu verschieden sind?

9 *Ein Pflaster für die Liebe* 191
Liebeskiller Nr. 8: Das Gift der alten Wunden
Frage: Gibt es in Ihrer Beziehung Wunden
aus der Vergangenheit, die nicht verheilt sind?

10 *Nicht die Beziehung, sondern der Partner
ist das Problem* 213
Liebeskiller Nr. 9: Persönlichkeitsprobleme
Frage: Hat Ihr Partner oder haben Sie
mit sich selbst Probleme, die auch die
Beziehung belasten?

11 *Und morgen ist ein neuer Tag...* 231
Liebeskiller Nr. 10: Die «Erwartung-gleich-
Null»-Falle
Frage: Wie können Sie Ihre Beziehung
wieder neu beleben?

12 *Zum Schluß* 251
Die Liebe ist gekommen, um zu bleiben

An die Leserinnen und Leser dieses Buches

**Wenn Sie bleiben wollen,
aber nicht wissen wie...**

Sie können sich kaum etwas Schlimmeres vorstellen, als in einer problematischen Beziehung zu leben? Mit Recht. Diese nagende Gewißheit, daß Liebe so nicht sein sollte; dieser verzweifelte Kampf, mit dem Sie versuchen, bei all den Problemen von der Liebe noch zu retten, was zu retten ist; dieses Gefühl, daß nichts mehr stimmt in Ihrem Leben: all das wühlt Sie furchtbar auf. Sie sind wütend auf Ihren Partner, und Sie sind es vielleicht auch auf sich selbst. Sie sind zutiefst traurig und enttäuscht. Und vor allem haben Sie Angst, denn wir alle wissen, wie leicht es passieren kann, daß Probleme im Zusammenleben letztlich die Liebe töten – und Ihre Liebe nicht ausgenommen, selbst wenn Sie einst glaubten, daß sie niemals sterben könne, daß sie alles überdauere.

Halten Sie an diesem Glauben fest! Ich bin sicher, er ist begründet, egal, wie lange Sie schon an Ihrer Beziehung arbeiten und sie in Frage stellen. Ihnen fehlt es weder an Liebe noch an gutem Willen. Sie haben einfach noch keine Antwort gefunden auf die Frage, wie Ihre Liebe zu retten ist. Es ist nicht zu spät – noch können Sie etwas tun. Wenn Sie die tatsächlichen Ursachen für Ihre Probleme entdeckt haben, können Sie Ihre Gefühle von Rat- und Hilflosigkeit überwinden und einer Liebe Platz machen und sie wieder zum Blühen bringen, von der Sie immer wußten, daß sie da ist.

Eine persönliche Einleitung: Um der Liebe willen...

Anstatt sich von Ihrer Ratlosigkeit und Ihren Problemen überwältigen zu lassen, sollten Sie herausfinden, wodurch diese Probleme entstanden sind. Stellen Sie sich den Problemen und finden Sie Ihr Glück in der Liebe wieder – das Glück, das sich jeder von uns wünscht. Dieses Buch zeigt Ihnen den Weg.

Wenn wir krank sind, gehen wir zum Arzt und erwarten von ihm eine möglichst genaue Diagnose. Diese Diagnose ermöglicht es uns herauszufinden, was zu tun ist, um wieder gesund zu werden. Und mehr noch: Sie erwarten eine persönliche, auf Sie zugeschnittene Beratung vom Arzt. Würden Sie sich nicht ebenso nach einer solchen persönlichen Diagnose sehnen und hätten Sie sie nicht auch verdient, wenn Sie sich vor Probleme gestellt sehen, die Ihre Liebe kranken lassen?

Mit Hilfe dieses Buches werden Sie in der Lage sein, die Schwachstellen in Ihrer Beziehung zu erkennen, die der Unversehrtheit und Vitalität Ihrer Liebe im Wege stehen. Sie werden endlich wissen, was Sie unternehmen können, um Ihre Beziehung wieder zu heilen.

1000 Lektionen der Liebe

Seit über 25 Jahren arbeite ich als Paartherapeutin mit Menschen, die ihre Beziehung retten wollen. Und Liebe hat heute für mich eine größere Bedeutung denn je. Nichts ist wichtiger, als von ganzem Herzen und aus vollen Kräften Liebe zu empfinden. Keine Niederlage fährt Ihnen so in die Knochen wie ein Liebesverlust. Und nichts erfüllt einen Menschen mehr als die Fähigkeit, sich die Liebe zu bewahren.

Manchmal aber läuft mit der Liebe etwas schief. Sie wissen, daß Ihre Beziehung eigentlich zu gut ist, um so schlecht zu laufen, und trotzdem wird sie immer schlechter und funktioniert kaum noch. Und manchmal kommt die Beziehung dann an den Punkt, wo sie stirbt. Das müssen wir klar erkennen. Beziehungen sind heutzutage allzu anfällig und nehmen leicht Schaden. Sei es durch den Streß in unserem Leben, durch Überarbeitung, Sorgen, Druck und Übermüdung. Wenn Ihre Beziehung also krankt: Was können das für Krankheiten sein und wie heilt man sie?

HILFE IST MÖGLICH

Um diese Fragen zu beantworten, konnte ich auf die Hilfe all der Menschen zurückgreifen, die in der gleichen Situation waren wie Sie. Ich hatte also Glück, denn um nur eine einzige Erkenntnis über Liebe zu gewinnen, braucht manch einer ein ganzes Leben. Ich kam also aufgrund meines Berufes auf intensive Weise mit dem Leben von über tausend Paaren in Berührung – das sind noch einmal so viele Einzelpersonen in ihrer ganz individuellen Eigenart: altersmäßig, von ihrer Herkunft und Bildung her, ihrem familiären und sozialen Hintergrund, ihrer intellektuellen und sexuellen Orientierung. Zu dem Privileg, über Jahre hinweg diesen Menschen als Therapeutin beiseite gestanden und geholfen zu haben, kommt hinzu, daß ich auf diese Weise über 14 Jahre hinweg Material sammeln konnte, das zu diesem Buch führte und dessen Grundlage bildet.

Bei meinen Studien versuche ich immer zu verstehen, warum die eine Liebe hält und die andere auseinanderbricht. Und eines ist unbestritten: Wer wir sind, welche

9

Lebensgeschichte wir mitbringen, ist unerheblich. Niemand ist perfekt, aber wir alle suchen nach dem einen Partner, mit dem wir eine stetige Beziehung haben können, eine lebenslange Liebe. Das scheint nun einmal unsere Natur zu sein.

Deshalb ist es um so wichtiger zu erkennen, was eine Liebe anfällig macht und wann wir von einer fatalen Liebe sprechen. Frauen und Männer wie Sie haben mir den Weg zu dieser Erkenntnis gewiesen und, wichtiger noch, sie haben mir auch gezeigt, wie die Liebe zu retten ist.

Die Liebe – ein Rätsel?

Wieso passiert uns das? und: Was können wir tun? Nicht mehr und nicht weniger wollen Sie wissen, wann immer Sie sich in einer Beziehungskrise befinden und ernsthafte Konflikte mit Ihrem Partner anstehen. Nancy, eine meiner Klientinnen, spricht für viele von uns:

«Wir wissen einfach nicht, wie wir noch glücklich miteinander sein können. Wir sind es nicht mehr, aber ich weiß nicht, warum. Als ob wir in dieses elende Loch gefallen sind und den Weg nicht herausfinden, obwohl wir eigentlich klettern könnten, so wie wir es früher ja auch konnten. Warum ist das bloß passiert, warum?»

Nancy zerbricht sich den Kopf, aber es bleibt für sie ein unlösbares Rätsel, woher die Probleme kommen.

So wie Nancy geht es vielen. Die meisten von uns sehen sich vor die immer gleichen Probleme gestellt, und ich habe eine Art Hitliste der zehn wichtigsten Probleme erstellt.

DIE TOP TEN DER BEZIEHUNGSRÄTSEL:

1. Warum gibt es immer Streit, wenn wir reden? «Ich möchte einmal ein Gespräch erleben, das nicht in einem Knall endet. Aber wenn mich zum Beispiel etwas geärgert hat oder ich einfach nur wissen will, was bei Mike in der Arbeit los war, dann dauert es keine drei Sätze, und schon geraten wir gewaltig aneinander.»

2. Warum macht uns nichts mehr Spaß? «Mein Gott, was hatten wir Spaß miteinander! Beim Ausgehen oder einfach nur so, wir zu zweit. Wie wünsche ich mir das zurück, einfach Spaß zu haben, wie früher!»

3. Warum sind wir uns nicht mehr nahe? «Am Anfang unserer Beziehung hatten Lisa und ich das Gefühl, Seelenverwandte zu sein. Wir spürten, was der andere dachte und was in ihm vorging. Inzwischen gehen wir fast geschäftsmäßig miteinander um, haben lauter andere Sachen im Kopf – ich fühle überhaupt keine Nähe mehr zu ihr.»

4. Ist guter Sex nur noch Vergangenheit? «Im Bett funktionierte es gut zwischen uns. Dann aber wurde es öde. Mein Gott, man vergißt ja auch nicht plötzlich, wie man anständige Rühreier macht – warum dann, wie man miteinander schläft? Wir haben einiges versucht, wir arbeiteten sozusagen daran. Und jetzt geht gar nichts mehr.»

5. Warum gehen unsere Bedürfnisse aneinander vorbei? «Er beklagt sich dauernd und fragt, warum ich nicht dieses oder jenes für ihn tue oder warum ich nicht so oder so bin. Dabei ist es so, daß ich meine Wünsche an ihn schon längst aufgegeben habe. Jeder von uns fühlt sich vernachlässigt und bräuchte einfach mehr.»

6. Was hält der andere eigentlich noch von mir? «‹Du Flasche›, das ist die Botschaft, die sie mir von morgens bis abends vermittelt. Sie soll mir ja nicht gerade die Füße küssen oder mich für Superman halten, aber ein bißchen was von diesem ‹Du bist einfach toll!›, was sie mir früher, am Anfang unserer Beziehung, immer wieder gesagt hat, das hätte ich wirklich gerne.»

7. *Warum verstehen wir nicht, was mit dem anderen los ist?*
«So geht es oft: Gestern war er in bester Stimmung, und vorgestern auch, aber heute morgen plötzlich, gleich beim Aufstehen, kann ich machen, was ich will: Alles ist falsch. Und dann behauptet er, daß man aus mir nicht schlau wird.»

8. *Wenn es Liebe ist, warum fühlen wir uns nicht danach?*
«Als wir heirateten, schworen wir uns, daß wir uns scheiden lassen, sobald wir jemals aufhören sollten, uns zu lieben. Aber so einfach ist es nicht. Wahrscheinlich lieben wir uns immer noch, verhalten uns aber nicht mehr danach.»

9. *Warum tun wir uns immer gegenseitig weh?* «Ich will ganz offen sein: Ich will ihn nicht verletzen, aber ich glaube, er will mich treffen. Wie auch immer – bei allem, was wir sagen oder tun, schaffen wir es immer, uns zu verletzen, und wir können einfach nichts dagegen tun.»

10. *Warum können wir Vergangenes nicht einfach mal abhaken?* «Gut, zugegeben, ich hab eine Menge falsch gemacht. Und es ist ja nicht so, daß sie sich nichts geleistet hätte ... Aber muß es immer und immer wieder um meine Schandtaten gehen, kann man nicht mal einen Strich darunter ziehen?»

In diesen Top Ten finden Sie sich sicher wieder und werden eine oder mehrere Fragen dick ankreuzen können, weil sie genau den Schwachpunkt Ihrer eigenen Beziehung benennen. Sobald Sie diese Schwachpunkte erkannt haben – und es ist tatsächlich kein unentwirrbares Knäuel an Problemen, woran eine Liebe krankt, sondern es sind konkrete, benennbare Dinge –, werden Sie davon profitieren:
- weil Sie erkennen, wie Sie den destruktiven Kräften von Langeweile bis Streß, die Respekt und Zuneigung abtöten, entgegensteuern;

- weil Sie Ihre Liebe ein bißchen in Schutz nehmen können vor der Mühle des Alltags;
- weil Sie wieder wie Freunde miteinander reden können und die alte Nähe zueinander erneut spüren;
- weil Sie sich vom Ballast der Vergangenheit befreien, der auf Ihnen lastet;
- weil das Gefühl, immer zu kurz zu kommen, nicht mehr an Ihnen nagt;
- weil Sie wieder Sex miteinander haben werden, oder mehr Sex, oder besseren;
- weil Sie Ihr Verschiedensein erkennen und respektieren;
- weil Sie wissen, was Sie tun müssen, damit Ihre Liebe lebendig bleibt.

Auch für Ihre ganz persönliche Situation kann es eine effektive Hilfestellung geben, die manchmal darin besteht, daß jemand Ihnen zuhört und die richtigen Fragen stellt. Solche Fragen werden Sie in diesem Buch finden.

Rechtzeitig etwas tun

Wir alle glauben an die Liebe, und deshalb geben auch über 40 Prozent der derzeit in einer Beziehung lebenden Amerikaner – das sind rund 60 Millionen Frauen und Männer – an, daß sie an ihrer Beziehung «arbeiten». Diese ganze «Arbeit» funktioniert jedoch anscheinend nicht: Die Scheidungsrate bleibt so hoch, wie sie ist.

Es fehlt wohl kaum an klugen Freunden oder guten Paartherapeuten. Was aber fehlt, ist die Fähigkeit, die tatsächlichen Beziehungsprobleme zu erkennen und effektive Lösungen parat zu haben, bevor es zu spät ist. Es ist offensichtlich, daß die Scheidungsrate um vier Fünftel zurückgehen würde, wenn die Hilfestellungen, wie ich sie in diesem Buch vorstelle, jedem zum frühestmöglichen Zeitpunkt verfügbar wären. Nicht mehr jede zweite Ehe würde geschieden, sondern vielleicht nur noch jede zehnte – eine wahre Revolution in unserem Privatleben, aber auch für das Gesellschaftsgefüge.

Sich wiederfinden als Liebespaar

Wenn Sie glauben, daß es sich lohnt, für Ihre Liebe zu kämpfen, dann gab es zumindest in der Vergangenheit Zeiten, in denen sie in voller Blüte stand. Nicht unbedingt rundherum perfekt, aber doch im Kern gesund. Sie haben mit Ihrem Partner geredet und gelacht, und Sie haben ihm zugehört. Sie haben bestimmte Dinge miteinander gemacht, anderes füreinander. Sie glaubten an sich und an Ihre Liebe.

Glauben Sie nicht, daß Liebe alt werden muß! Und sie muß auch nicht sterben. Was allerdings passieren kann, ist, daß sie an latenten Schwierigkeiten, die schon immer da waren, Schaden nimmt, weil diese sich plötzlich zu einem Berg auswachsen. Es kann harmlos anfangen, mit einem Wochenende, das Sie in einem Gefühl von Fremdheit und Distanz verbringen, es kann aber auch zum Knall kommen, als erleide Ihre Beziehung einen Infarkt: Aus heiterem Himmel kommt es zum Donnerwetter, und es endet damit, daß einer von Ihnen beiden Türen schlagend davonläuft. Aber auch hier ist noch etwas zu retten, ein solches Verhalten muß nicht unbedingt das Ende bedeuten.

So überzeugt ich heute davon bin, war ich es früher nicht; ich habe mein eigenes Leben auch damit verbracht, nach Lösungen für Beziehungsprobleme zu suchen. Dieses Buch markiert für mich ein Ziel. Nämlich, daß ich am Ende des Weges angekommen bin und von meinem Weg profitiert habe – wie Sie als meine Leser es hoffentlich auch tun werden.

Eine Liebesgeschichte

Aus mehreren Gründen beschäftigen wir uns so sehr mit
der Liebe: Zum einen gehört sie zu einem erfüllten Leben
einfach dazu, und zum anderen hat jeder seine ganz persönlichen Gründe, warum ihm die Liebe wichtig ist, Gründe, die mit seiner Biographie zusammenhängen. Hier ist
meine Geschichte dazu:
Meine Mutter und mein Vater lernten sich auf der Flucht
vor den Nazis kennen. Sie wollten so weit wie irgend möglich nach Osten, Richtung chinesische Grenze. In Usbeki-
stan, in Zentralasien, wurde ich Ende des Zweiten Welt-
krieges geboren. Meine Eltern hatten den Holocaust
überlebt, und mein Vater hatte zudem eines der stalinisti-
schen Lager in Sibirien überlebt. Als der Krieg vorbei war,
traten meine Eltern mit mir im Gepäck den Rückweg an –
die ganze Strecke nach Westen, versteckt auf einem Heu-
wagen, mit Ziel Deutschland, wo sie in ein amerikanisches
Lager für «Displaced Persons» Aufnahme finden wollten.
An all den Grenzen quer durch Europa versteckten sie sich
im Heu und hielten mir fest den Mund zu, damit durch
mein Geschrei nicht unser aller Leben aufs Spiel gesetzt
würde. Ihr Kampf und all die Mühen, die sie auf sich nahmen, um das Überleben unserer kleinen Familie zu ermög-
lichen, haben etwas Heldenhaftes. Aber ein Held zu sein ist
alles andere als leicht. Der unsagbare Druck, unter dem sie
standen, hat ihrer Liebe den Glanz genommen, und in
dieser Hinsicht ist ihre Geschichte mit unser aller Geschichte verbunden. Liebe ist etwas Lebendiges, nicht
mehr, aber auch nicht weniger magisch als alles Lebendige.
Und nichts, was lebt, ist so stark, daß es nicht anfällig ist für
destruktive Kräfte, die von außen kommen – es sei denn,
man tut etwas, um es davor zu schützen.

Ein neuer Anfang

Meine Eltern ließen sich scheiden. Mein Vater ging mit einer Halbschwester von mir nach Israel, meine Mutter nach Amerika – mit mir und meinem Halbbruder, ihrem Sohn aus erster Ehe. Gesundheitlich ging es ihr zwar gut, aber sie hatte ein gebrochenes Herz. Angesichts des Schadens, den die Liebesfähigkeit meiner Eltern durch das Leben, das sie geführt haben, erlitten hat, entwickelte ich ein tiefes Bewußtsein dafür, daß man Liebe immer sehr ernst nehmen muß. Ich weiß noch, wie ich mich damals auf dem Schiff, das uns nach Amerika brachte, gefühlt habe. Ich war noch klein, und ich hatte meinen Vater verloren – wie so viele andere auf diesem Schiff auch, und ich spürte plötzlich ganz stark das Recht jedes Menschen auf Liebe. Wir brauchen sie zutiefst, und jeder von uns sollte die nötige Unterstützung und Anteilnahme erfahren, damit es die Liebe in unserem Leben geben kann.

Als mittellose Einwanderer kamen wir am 1. Oktober 1949 in New York an. Als einzige Überlebende ihrer Familie – meine Mutter hatte neun Geschwister – strandete sie in der Lower East Side, und ihre einzige Unterstützung waren ein paar entfernte Verwandte, die auch dort lebten. Meine Mutter fand Arbeit in einer Textilfabrik, und sie arbeitete sich schier auf, damit wir überhaupt etwas zum Leben hatten: das Los der meisten Frauen, die verarmt und entwurzelt als Immigrantinnen in den Downtown-Fabriken arbeiteten.

So war ich tagsüber mit meinem kleinen Bruder, auf den ich aufpassen mußte, allein, während ich selbst noch jemanden gebraucht hätte – aber wie vielen Kindern geht es heutzutage nicht auch so. Unzählige von uns haben eine solche Kindheit verbracht, aber unseren Hunger nach Liebe haben diese Erfahrungen nicht erstickt.

Wie jede andere Frau in ihrer Situation – als Geflohene,

Vertriebene und Immigrantin – dachte auch meine Mutter äußerst pragmatisch, und so bestand ihr Hauptziel darin, einen Ehemann zu finden, einen Vater für ihre zwei kleinen Kinder. All ihre Beziehungen waren Hitler und Stalin zum Opfer gefallen und dazu jegliche Illusion und jeglicher Traum von Liebe. Ich war knapp sieben, als meine Mutter meinen Stiefvater heiratete. Und wie viele andere Kinder wurde ich Zeuge dieser bekannten Geschichte: Meine Mutter und ihr neuer Mann verliebten sich – so sah es jedenfalls aus –, dann heirateten sie, und dann kippte die Liebe Schritt für Schritt, fast systematisch, um in Haß.

Sie wird sicherlich hundert Gründe gehabt haben, meinen Stiefvater nicht zu verlassen, aber an alles, woran ich mich erinnern kann, ist, daß sie in ständigem Streit miteinander lebten, daß sie sich dauernd angeschrien haben, daß sie geschimpft und geflucht haben – auf jiddisch. Es herrschte eine dramatisch überhitzte, haßerfüllte Atmosphäre. Paradoxerweise konnten sie gut miteinander arbeiten und führten ihr gemeinsames Geschäft sogar sehr erfolgreich. Auch dies wird meine Mutter daran gehindert haben, diesen Mann zu verlassen.

Mit all dem mußte ich mich zurechtfinden, und ich fand einen Weg, um mich angesichts ständig miteinander in Konflikt liegender und streitender Eltern zu schützen. Ich distanzierte mich innerlich und tat, als sei das alles nur ein Schauspiel: meine Eltern auf der Bühne und ich die Zuschauerin, der eine Vorstellung gegeben wird.

So wuchs ich also auf. Und wie jeder mit einer schwierigen Kindheit schwor ich mir, alles besser zu machen. Mit neunzehn habe ich den Mann geheiratet, mit dem ich immer noch, jetzt seit über dreißig Jahren, verheiratet bin. Natürlich haben wir auch unsere Kämpfe ausgefochten, und auf einige werde ich später noch zurückkommen.

Geschworen habe ich mir auch, anderen zu helfen, wenn sie Probleme haben, wenn etwas mit der Liebe in ihrem

Leben nicht stimmt. Deshalb bin ich Paartherapeutin geworden. Ich weiß aus eigener Erfahrung, daß wir Hilfe von außen brauchen, wenn die Beziehung nicht mehr stimmt und wir das Gefühl haben, alles läuft falsch. Nicht genug damit, daß wir mit unserem Partner nicht mehr zurechtkommen – wir zweifeln an uns selbst, weil wir für andere zwar hilfreiche Ratschläge parat haben, uns selbst aber nicht helfen können und uns keine Antworten auf die Fragen geben können, die uns quälen. Wer träumt nicht davon, eine wahre, wirkliche Liebe zu beschützen? Es muß kein Traum bleiben, und wenn Sie dieses Buch gelesen haben, werden Sie wissen, daß es Antworten auf Ihre Fragen gibt und damit Lösungen für die Rätsel, vor die die Liebe uns alle immer wieder stellt.

I

So stark kann keine Liebe sein

Wo mögliche Liebeskiller lauern

Wenn Sie bereits viel getan haben, um Ihre Beziehung zu verbessern, doch wenn Ihre ganze Arbeit nichts gefruchtet hat, werden Sie sich verunsichert fühlen. Doch vielleicht fühlen Sie auch, daß das, was einmal gut zwischen Ihnen beiden war, noch immer vorhanden ist. Es ist verschüttet, vielleicht nicht mehr ganz intakt, aber es existiert weiterhin. Und Sie werden es zurückerhalten, wenn Sie die genaue Diagnose für Ihr Beziehungsdrama kennen und bereit sind, noch einmal für Ihre Partnerschaft zu kämpfen. Denn eines ist klar: Wenn Sie ratlos vor Ihren Problemen stehenbleiben und nichts unternehmen, geht es Ihnen nicht nur schlecht, sondern es kann auch das Ende für Sie beide als Paar bedeuten.

Ratlosigkeit, die Schaden anrichtet

Wenn erstmals Schwierigkeiten in der Beziehung auftauchen, ignorieren wir sie für gewöhnlich, bevor wir dann alles mögliche probieren: von offener Aussprache bis zum romantischen Städtetrip. Das hilft aber oft nicht lange, und nur allzu schnell macht sich wieder Ratlosigkeit breit. Wie in den folgenden Äußerungen, die ich stellvertretend für viele andere, ähnliche, notiert habe:

- «Meine Partnerin findet mehr und mehr an mir auszusetzen, egal, was ich tue. Ich weiß gar nicht, woher das kommt, sie war früher nie so unfreundlich, sie war richtig nett. Ich versuche jetzt alles mögliche, aber es nützt nichts, mit nichts ist sie zufrieden.»
- «Früher hatten wir die gleiche Wellenlänge und mochten die gleichen Sachen – und jetzt? Als trennten uns Welten. Wir sind höflich zueinander, aber zwischen uns steht eine eisige Wand. Wenn irgendeine Gemeinsamkeit ansteht, bin ich mir von vornherein sicher, daß das nicht klappt. Ich weiß überhaupt nicht, wie das alles gekommen ist, und vor allem nicht, was man tun kann, um das wieder zu ändern.»
- «Wie kann es bloß sein, daß bei einer so tiefen Liebe, wie wir sie hatten, etwas schiefläuft? Wir waren die besten Freunde. Und jetzt kommen wir kaum noch miteinander aus. Ich versteh das alles nicht.»

Wenn wir unsere Fragen nicht mehr selbst beantworten können, glauben wir, daß unsere Probleme gewaltig und abgrundtief sind. Das ist ein psychologisches Grundprinzip: Wenn man nicht weiß, was genau falsch läuft, hat man den Eindruck, daß gar nichts mehr funktioniert. Zum Beispiel haben Sie Probleme mit Ihrem Auto: Sie suchen und probieren herum und finden die Ursache nicht, und bald stehen Sie kopfschüttelnd davor und sagen: «Das wird's sein, das ganze blöde Auto funktioniert eben nicht!» Oder Sie fühlen sich krank, können aber nichts Konkretes feststellen und meinen dann, daß Sie etwas ganz besonders Schwerwiegendes haben müßten.

So reagieren wir auch in Beziehungen. Wenn wir nicht

den «Finger auf die Wunde» legen können, dann gehen wir
einfach davon aus, daß die ganze Beziehung «krank» sei.
Dann wird es nicht mehr lange dauern, bis es Ihnen so
vorkommt, als ob nichts mehr zwischen Ihnen beiden
stimmt. Etwas Entmutigenderes kann man sich kaum
vorstellen.

Streiten um die Liebe

Ich hatte einmal ein Paar in Therapie, dessen Geschichte
typisch ist für viele andere. Ihre Versuche, die sie machten,
um ihre Beziehungsprobleme zu lösen, drohten letztlich,
ihre Beziehung vollends zu ruinieren:

Helen und Phil: Das Problem, das Helen und Phil bewegte,
Hilfe von außen zu suchen, war eines der üblichen, vollkommen rätselhaften: Streitereien, die scheinbar aus dem
Nichts entstanden und ihre Beziehung zu zerstören drohten. Bevor sie zu mir kamen, verbrachten sie zwei Jahre
damit, verschiedene Therapien anzufangen, Workshops zu
besuchen und einschlägige Ratgeber zu wälzen. Dann waren sie vollends ratlos.

Helen zum Beispiel machte eine Entwicklung durch, zu
deren Beginn sie klar äußern konnte, was sie wollte: «Ich
wünschte, wir würden aufhören, uns zu bekämpfen.» Und
am Ende hörte sie sich so an:

«Wir haben so viele Probleme, ich weiß gar nicht, wo ich
anfangen soll. Wir können nicht mehr miteinander reden,
weil wir einfach nicht die gleiche Sprache sprechen. Aber
selbst wenn wir das täten, könnten wir uns trotzdem auf
nichts einigen. Phil sieht in mir immer nur seine Mutter.
Dabei habe ich das Gefühl, jedesmal wenn er mir etwas
abschlägt, meinen Vater vor mir zu haben, und all meine
unerfüllten Bedürfnisse kommen wieder in mir hoch. Ir-

gendwie scheine ich zu versuchen, mir durch meine Streitereien mit Phil Liebe zu erstreiten, aber je mehr wir aneinandergeraten, desto hungriger nach Liebe werde ich. Phil verkörpert für mich eine gewisse Macht, Macht, die mir selbst abgeht. Wahrscheinlich kooperiere ich deshalb mit ihm: Ich bestärke ihn durch mein Verhalten in seiner Verweigerungshaltung mir gegenüber, und dadurch partizipiere ich an seiner Macht. Das macht ihn natürlich noch stärker, und vor allem auch noch einmal attraktiver für mich: Ich brauche einfach jemanden Starkes, selbst wenn sich diese Stärke gegen mich selber richtet.»

Unglaublich! Unglaublich ... viele Worte. Ist das nicht beeindruckend? Hört sich das nicht richtig klug an, was Helen sagt? All diese komplizierten Überlegungen und Zusammenhänge?

Seien wir ehrlich. Was ist klug daran, mit dem Lasso hinter einem Pferd herzujagen und dabei mit dem eigenen Kopf in die Schlinge zu geraten? Immer tiefer zu versinken bei dem Versuch, einem Problem auf den Grund zu gehen? Die Falle, in die Menschen wie Helen und Phil gehen, ist der Glaube, daß Problem A nur dann zu lösen ist, wenn Problem B gelöst ist, und dieses erst, nachdem Problem C aus dem Weg ist, und Problem C ... und so weiter, das ganze Alphabet hindurch.

Also geben sie auf. Warum mit dem Partner auszukommen versuchen, wenn sowieso nichts dabei herauskommt? Warum riskieren, ganz offen zu sein und die Wahrheit zu sagen, wenn das die Dinge auch nicht besser macht? Warum nicht egoistisch sein, wenn der Partner die Bedürfnisse ohnehin nicht mehr erfüllen kann? Weil Sie nicht wissen, warum die Beziehung so schlecht ist, erklären Sie sie für schrottreif. Und dann tun Sie das, was man mit Schrott nun einmal macht: Sie überlegen, wie man ihn loswerden kann.

Die Suche nach der Liebe

Sie kommen sich in Ihrer Beziehung vor wie auf einem sinkenden Schiff bei Nacht und Sturm. Dem Wind und den Wellen hilflos ausgeliefert, lassen Sie sich treiben. Und wenn Ihnen das Wasser bis zum Hals steht, rudern Sie wie verrückt mit den Armen. Das nennt sich dann Beziehungsarbeit. Wenn das jedoch Beziehungen heilen könnte, wären wir alle wunschlos glücklich. Hierzu ein paar Fakten. Nach dem statistischen Mittel haben Sie bisher 163 Stunden mit Beziehungsarbeit verbracht, 194 Stunden damit, mit Freunden über Ihre Probleme zu reden, und 34 Stunden haben Sie über entsprechenden Büchern und Zeitschriftenartikeln gebrütet. Und wenn Sie professionelle Hilfe in Anspruch genommen haben, dann macht das 10 Stunden mindestens aus, wobei Sie pro Therapiesitzung ungefähr 100 DM veranschlagen mußten. Hat sich das alles für Sie ausgezahlt?

Die größte Liebesmüh

Wenn wir etwas verloren haben, das uns lieb und teuer ist, sollten wir nicht stundenlang vergebens im Dunkeln suchen, sondern möglichst schnell Licht machen und genau hinsehen. Um von der Liebe zu sprechen: Sie sollten nicht immer härter und härter arbeiten, sondern Sie sollten lernen, effektiver zu arbeiten. Ich meine, daß die stärkste Liebe alles im Menschen umfaßt – nicht nur den Kopf, sondern auch das Herz, die Lebenserfahrungen und die Intelligenz.

Deswegen führt das, was wir unter Beziehungsarbeit gemeinhin verstehen, auch nicht zum Erfolg. Vermutlich haben Sie die Erfahrung gemacht, daß Psychotherapeuten einem das «Arbeiten an der Beziehung» raten, fast so, wie

Zahnärzte uns das «Zähneputzen nach dem Essen» herunterbeten. Aus persönlicher Erfahrung aber weiß ich, daß man an einen Punkt gelangt, wenn man sich einfach zu sehr mit allem abgemüht und wieder und wieder beschäftigt hat, ohne daß man einen Schritt weitergekommen wäre, an dem man nicht nur tatsächlich festgefahren ist, sondern an dem von Liebe schon gar nicht mehr die Rede sein kann. Die Lorbeeren für Ihre Anstrengung haben Sie sich längst verdient. Jetzt ist es Zeit für Resultate.

Den Kopf einschalten, wenn es ums Herz geht

Das Prinzip, den Problemen auf den Grund zu gehen, um sie zu lösen, lehrt uns das Leben eigentlich Tag für Tag. Zum Beispiel, wenn ich meinen Fernseher einschalte, und nichts passiert. Was jetzt? Ich könnte mich furchtbar aufregen. Ich könnte aber auch herausfinden, was los ist: Ist der Stecker eigentlich drin? Ist Stromausfall? Hat jemand, vielleicht sogar ich selbst, die Lautstärke- und Helligkeitsregler verstellt? Oder ist der Apparat wirklich kaputt? Wenn ja – es gibt einen Reparaturservice, das muß ich nicht selber in Ordnung bringen können, und ich sollte es auch besser nicht versuchen.

Diese Einsicht in die Pragmatik von Problemlösungen stand auch vor vierzehn Jahren am Anfang dieses Buchprojektes. Ich wollte nicht nur Beziehungsprobleme darstellen, sondern ich wollte vor allem Lösungen zeigen. Ich muß Ihnen nicht beibringen zu lieben, aber ich kann Ihnen dabei helfen, die Probleme aus dem Weg zu räumen.

Wie erkennt man ein Beziehungsvirus?

Ein Beziehungsvirus zu haben bedeutet nicht, daß Sie beide Schwierigkeiten miteinander austragen und nicht immer richtig glücklich sind. Es bedeutet mehr. Es heißt, daß in Ihren Problemen das Potential dazu steckt, daß Ihre Liebe tatsächlich stirbt. Hören wir ein Paar, das über seine Beziehung spricht. Wer von beiden, Susan oder Jim, leidet an dem echten Anti-Liebes-Virus?

Susan: «Unsere Probleme begannen, als ich herausfand, daß er mein Geld in seine Firma gesteckt hat, Geld, das ich mir sogar noch vor der Zeit, als wir uns kannten, angespart hatte. Und er hat nicht einmal gefragt. Es war wie eine Lüge, ein Betrug und ein Raub auf einmal. Das ist jetzt eine Weile her, und ich habe das Geld auch wieder von ihm zurückbekommen – beraubt hat er mich ja eigentlich nicht. Und trotzdem, immer wenn ich an diese Sache denke, versetzt es mir einen Stich, es tut weh. Wie ein kranker Zahn, der sich von Zeit zu Zeit meldet.»

Jim: «Wir hatten überhaupt keine Zeit mehr füreinander, keine Minute. Jahrelang habe ich das darauf geschoben, daß wir beruflich im Streß sind, sogar zu gestreßt, um Sex zu haben. Zu beschäftigt, um ‹Ich liebe dich› zu sagen. Aber in Wahrheit sind wir uns aus dem Weg gegangen. Wir lieben uns, aber warum meiden wir uns dann wie die Pest?»

Sie wissen nicht, wer von den beiden das Virus hat? Lesen Sie weiter – am Ende dieses Buches werden Sie es ganz sicher diagnostizieren können.

Ich selbst habe lange dafür gearbeitet, eine Diagnose stellen zu können: Was ist eine Störung in Beziehungen, und welche Probleme bedrohen die Beziehungen tatsächlich? Vielleicht leiden Sie jahrelang unter Kopfschmerzen oder Magendruck. Doch vielleicht werden Sie an einer Krankheit sterben, an die Sie nicht denken oder die Sie nicht kennen. So ist es auch mit Ihren Konflikten, die Sie mit Ihrem Partner austragen. Sind diese immer wiederkehrenden Streitpunkte eher eine Belastung, oder sind sie tatsächlich eine Bedrohung?

Weiterhin ist wichtig, zwischen Symptomen und der Krankheit selbst zu unterscheiden. Paare trennen sich häufig, weil einer der beiden eine Affäre hat. Die Affäre ist ein Symptom und möglicherweise Auslöser für die Trennung. Aber was hat die Affäre ausgelöst, welche Ursache gab es dafür? Ärzte stellen sich diese Frage alle Tage: Jemand ist an einem Herzanfall gestorben, aber was war die Ursache für diesen tödlichen Infarkt? Eine falsche Diät? Dann war diese tödlich und der Infarkt die Folge davon.

Mit der Liebe und was tödlich für sie ist, verhält es sich genauso. Es geht darum, die wahren Auslöser zu finden, nicht, die Symptome zu kurieren. Und für einfache schnelle Antworten sind wir zu komplexe Wesen – was das Zusammenspiel in unserem Körper betrifft ebenso wie das in unseren Beziehungen. Und doch neigen wir instinktiv dazu, unsere Probleme auf eine einzige Dimension zu reduzieren, spüren aber, daß das nicht stimmen kann. So wie Ellen es beschreibt:

Ellen: «Wirklich glauben konnte ich es nie, daß unsere Probleme alle daher kommen, daß wir beide eben ‹verschiedene Sprachen sprechen› und daß alles in bester Ordnung wäre, wenn wir nur lernten, ‹uns zu übersetzen›. Als wir uns verliebten, da haben wir ja auch so geredet wie jetzt, und alles war wunderbar. Aber ich wußte mir einfach keine andere Erklärung und war froh, überhaupt eine zu haben.»

Was für die Liebe tödlich ist

In den langen Jahren empirischer Forschungsarbeit, die ich am Chestnut Hill Institute unter der Direktion von Dr. Charles Foster betreiben konnte, haben wir herausgefunden, daß es genau zwei Kategorien gibt für alle Paare, die angeben, Beziehungsprobleme zu haben. Alle, mit denen wir gearbeitet haben, ließen sich entweder der einen oder der anderen Gruppe zuordnen:

1. *Die Liebe ist vorbei.* In dieser Gruppe ist die Liebe zwischen den Partnern wirklich tot. Wir haben hier die Beziehung «post mortem» untersucht – denn eine Beziehung, welcher Art auch immer, existiert ja weiter – und fanden heraus, daß es zehn mögliche «Krankheiten» gibt, die der Liebe bis zum letzten zusetzen können. *Wenn Ihre Beziehung derzeit nicht gut läuft, leidet sie womöglich an einer dieser zehn Anti-Liebes-Viren, die der Grund für Ihre Verzweiflung und Frustration sind.*

2. *Die Liebe existiert noch.* Die Paare dieser Gruppe lieben sich weiterhin, trotz ihrer Beziehungsprobleme. Und das Verblüffende: Bei der überwiegenden Mehrheit von ihnen waren die gleichen zehn «Viren» aufgetaucht. Aber ihr tödliches Potential ist nicht zum Wirken gekommen. Die Paare haben ihnen sozusagen den Stachel gezogen durch ihr Verhalten. Wir konzentrierten unsere Forschung in dieser Gruppe darauf, was die Paare genau gemacht haben, damit sie die Probleme, die für die andere Gruppe das Aus ihrer Liebe bedeutet hatten, entschärft und letztlich gelöst haben. Was wir dabei herausgefunden haben, ist in dieses Buch eingeflossen: eine genaue und effektive Rezeptur für den Umgang mit bestimmten Paarkonflikten, die eine Beziehung als Ganzes treffen können – und zwar bis ins Mark, bis sie am Ende nur noch schlecht ist.

Verwenden Sie nicht Ihre ganze Energie und Zeit darauf, alle Probleme, die Sie als Paar miteinander haben, lösen zu wollen. Finden Sie das Hauptproblem, das, was Ihrer Beziehung am meisten zusetzt und sie bedroht, und konzentrieren Sie sich darauf.

Kein Grund, den Mut zu verlieren

Als ich den Begriff «Anti-Liebes-Virus» (oft spreche ich auch von «Liebeskiller») einmal einem Bekannten gegenüber gebrauchte, war seine Reaktion: «Um Gottes willen! Anti-Liebes-Virus...! Das klingt wie in einem Horrorfilm: Ich bin von einem Anti-Liebes-Virus befallen, der Liebeskiller geht um...!»

Lassen Sie sich nicht schrecken von diesen Begriffen, wir sind nicht in einem Godzilla-Film. «Virus» benutze ich in Zusammenhang mit den Begriffen «Widerstandskraft» und «Genesung». Denken Sie zum Beispiel an eine Lungenentzündung: Wenn sie nicht behandelt wird, kann sie tödlich verlaufen. Aber mit der richtigen Rezeptur ist sie heilbar. In diesem Sinne meine ich hier auch «tödlich für die Liebe»: Es gibt Dinge, die das Potential haben, eine Liebe zu töten. Dieses Potential jedoch muß nicht zwangsläufig zum Tragen kommen. Sie haben eine reelle Chance, dieses «Killerpotential» zu entschärfen, wenn Sie bereit sind zu einer genauen Diagnose und dann auch entsprechende Schritte unternehmen.

Die Analogie zwischen dem «Liebeskiller» und dem «Virus» im medizinischen Sinn bringt noch etwas anderes ans Licht. Wenn jemand zum Beispiel schwer krank ist, dann verwünschen Sie doch die Krankheit und nicht den Patienten? Also: Wenn Sie als Paar von dem Anti-Liebes-Virus befallen sind, dann sollten Sie dieses bekämpfen und nicht einander! Er ist weder ein Teil Ihrer Persönlichkeit noch

28

repräsentativ für die Lebensphase, in der Sie sich momentan befinden. Das soll kein schneller Trost sein, sondern Sie dazu ermutigen, Ihre Beziehung in einem anderen Licht zu sehen: Sie mag gerade krank sein, aber die Basis, Ihre Liebe, ist stark genug, damit sie wieder gesundet.

Auch eine starke Liebe ist anfällig

Wie kann es sein, daß zwei intelligente erwachsene Menschen mit Lebenserfahrung sich ineinander verlieben, eine Beziehung eingehen, die solide ist und schön und dann plötzlich eines Tages infiziert ist von diesem Killer-Virus, das alles kaputtzumachen droht? Die Antwort liegt eigentlich auf der Hand: Wenn man sich verliebt, ist man entzückt von der gleichen Wellenlänge in vielen Bereichen: Sie mögen die gleiche Musik, teilen die Meinung über Bekannte und Freunde, haben in etwa gleiche Wertvorstellungen und Lebensziele. Es paßt alles wunderbar, Sie haben einen Seelengefährten gefunden. Daß Sie dennoch in anderen Bereichen verschieden sind und unterschiedlich denken, spielt keine Rolle, oder fast keine – es fällt nicht ins Gewicht.

Dann aber, wenn Alltag und Belastungen wie Streß oder Sorgen sich bemerkbar machen, fallen diese Unterschiede plötzlich ins Gewicht und können die grundsätzliche Übereinstimmung zwischen Ihnen beiden überschatten oder gar verschütten. Wie die Druckstelle im Schuh, die Sie erst dann schmerzlich zu spüren bekommen, wenn Sie weit gehen müssen, oder wie der schlummernde Infekt, der mit Fieber und Kopfschmerzen dann ausbricht, wenn Sie keine ausreichenden Kräfte mehr haben und anfällig für ihn geworden sind, durch Streß, Übermüdung und Sorgen. Genauso kann auch die Tatsache, daß Sie beide verschieden sind, umschlagen in das bittere Gefühl, überhaupt nichts mehr gemeinsam zu haben.

Beziehungsstörungen entstehen, wenn Streß oder andere problematische Lebensumstände bewirken, daß die Unterschiede zwischen Ihnen, mit denen Sie bisher gut leben konnten, eskalieren und Sie das Gefühl haben, überhaupt nicht mehr zusammenzupassen.

Das Anti-Liebes-Virus macht sozusagen aus einer Mücke einen Elefanten: verschiedene Meinungen bekommen eine Dimension, die Ihre Gemeinsamkeiten und Ihre Zusammengehörigkeit vollkommen verdrängen kann. Hinzu kommt die heutige Lebensweise, die geprägt ist von zuviel beruflichem Streß, von schulischen und anderen Problemen der Kinder, von Geldsorgen, von alltäglicher Hetze und so weiter. Wir fühlen uns überfordert und selbst zu ausgehungert, um noch ein zusätzliches Ohr für die Bedürfnisse anderer zu haben. Natürlich können wir nicht erwarten, auf der «Insel der Seligen» zu leben, aber es scheint, daß die Ressourcen an Liebe heutzutage immer knapper werden und jeder damit geizen muß. Und gleichzeitig wächst das Gefühl von Distanz und Vereinsamung immer mehr an.

Deshalb ist es auch alles andere als einfach, die wahren Beziehungsprobleme zu identifizieren. Allzu oft sehen wir nicht die wirklichen Ursachen der Konflikte, sondern doktern an den Symptomen herum – Symptome, die sich eben meist darin äußern, daß wir dieses schreckliche Gefühl haben, daß nichts (mehr) geht zwischen uns, nichts mehr paßt und alles vorbei ist.

Die wirklichen Gründe liegen aber woanders: Es sind die zehn Liebeskiller, denen ich im folgenden jeweils ein eigenes Kapitel gewidmet habe und gegen die Sie etwas ausrichten können. Sie werden das Gefühl, nicht nur ein

Paar, sondern ein Liebespaar zu sein und zueinander zu passen, wiedererlangen.

Halten Sie an Ihrer Liebe fest

Was ich Ihnen vorschlage, hat nichts mit der üblichen Beziehungsarbeit zu tun, die einer Beziehung ja oftmals mehr schadet als nutzt, so anstrengend ist sie für Sie beide. Meine Rezepte gegen die Liebeskiller verlangen von Ihnen nicht noch mehr Ihrer wenigen Zeit – nur sollen Sie sie anders nutzen! Und Sie brauchen nicht noch mehr Dinge für Ihre Beziehung tun, sondern andere. Probieren Sie aus, was ich Ihnen als Gegenmittel verschreibe. Ich selbst konnte mich in langjähriger Forschungsarbeit und Praxistätigkeit von der «Alltagstauglichkeit» meiner Methode überzeugen, und ich wünschte, ich selbst hätte sie zur Verfügung gehabt in Zeiten, in denen auch meine eigene Beziehung zu meinem Mann gefährdet war.

Wie ich schon erzählt habe, sind wir seit über dreißig Jahren verheiratet, und am Anfang stand auch die große romantische jugendliche Verliebtheit. Daß diese irgendwann gewichen ist, war unvermeidlich, sie ist einem optimistischen Realismus der mittleren Jahre gewichen. Immer noch geschieht es trotzdem, daß ich meinen Mann anblicke und den Jungen sehe, den ich einstmals getroffen hatte, und mich an meine Träume von damals erinnere. Dann wird mir klar, wie weit ich mich selbst davon entfernt habe – oder wie nah ich ihnen noch bin. Auch wenn ich selbst keine Scheidung hinter mir habe und mir die Erfahrung einer Wiederheirat fehlt: Was es heißt, eine Beziehung durchzustehen und manchmal auch aufgeben zu wollen, weiß ich. Wir waren fast selbst noch Kinder, als wir bereits zwei eigene hatten, dazu kamen ständige Geldsorgen, und wir waren oft gezwungen, abwechselnd Schicht zu arbeiten, damit einer bei den Kindern sein konnte. Unsere Liebe hat natürlich darunter gelitten, aber ich hatte immer meinen Schwur vor Augen, nicht das Schicksal meiner Eltern zu wiederholen. Ich hielt daran fest und gab die Liebe nie auf. Ich hielt daran fest, auch als die Stürme der Frauenbewegung in den Siebzigern uns alle erfaßten und mir die Macho-Seiten meines Mannes so bewußt wurden. Er hatte es nun mit einer fordernden Frau zu tun. Sehr zurückhaltend war ich zwar nie gewesen, aber es wurde mir erst wirklich bewußt, daß ich ein Recht auf die Dinge hatte, die ich für mich als Frau wollte, und ein Recht darauf, sie durchzusetzen. Ich hielt auch daran fest, als wir beruflich so ganz verschiedene Wege gingen und in dieser Beziehung nichts mehr teilten. Aber wir wußten beide, daß der Alltag zwar eine Bedrohung für die Liebe sein kann, dies aber nicht bedeuten muß, daß mit der Liebe grundsätzlich etwas nicht stimmt. Und als eines Tages der Sex langweilig wurde, wußte ich, daß wir andere Wege finden mußten, um uns glücklich zu machen.

So habe ich über dreißig Jahre damit zugebracht zu lernen, was Liebe ist, und habe ich nicht mehr erreicht, als «nur» sagen zu können: Nach so langer Zeit sind wir immer noch verheiratet? Wir haben beide immer wieder auch voneinander gelernt und profitiert, und natürlich haben wir uns auch trotzdem auf die Füße getreten, uns verletzt, haben entsetzlich gestritten. Und ich kenne dieses furchtbare Gefühl, wenn die Probleme mit dem Partner einem schier die Luft nehmen und man meint, alles sei zu Ende. Manches Mal in meiner Ehe hätte ich gewünscht, ein «Rezept» zu haben wie Sie es jetzt in diesem Buch finden: konstruktive Vorschläge, die die Probleme an der Wurzel packen.

Wie Sie Ihre persönliche Diagnose stellen

In den nächsten Kapiteln, von Liebeskiller Nummer 1 bis Liebeskiller Nummer 10, werde ich erklären, woher die spezifische Problematik der Liebeskiller kommt und auf welche Weise sie die Beziehung beeinträchtigen. Dann werde ich Ihnen eine Reihe einfacher Fragen stellen, die Sie mit «ja» oder «nein» beantworten können. Ich glaube fest daran, daß Sie mehr als das, was Sie mit Herz und Verstand über Ihre eigene Beziehung sagen können, auch nicht wissen müssen – Sie sind der Experte, und Sie merken bei Ihren einfachen Antworten auch, ob der Liebeskiller, um den es jeweils geht, Sie betrifft oder nicht.

Wenn Sie ihn als solchen diagnostiziert haben, sollten Sie um so aufmerksamer weiterlesen, denn dann geht es darum, was Sie Schritt für Schritt tun können, um das Virus, das ihre Beziehung bedroht, auszukurieren. Befolgen Sie diesen «Rezeptteil», der den Kern dieses Buches ausmacht, wie Sie auch ein ärztliches Rezept befolgen – vertrauen Sie dem Wissen und der Erfahrung, die dahinterstehen, aber erwarten Sie nicht eine sofortige Besserung. Es mag Tage, Wochen, vielleicht länger dauern, bis sich eine Wirkung zeigt. Aber irgendwann sind Sie, wie man so schön sagt, «über den Berg», und der Weg, der dann noch vor Ihnen liegt, wird immer einfacher, weil Sie selbst immer zuversichtlicher werden.

Und nicht zu vergessen: Jedes «Rezept» habe ich an meiner Richtschnur gemessen: «Liebe darf nicht anstrengend sein.» Und ich habe es daran gemessen, wie tauglich es ist, um Gegenkräfte zu stimulieren und, um im Bild zu bleiben, Ihr Immunsystem zu stärken. Es wird Ihnen später unmerklich eine Menge davon abnehmen, was Sie jetzt noch als quälende Anstrengung empfinden, die Sie persönlich auf sich nehmen müssen.

Ein Wort noch zu der Reihenfolge der «Liebeskiller»:

33

Wenn Sie zum Arzt gehen und über Bauchschmerzen klagen, wird er zunächst herausfinden wollen, ob Sie etwas Falsches oder Verdorbenes gegessen haben, bevor er daran denken wird, Gewebe auf Krebs zu untersuchen.

Gemäß der diagnostischen Grundregel: Wenn du ein Wiehern hörst, denke an ein Pferd und nicht an einen Esel, soll man zunächst das Naheliegende, das Einfache ausschließen können. Das gleiche gilt für die Pannenhilfe: Wenn Ihr Auto liegenbleibt, sollten Sie erst einmal chekken, ob nicht der Tank leer ist... Und dies gilt auch für kranke Beziehungen, denn oft fehlt gerade das Naheliegendste: für den Partner und damit für die Beziehung das Beste zu tun. So simpel es ist, so grundlegend ist es für Sie beide, sich zu fragen: Tue ich mein Bestes? Diese Frage führt uns zum nächsten Kapitel, zum Liebeskiller Nummer 1.

2

«Ich tue mein Bestes»

Liebeskiller Nr. 1:
Die Grundversorgung vernachlässigen

Frage:
Wissen Sie noch,
was für Ihre Beziehung wesentlich ist?

Es gibt auf dieser Welt Menschen, die sterben müssen, weil
es ihnen an den grundlegenden Dingen mangelt, die wir als
gegeben voraussetzen: Essen, Trinken, Hygiene – die tägliche Grundversorgung, wenn es um unsere Körperfunktionen geht. Und wenn es um Beziehungen geht? An eine
Grundversorgung hierfür denken die meisten von uns
nicht. Wir haben vergessen, woraus sie besteht, oder, tragischer noch, wußten es eigentlich nie wirklich.
    Dieser Liebeskiller Nr. 1 mag auf den ersten Blick harmlos erscheinen: So leicht, wie man in diese Falle hineintappt, so leicht dürfte es doch sein, wieder herauszukommen, werden Sie meinen und sich vielleicht fragen, ob der
Begriff «Liebeskiller» hier nicht zu stark ist. Im Gegenteil,
Sie können dies gar nicht ernst genug nehmen:

Die Grundversorgung achtlos schleifen zu lassen macht mehr als alles andere eine Beziehung kaputt.

Das klingt erst einmal erschreckend, aber Sie werden sehen, wie einfach es im Grunde doch ist, dieses Grundübel, wie man fast sagen kann, auszukurieren. Sie müssen nichts großartig Neues dafür tun, Sie müssen sich nur auf bestimmte Dinge besinnen: auf Dinge, die ich hier erstmals in einer neuen Form benenne und in einer Gebots- und einer Verbotsliste zusammengestellt habe. Es sind sozusagen die Grundlagen, die wir in der ersten Verliebtheit mehr oder weniger unbewußt befolgen und die dann im Beziehungsalltag untergehen. Wir brauchen unsere Energie für alles mögliche andere und «vergessen» darüber die Grundversorgung für die Beziehung.

Gegen diesen Liebeskiller ist niemand immun. Keiner von uns kann ihm aus dem Weg gehen, und keine Liebe ist so groß, daß wir sie ruhigen Gewissens schleifen lassen können. Die folgende Fallgeschichte macht dies deutlich.

Cathy und Will. Wenn jemals ein Paar Grund gehabt hätte, sich fraglos und selbstverständlich als Paar zu fühlen, dann Cathy und Will. Ihre Geschichte beginnt wie ein Märchen. Beide arbeiteten für den Entwicklungsdienst und waren für ein Projekt in Afrika eingeteilt, im landschaftlich wunderschönen Kenia. Sie trafen sich dort am Tag ihrer Ankunft. Cathy als Architektin und Will als Ingenieur sollten dortige Bauvorhaben unterstützen, und unglücklicherweise – oder, aus ihrer Sicht, glücklicherweise – hatten sich Zwistigkeiten zwischen den lokalen Bauträgern und den Behörden just so entwickelt, daß das Projekt erst einmal nicht vorwärtsging. Den beiden blieb nichts anderes, als abzuwarten – und sich mehr und mehr ineinander zu verlieben, während sie mit einigen der nettesten Menschen der Welt in einer der schönsten Gegenden herumzogen.

Sie machten all die Dinge, die zwei Verliebte richtig zum Paar werden lassen: Sie verbrachten Stunden um Stunden zusammen und lernten sich immer besser kennen. Sie erzählten sich in aller Offenheit, was ihnen durch den Kopf ging und auf dem Herzen lag, und gaben sich, wie sie waren, ohne jede Verstellung. Sie hatten ihre Lieder und ihre Geschichten, und sie erlebten kleine Abenteuer miteinander. Einmal zum Beispiel rettete Will Cathy vor einer Hyäne, die in Angriffslaune war und die Will im letzten Moment verjagen konnte. Und Cathy wußte Abhilfe, als er bei einem Ausflug, den sie beide allein in die Wildnis machten, plötzlich bedrohliche Magenkrämpfe bekam.

«Für die Liebe ist dann immer noch Zeit...» Cathy und Will kannten sich so gut, hatten einander so gründlich auf den Zahn gefühlt und sich ihre gegenseitige Liebe so unwiderruflich bewiesen, daß sie, als sie nach Monaten wieder zu Hause waren, wußten, daß sie ihre Zukunft gemeinsam planen wollten. Sie wollten zusammenleben, heiraten, Kinder bekommen, sich beruflich gegenseitig unterstützen und so weiter und so weiter.

Und nun geschah folgendes: Sie waren sich so sicher, eine absolut solide Basis zu haben, daß sie sich einen Zeitraum von fünf Jahren setzten und eine Art Garantieschein auf ihre Liebe ausstellten. Sie formulierten es tatsächlich so (ich gebe es in Cathys Worten wieder): «Wir waren so intensiv zusammen und haben so viel Zeit miteinander verbracht und sind uns so nah, da können wir doch das mit der Liebe mal hintenanstellen und uns in die Arbeit stürzen, Karriere machen. So wie wir uns lieben, das wird schon laufen.»

In dieser Hinsicht ist das, was zwischen Cathy und Will passierte, untypisch: Sie trafen tatsächlich bewußt die Entscheidung dazu, ihre Liebe schleifen zu lassen. Den meisten von uns passiert dies einfach. Drei Jahre später hatten

37

sie ein Kind, jeder einen guten Job, ein Haus, teure Ausgaben. Sie hatten keinen übermäßigen Streß, sie führten ein, wie man so sagt, ganz normales Leben. Aber hören wir sie selbst:

Will: «Ich weiß, daß ich im Moment nicht immer besonders nett zu Cathy bin, aber sie hat Verständnis dafür, schließlich lieben wir uns sehr und kennen uns sehr gut. Sie weiß, daß das einfach damit zu tun hat, daß ich mich auf meine Karriere konzentriere.»

Cathy: «Ich versuche ja, alles immer im Griff zu haben, aber manchmal wird's mir einfach zu viel. Ich platze dann und laß all den heruntergeschluckten Ärger und Frust raus – und Will bekommt es eben ab, fürchte ich. Aber er versteht das schon, schließlich kennt er mich wirklich gut und ist für mich da. Ich glaube, er weiß, daß ich ihn liebe, auch wenn ich mal gemein bin.»

Was taugt eine Liebe, sagen sie beide, auf die man sich nicht quasi blind verlassen kann, wenn es sein muß – selbst wenn dies sehr lange sein «muß».

Nun gibt es aber Dinge, die sind Gift für die Beziehung. Wenn man sie der Beziehung immer und immer wieder verabreicht in dem Glauben, daß ihr das garantiert nichts anhaben kann, dann wird man sich eines Tages wie in einem Alptraum wiederfinden und feststellen müssen, daß das einzige, was garantiert noch da ist, eben dieses Gift ist. Cathy hat sich tatsächlich in diesem Alptraum wiedergefunden, der aus ihrer Beziehung geworden ist, und beschrieb es so:

Cathy: «Wir sind so lieblos miteinander geworden. Nicht wegen dem Streit – damit kann ich inzwischen irgendwie umgehen. Es sind die wirklich guten Sachen, die mir fehlen.

Ich fühle mich wie jemand, dem es ganz gut geht und der gesund scheint, der in Wirklichkeit aber ein Krebsgeschwür hat, das wächst und wächst, nur daß er es noch nicht weiß. Unsere Beziehung scheint im Kern auch nicht mehr gesund zu sein. Wer uns als Paar erlebt, dem fällt nur auf, daß wir unglaublich höflich miteinander umgehen. Das ist jedoch nur Kälte. Wir wissen, wie man sich benimmt – als ob wir mit unserer Höflichkeit das Andenken an unsere verschollene große Liebe ehrten. Wo ist diese Liebe jetzt? Ich liebe Will, und er sagt, er liebt mich, aber anfühlen tut es sich nicht mehr so.»

An den Punkt können Sie also kommen, wenn Sie die Liebe schleifen lassen. Wissenschaftler nennen diesen Zustand «Entropie»; in unserem Falle bedeutet es schlicht, sich des anderen allzu sicher zu sein. Es gibt vieles, was man vergessen kann, zum Beispiel den achten Hochzeitstag, oder den neunten... Aber die Grundversorgung auf die Dauer zu vergessen, das kann jeder Liebe zusetzen.

Es ist nicht so schlimm, wie Sie glauben

Wenn es «nur» dieser Liebeskiller ist, der Ihnen zu schaffen macht, können Sie beruhigt sein. Ich kann Ihnen fast wörtlich versichern, was mein Arzt mir zu meiner Erleichterung sagte, nachdem ich ihn, Schlimmes ahnend, konsultiert habe: «Keine Sorge, es fehlt Ihnen eigentlich nichts.»
Ich will Sie nicht beschwichtigen, aber die Grundlagen zu vergessen kann jedem passieren. Sie müssen sich nur wieder darauf besinnen und bestimmte Dinge wieder tun. Selbst bei Paaren, die furchtbar zerstritten sind und scheinbar nur noch gegeneinander kämpfen und verzweifelt darüber sind, stellt sich überraschend oft heraus, daß diese auf den ersten Blick simple Diagnose die richtige ist. Sie ken-

nen das vielleicht, daß Sie sich furchtbar krank und elend fühlen, Kopfschmerzen haben und ihnen jeder Muskel weh tut – und alles, was Sie brauchen, ist, sich ins Bett zu legen und sich das Grundbedürfnis nach Ruhe und Schlaf zu erfüllen. Im folgenden zwei Beispiele zu Beziehungen, die von den Paaren als sehr unglücklich geschildert wurden. Und so verschieden die Paare auch waren: In dem Moment, wo sie begriffen hatten, was an Grundversorgung fehlte, verschwanden die drückenden Probleme.

Gail: «So geht es immer zwischen uns zu, ich muß nur an diese Szene beim Abendessen denken, als meine Schwester zu Gast bei uns war: Eigentlich hätten wir genügend interessante Gesprächsthemen gehabt, aber mir ging nur noch durch den Kopf, daß irgend etwas mit uns nicht stimmt. Meine Schwester machte nämlich diese Bemerkung, daß ich und mein Mann uns ständig gegenseitig klein machen würden und humorlos und lieblos miteinander umgingen. Es sei ein einziges Hickhack zwischen uns. Man kann sich vorstellen, wie unglücklich wir uns beide fühlten, weil sie recht zu haben schien.»

Bob: «Diese Geldgeschichte entwickelt sich langsam zu einem richtigen Gift für unsere Beziehung. Wir sind beide zum zweiten Mal verheiratet, wir sind nun wirklich keine Kinder mehr, und wir haben beide unser eigenes Geld mit in die Ehe gebracht, haben jeder unser Einkommen, unsere Ausgaben, unsere Rechnungen. Und was tun wir die ganze Zeit? Wir rechnen und feilschen, nur damit ja alles Hälfte-Hälfte geteilt wird – wie die größten Egoisten, die noch dazu dem anderen mißtrauen. Das vergiftet alles zwischen uns.»

40

Das Traurige an diesen Geschichten ist, daß Gail und auch Bob sowie die meisten von uns eigentlich wissen, was für eine Partnerschaft wichtig ist. Schließlich beschäftigen uns Beziehungen seit unserer ersten Liebe, seit Schultagen also. Und das wiederum ist hoffnungsvoll: Wir wissen, was wichtig ist, und auch Gail und Bob haben es ja in ihren Beziehungen mal praktiziert. Das heißt, tief innen spüren sie die Antwort darauf selbst, was gegen den Liebeskiller Nr. 1 getan werden kann.

Grundregeln für die Liebe

Forschungen haben erwiesen, daß es auch für die Liebe Gebote und Verbote gibt. Das wäre nicht weiter weltbewegend – sie erscheinen einem für sich genommen nicht neu, eher altvertraut. Neu an den Untersuchungen ist jedoch, daß die folgenden 10-Punkte-Kataloge tatsächlich auf alle Paare zutreffen und daß sie in erschöpfender Weise alle nur möglichen Paarkonflikte berühren.

DIE ZEHN GEBOTE DER LIEBE

1. Wertschätzung zeigen. Zeigen Sie Ihrem Partner, daß Sie ihn respektieren und lieben. Das können Sie mit Worten oder Taten ausdrücken. Es muß nicht immer das große «Ich liebe dich» gesagt werden, kleine freundliche Sätze oder aufmerksame Gesten drücken dasselbe aus und wirken manchmal Wunder. Hier können Sie gar nicht übertreiben – tun Sie es, so oft Sie möchten!

2. Körperkontakt. Körperkontakt heißt nicht nur Sex, sondern Umarmungen, Küsse, Berührungen welcher Art auch immer, beim morgendlichen Verabschieden, beim Nachhausekommen, eine kleine Nackenmassage zwischendurch. Fassen Sie sich an, einmal pro Tag wenigstens!

3. Bedürfnisse äußern. Sagen Sie Ihrem Partner, was Sie ärgert, was Sie sich wünschen und was Sie nicht wollen. Das heißt nicht, daß Sie immer gleich mit allem «rausplatzen» sollen, aber tun Sie es, bevor sich zuviel Ärger und Frust anstauen und Sie in Ihrer Wut übers Ziel hinausschießen. Tun Sie es, wenn es Ihnen nötig erscheint, und vor allem rechtzeitig!

4. Sich zuhören. Wir brauchen alle das Gefühl, gehört und verstanden zu werden. Wenn Ihr Partner mit Ihnen spricht, zeigen Sie ihm, daß Sie zuhören, blicken Sie ihn an, und geben Sie eine Antwort, daß Sie verstanden haben, was der andere will – oder aber, daß Sie es nicht verstanden haben: Auch das zeigt, daß Sie zugehört haben. Wie oft Sie das am Tag tun sollen? Wann immer Ihr Partner mit Ihnen redet!

5. Sich gegenseitig unterstützen. Sie müssen kein wandelnder Fanclub Ihres Partners sein, natürlich hat jeder seine Schwachstellen. Aber grundsätzlich sollten Sie den anderen in seinen Plänen, Wünschen und Zielen ermutigen und ihn unterstützen, nicht nur durch Worte, sondern auch durch Taten wie Kochen oder Kinder-ins-Bett-Bringen «außer der Reihe». Entlasten Sie sich gegenseitig, wann immer es nötig ist!

6. Gemeinsame Zeit verbringen. Es gibt Zeit für die Arbeit, Zeit für sich allein, Zeit für Freunde. Dabei sollte immer auch Zeit für Sie als Paar übrig sein, damit Ihre Partnerschaft lebendig bleibt. «Zeit zu zweit» ist jeden Tag, und seien es zehn Minuten!

7. Spaß zusammen haben. Unternehmen Sie wieder die Dinge, die Ihnen am Anfang Ihrer Beziehung soviel Spaß gemacht haben! Gehen Sie aus oder spazieren, treiben Sie Sport – was auch immer, aber tun Sie es gemeinsam. Setzen Sie sich einen festen «Spaßtermin» pro Woche!

8. Auf Fairneß und Gleichgewicht achten. Fragen Sie sich ehrlich, ob einer von Ihnen beiden häufig zu kurz kommt, mehr tun muß, mehr Pflichten hat als der andere. Wenn es so ist und Sie selbst womöglich noch davon profitieren, schaffen Sie einen fairen Ausgleich. Einen Fairneß-Check sollten Sie regelmäßig machen und vor allem so bald wie möglich für Gleichgewicht sorgen, ohne Aufschub!

9. *Sich in den anderen hineinversetzen.* Versuchen Sie immer, sich die Sichtweise des anderen vorzustellen und zu verstehen, welche Gefühle Sie bei Ihrem Partner wohl auslösen und warum. Zeigen Sie Einfühlungsvermögen besonders in Konfliktsituationen und wenn es um die Beziehung geht!

10. *Offenheit zeigen.* Lassen Sie Ihren Partner bei wichtigen Dingen nie rätseln, was Sie denken oder fühlen, sondern bekräftigen Sie Ihre spezielle Intimität, indem Sie sich so zeigen, wie Sie wirklich sind. Ganz offen miteinander zu reden ist eigentlich nie verkehrt.

Das sind also die zehn Punkte, die die Grundversorgung in der Beziehung sicherstellen. Alles zusammengerechnet, erfordert es nicht mehr als 15 Minuten pro Tag, die Sie dafür aufbringen müssen. Und denken Sie an all die Zeit, die Sie einsparen, wenn Sie sich an die folgenden Verbote halten und diese Dinge künftig nicht mehr tun!

DIE ZEHN VERBOTE DER LIEBE

1. *Keine Lügen und Unklarheiten.* Jegliches «Hintenrum» schafft eine Atmosphäre von Distanz und Mißtrauen und ist Gift für die Beziehung. (Übrigens: Auch Sätze wie: «Wenn du mich wirklich lieben würdest, wüßtest du, wie ich mich fühle», sind eine Form von Unaufrichtigkeit. Wenn Sie Ihren Partner lieben, sagen Sie ihm, was Sie fühlen!)

2. *Keine Herabwürdigungen.* Wenn Sie Ihren Partner bei

jeder Gelegenheit, die sich bietet, kritisieren und sich über ihn beklagen – und sei es in bester Absicht –, was bleibt dann noch von der Liebe?

3. *Nicht auf Kosten des Partners handeln.* Sie beide tragen Verantwortung nicht nur für die Beziehung, sondern auch für den Partner. Zwar nicht die volle, aber jeder ein bißchen mehr als die Hälfte...

4. *Kein Trauerspiel aufführen.* Nichts sagt dem anderen deutlicher «Geh weg!» als dauernde Schwarzseherei. Wenn Sie nur negativ sind und eine generell düstere Stimmung verbreiten, nimmt auch die Beziehung Schaden. Auch wenn Sie womöglich sagen: «So bin ich eben», ist das keine Entschuldigung.

5. *Leben Sie nicht aneinander vorbei.* Sie wohnen in denselben Räumen und teilen ein Bett, und doch treffen Sie sich nie? Nie wirklich? Nie haben Sie Zeit für sich als Paar? Auch dafür gibt es keine Entschuldigung – nehmen Sie sich die Zeit!

6. *Keinen Streit ins Leere führen.* Streiten ist normal. Aber es sollte etwas dabei herauskommen: sei es, daß Sie etwas Neues über Ihren Partner erfahren haben, sei es, daß Sie auf dem Weg sind, ihre Konflikte zu lösen. Streitereien sind nicht dazu da, den anderen kleinzukriegen oder um auf ohnehin schon alten Sachen ewig weiter herumzureiten.

7. *Kontrolliert wird nicht.* Autoritär sein, alles immer bestimmen müssen, gar den Kontrolleur spielen – das würdigt Ihren Partner herab und zerstört liebevolle Gefühle. Wer liebt schon seinen Boß?

8. *Kein Mißtrauen.* Einen anderen Erwachsenen wie ein Kind zu behandeln, ihm nichts wirklich zuzutrauen, oder zu meinen, er führe etwas im Schilde: Diese Haltung ist niemandem gegenüber gerechtfertigt, schon gar nicht Ihrem Partner!

9. *Keine Verletzungen.* Hier meine ich sowohl Verletzungen

durch körperliche Gewalt als auch psychische Verletzungen. Wenn überhaupt, braucht es Jahre, bis so etwas wieder gutzumachen ist.

10. Seien Sie nicht unversöhnlich. Wunden brauchen zwar ihre Zeit, um zu heilen. Wenn Sie selbst aber immer wieder drin herumstochern, können sie das gar nicht – dann wird aus einer Wunde eine Infektion.

Eingangs habe ich angesprochen, daß Paare oft vor einem vermeintlichen «Rätsel» stehen, wenn die Beziehung «irgendwie» kaputtgegangen ist. Mit den beiden Listen vor Augen können Sie dieses Rätsel leicht lösen. Sie kennen nun den Liebeskiller Nr. 1: gegen die Grundregeln zu verstoßen.

Ich selbst mußte mir diese Grundregeln auch klarmachen. Sie werden wahrscheinlich denken, daß ich als Paartherapeutin meine Beziehung im Griff habe und daß tatsächlich schwerwiegende Probleme vorliegen müssen, wenn ich selbst ratlos bin, wie sie zu lösen seien. Aber auch ich war blind gegenüber dem Naheliegendsten, dem Liebeskiller Nr. 1, und hielt mich für besonders schlau, so daß ich viel zu kompliziert dachte. Ich war zu schlau, um darauf zu kommen, daß die Ursache für Müdigkeit und Niedergeschlagenheit einfach zu wenig Schlaf sein könnte.

Aus der paartherapeutischen Praxis stammt die Erfahrung, daß etwa ein Drittel der «Problem-Paare» nicht zu dumm für eine Beziehung sind, sondern zu schlau!

Diagnose Nr. 1:
Sich des anderen zu sicher fühlen

Wenn Sie folgende sieben Aussagen jeweils mit «ja» oder «nein» beantworten, können Sie die Diagnose für den Liebeskiller Nr. 1 leicht selbst stellen:

1. «Ich bin es müde, dauernd an unserer Beziehung arbeiten zu müssen.»

____ Ja   ____ Nein

2. «Ich fühle mich immer öfter allein gelassen in der Beziehung und empfinde immer weniger Nähe.»

____ Ja   ____ Nein

3. «Meistens herrscht ein gereizter Unterton, wenn wir miteinander reden.»

____ Ja   ____ Nein

4. «Es ist lange her, daß ich mich ernsthaft gefragt habe, ob mein Partner/meine Partnerin irgend etwas von mir vermissen könnte.»

____ Ja   ____ Nein

5. «Wir leben eher wie zwei Leute, die sich eine Wohnung teilen und sich möglichst nicht in die Quere kommen, und nicht wie ein Liebespaar.»

____ Ja   ____ Nein

6. «Ich habe meinem Partner/meiner Partnerin schon länger keine Freude mehr gemacht.»

____ Ja   ____ Nein

7. «Eigentlich warte ich darauf, daß mein Partner/meine Partnerin etwas tut, damit die Beziehung besser wird.»

____ Ja   ____ Nein

Wenn Sie zweimal oder öfter mit «ja» geantwortet haben, steht die Diagnose fest: Liebeskiller Nr. 1! Sagen Sie nur einmal «ja», ist Ihre Beziehung zumindest anfällig. Wenn keine der Aussagen auf Sie zutrifft, gibt es zwei Möglichkeiten: Entweder kann man Ihnen zu Ihrer Beziehung gratulieren, oder Sie bemogeln sich selbst – was ja durchaus nicht selten vorkommt: Sie wollen einfach nicht, daß Sie Probleme miteinander haben und Ihre Beziehung kaputtgeht, also streiten Sie die Probleme einfach ab.

Machen Sie in diesem Fall einen Gegencheck und bitten Sie Ihren Partner, die Liste ebenfalls durchzugehen.

Rezept Nr. 1

Wenn Sie Ihren persönlichen Liebeskiller diagnostiziert haben, können Sie gezielt etwas gegen ihn tun. Sie werden vielleicht sagen, daß Sie nicht nur dieses eine Problem haben – daß Sie beide sich der Beziehung zu sicher sind und Sie deshalb die Grundversorgung aus den Augen verloren haben –, sondern daß Ihre Beziehung vorne und hinten nicht stimmt. Wenn Sie sich jedoch auf den Punkt konzentrieren, den Sie für sich selbst als Liebeskiller diagnostiziert haben, und die entsprechende Rezeptur befolgen, werden Sie feststellen, daß die anderen Symptome auch verschwinden oder zumindest nicht mehr so ins Gewicht fallen.

Konzentration auf das Wesentliche

Gehen Sie nun unsere Gebotsliste für die Liebe (vgl. S. 41) Punkt für Punkt noch einmal durch und bestimmen Sie sowohl für sich selbst als auch für Ihren Partner/Ihre Partnerin die drei Punkte, die Sie am meisten vernachlässigt haben. Auf diese Weise stellen Sie eine Art Feindiagnose und können sich ein auf Sie persönlich zugeschnittenes «Rezept» ausstellen:

1. Wertschätzung zeigen
   ＿＿＿ Das habe ich vernachlässigt
   ＿＿＿ Das hat mein Partner vernachlässigt
2. Körperkontakt
   ＿＿＿ Das habe ich vernachlässigt
   ＿＿＿ Das hat mein Partner vernachlässigt
3. Bedürfnisse äußern
   ＿＿＿ Das habe ich vernachlässigt
   ＿＿＿ Das hat mein Partner vernachlässigt

4. Sich zuhören
_____ Das habe ich vernachlässigt
_____ Das hat mein Partner vernachlässigt
5. Sich gegenseitig unterstützen
_____ Das habe ich vernachlässigt:
_____ Das hat mein Partner vernachlässigt
6. Gemeinsame Zeit verbringen
_____ Das habe ich vernachlässigt
_____ Das hat mein Partner vernachlässigt
7. Spaß miteinander haben
_____ Das habe ich vernachlässigt
_____ Das hat mein Partner vernachlässigt
8. Auf Fairneß und Gleichgewicht achten
_____ Das habe ich vernachlässigt
_____ Das hat mein Partner vernachlässigt
9. Sich in den anderen hineinversetzen
_____ Das habe ich vernachlässigt
_____ Das hat mein Partner vernachlässigt
10. Offenheit zeigen
_____ Das habe ich vernachlässigt
_____ Das hat mein Partner vernachlässigt

Gehen Sie nun auf die gleiche Weise die Verbotsliste durch und bestimmen Sie auch hier die drei wichtigsten Punkte für sich und Ihren Partner:
1. Keine Lügen und Unklarheiten
_____ Das habe ich nicht eingehalten
_____ Das hat mein Partner nicht eingehalten
2. Keine Herabwürdigung
_____ Das habe ich nicht eingehalten
_____ Das hat mein Partner nicht eingehalten
3. Nicht auf Kosten des Partners handeln
_____ Das habe ich nicht eingehalten
_____ Das hat mein Partner nicht eingehalten
4. Kein Trauerspiel aufführen

_____ Das habe ich nicht eingehalten
_____ Das hat mein Partner nicht eingehalten
5. Nicht aneinander vorbeileben
_____ Das habe ich nicht eingehalten
_____ Das hat mein Partner nicht eingehalten
6. Keinen Streit ins Leere führen
_____ Das habe ich nicht eingehalten
_____ Das hat mein Partner nicht eingehalten
7. Kontrolliert wird nicht
_____ Das habe ich nicht eingehalten
_____ Das hat mein Partner nicht eingehalten
8. Kein Mißtrauen
_____ Das habe ich nicht eingehalten
_____ Das hat mein Partner nicht eingehalten
9. Keine Verletzungen
_____ Das habe ich nicht eingehalten
_____ Das hat mein Partner nicht eingehalten
10. Seien Sie nicht unversöhnlich
_____ Das habe ich nicht eingehalten
_____ Das hat mein Partner nicht eingehalten

Jetzt kennen Sie die drei Punkte, die Sie und Ihr Partner am meisten vernachlässigt respektive gegen die Sie am meisten verstoßen haben.

Aus einem scheinbar unentwirrbaren Problemknäuel haben sich für Sie jeweils drei Dinge herauskristallisiert, die Sie für Ihre Beziehung unbedingt tun sollten und die Sie nicht mehr tun sollten.

Probleme zu erkennen und sie benennen zu können schafft Erleichterung. Jetzt können Sie konkrete Schritte unternehmen, um sie aus dem Weg zu räumen. Im Falle von Liebeskiller Nr. 1 bedeutet es, die Grundversorgung wieder sicherzustellen:

- Stellen Sie eine Liste mit Ihren drei Geboten und drei Verboten zusammen.
- Machen Sie diese Liste auch für Ihren Partner.
- Bringen Sie beide Listen an einem Ort an, wo sie Ihnen täglich ins Auge fallen: z. B. am Kühlschrank oder am Badezimmerspiegel.
- Vereinbaren Sie, sich gegenseitig darauf aufmerksam zu machen, wenn Sie gegen die Punkte auf Ihren Listen verstoßen.
- Wenn dieser Fall eintritt, sagen Sie es einfach nur, z. B. so: «Liebling, das war jetzt gegen Punkt drei.» Sagen Sie es ohne Kommentar – ohne Beschuldigung, ohne Belehrung oder sonstigen Unterton (eine Verhaltensweise, die übrigens auch zur Verbotsliste gehört!).

Und: Seien Sie stolz auf diese Listen! Sie zeigen nicht Ihr Versagen, sondern Ihre Bereitschaft und Ihr Engagement für die Beziehung! Und das ist auch der Kern meiner Rezeptur, der Kern dessen, was ich Ihnen quasi verschreibe, um Ihre Liebe zu kurieren: Verbergen Sie Ihre Schwachpunkte nicht, sondern holen Sie sie ans Licht! Schaffen Sie eine Atmosphäre des Vertrauens, in der Ihnen selbst und Ihrem Partner es möglich ist, diese Dinge in aller Offenheit auszukurieren. Versorgen Sie sich mit dem Wesentlichen, fordern Sie es ein und gewähren Sie es – so selbstverständlich wie den täglichen Schlaf, zu essen und zu trinken.

Meine eigene Geschichte. An dieser Stelle möchte ich als Fallbeispiel meine eigene Geschichte erzählen. Sie handelt davon, daß Liebe auf Dauer nicht aus sich selbst heraus lebendig bleibt, sondern daß man etwas dafür tun muß.

Gehen wir zurück in das Jahr 1956, zu einem speziellen Abend im spätsommerlichen Manhattan. Damals habe ich meinen Mann kennengelernt. Wir gingen beide aufs College. Zuerst mochte ich ihn nicht besonders und fand, er war von dieser Sorte «Alles-Checker». Trotzdem – in den folgenden Tagen haben wir uns ineinander verliebt. Er war ein Alles-Checker, aber er war süß und nett und lustig, und er war mein Alles-Checker. Er respektierte mich. Ich glaube, wir beiden waren selbst am meisten überrascht, als nach ein paar Monaten für uns feststand zu heiraten. Zwei verrückte Teenager. Heute, zweiunddreißig Jahre später, sind wir immer noch verrückt, immer noch verliebt, nur sind wir keine Teenies mehr.

Beinahe hätten wir es jedoch vermasselt. Es muß etwa neunzehn Jahre her sein jetzt, als mein Mann mir eines Sonntagnachmittags eröffnete, daß er eine andere kennengelernt hätte. Er beteuerte, daß sie nicht miteinander geschlafen hätten, sie seien mehr wie zwei Freunde, aber er fühlte sich sehr zu ihr hingezogen. Und er würde mir das erzählen, weil er Angst bekommen habe, daß wir uns verlieren könnten.

Mich hat seine Beziehung zu dieser Frau zutiefst verletzt, und auch jetzt schmerzt es noch ein wenig, wenn ich daran zurückdenke. Aber ich wußte, daß ich auch einen Teil der Verantwortung dafür übernehmen mußte, was passiert war.

Beziehungsarbeit: Zuviel des Guten. Damals war ich frischgebackene Therapeutin und mit Feuer und Flamme dabei – den Kopf voller Theorien und Methoden, die ich mir erarbeitet hatte und als Lehrtherapeutin an künftige Kollegen weitergab. Meine Ehe war mein persönliches Versuchskaninchen: Beziehungsarbeit stand an! Ich war richtig stolz auf meine Vorstöße, Beziehungsarbeit auf einem ganz neuen Level zu betreiben: Jegliche «Grundversorgung» war kein Thema; mich interessierte nur das, was kompliziert und tiefschürfend war.

Alles, was zwischen uns schiefging, alles, was mein armer Mann tat und was nicht perfekt war, wurde für mich zum

Alarmzeichen, um meine Geschütze aufzufahren. Ich erinnere mich, daß ich mich einmal aufgeregt hatte, weil er nicht stillsitzen blieb, als ich ihm etwas Wichtiges erzählen wollte. Es war nicht so, daß er nicht zugehört hätte, sondern er war einfach unruhig. Aber für mich war klar: Er hört überhaupt nicht zu.

Als er dann immer nervöser wurde, löcherte ich ihn natürlich noch mehr, warum und was das für unsere Beziehung bedeutete, und je mehr ich an seiner Unruhe «herumarbeitete», desto stärker wurde sie und desto mehr wurde das Ganze aufgebauscht.

Heute schäme ich mich dafür – aber wir verbrachten Stunden damit, herumzustreiten und zu «analysieren», was mit uns los sei und was wir tun müßten. Sich wirklich zuzuhören gehört zwar zu den Grundlagen, aber wir führten einen Kleinkrieg um lauter Nebensächlichkeiten, der mit der eigentlichen Sache nichts mehr zu tun hatte und der alles andere als förderlich für die Beziehung war.

Mir war damals der Unterschied zwischen «hart arbeiten» und «gekonnt arbeiten» nicht bewußt. Etwas für die Beziehung tun ist keine Knochenarbeit wie z.B. Holzhakken: Man kommt richtig ins Schwitzen, Späne fliegen, und es rummst und kracht, bis man einen einigermaßen ansehnlichen Stapel Kaminholz aufschichten kann. Nein – Beziehungsarbeit sollte eher dem Diamantenschleifen ähneln: Mit Kennerschaft, Fingerspitzengefühl und feinstem Werkzeug machen Sie aus einem rohen Stein ein Schmuckstück.

Jede Stunde, die mein Mann und ich damit verbrachten, unsere Beziehung nach unseren Vorstellungen unter Kontrolle zu bekommen, trug dazu bei, daß sie immer mehr einer einzigen Plackerei glich, und ich hatte nichts anderes mehr im Sinn, als meinen Mann unausgesetzt zu kritisieren. Das muß entsetzlich gewesen sein.

Wir sind in die gleiche Beziehungsfalle getappt, in der so

52

viele von uns stecken: Je mehr wir an uns herumarbeiteten, desto mehr bekamen wir das Gefühl, daß es dringend notwendig sei.

Beziehungs-Hypochondrie. An diesem Punkt angelangt, bleibt von einer Liebesbeziehung nichts mehr übrig. Wir bekommen Sehnsucht danach, wieder verliebt zu sein: neu anzufangen und es wieder genießen zu können, sich zu entdecken. Diese Freude aneinander ist das Leitmotiv jeder Geschichte, die heißt: sich zu verlieben.

Erinnern Sie sich an dieses Gefühl, als Sie sich das letzte Mal verliebt hatten, das Gefühl, sich in besonderer Weise akzeptiert zu fühlen? Gemocht zu werden, weil man der ist, der man ist? Wenn eine Beziehung auseinanderbricht, steht letztlich der Satz dahinter: «Ich akzeptiere dich nicht, wie du bist.»

Dieser unausgesprochene Satz war es, weswegen mein Mann sich von mir ab und einer anderen Frau zugewendet hatte. Natürlich war dieser Schritt ein Fehler, aber mein Fehler war es, ihn dazu zu bewegen, sich eine Frau zu suchen, die ihm das vermittelte, was er bei mir vermißte: daß er der anziehendste Mensch auf der Welt für sie sei.

Wir waren von einer Art Beziehungs-Hypochondrie befallen. So kann man das wohl nennen: aus jeder Kleinigkeit ein Riesenproblem zu machen, hinter an sich harmlosen Symptomen die große bedrohliche Krankheit zu wittern. Es ist das genaue Gegenteil von dem, was ich Ihnen nun mit diesem Buch vermitteln möchte: die Hauptprobleme konkret zu benennen, sich auf diese – und nur auf diese – zu konzentrieren und Wege zu beschreiten, sie zu lösen.

Beenden Sie den Beziehungsstreß. Liebe macht blind, sagt man, und dumm – zumindest in meinem Fall. Nachdem ich erkannt hatte, daß ich mich in der Beziehung wie ein aufgescheuchtes Huhn verhalten hatte, beschloß ich, klug vorzugehen. Ich besann mich für meine eigene Ehe darauf, was ich zunehmend und mit Erfolg in meiner therapeutischen Arbeit mit Paaren machte: genau hinzusehen, woran eine Beziehung wirklich krankt, und eine gezielte Heilung vorzunehmen.

Zunächst sagte ich meinem Mann, daß er die Finger von irgendeiner anderen lassen sollte, wenn ihm sein Leben lieb wäre, hörte dann auf, mich selbst mit Eifersucht zu quälen, und nahm einen neuen Anlauf, dem Rätsel von Liebe und Beziehung auf die Spur zu kommen. Bald sah ich den Weg klar vor mir: Auch Liebe ist anfällig für «Killerviren»; wenn man sie kennt, kann man sie jedoch abwehren. So war ich von dem Virus befallen, unsere Beziehung in den größten Untiefen auszuloten und dort herumzustochern. Jetzt besann ich mich auf das Wesentliche, sozusagen auf die Grundnahrung, die wir über unserer Beziehungsarbeit vollkommen vergessen hatten. Gemäß unserer Listen hörte ich auf damit, immer nur zu kritisieren, und wurde wieder freundlicher und liebevoller zu meinem Mann.

Das wirkte sich bald positiv aus: In dem Maße, in dem ich mich entspannte, entspannte auch er sich und wurde ebenfalls wieder netter zu mir – und er gewann seine Attraktivität für mich zurück. Als er mich dann eines Abends zum Essen ausführte und wir uns herrlich unterhielten – mein Mann war ausgesprochen gesprächig und erzählte tausend Geschichten –, war das Eis geschmolzen: Was wünscht man sich mehr, als solche Abende miteinander zu verbringen? Wir hatten aufgehört, an unserer Beziehung zu arbeiten, und lebten sie statt dessen einfach!

54

Stärkungsmittel Nr. 1:
Der Liebe Ausdruck geben

Wir alle verfügen über innere Ressourcen, die die Liebe stärken. Erinnern Sie sich zum Beispiel nur einmal an das Bedürfnis aus der Anfangszeit Ihrer Liebe, zu zweit zu sein, Dinge gemeinsam zu erleben. Oder an Ihre eigene Pein, wenn es dem anderen nicht gut ging, Ihr Bedürfnis, ihm zu helfen. Auch wenn diese emotionalen Ressourcen verschüttet sind und Ihnen nicht mehr bewußt ist, daß Sie sie haben, sind sie doch da – letztlich gehören sie zur Grundausstattung des menschlichen Miteinanders. Eine dieser Ressourcen ist nun speziell dafür geeignet, dem Liebeskiller Nr. 1 zu begegnen.

Was ist wohl das Geheimnis von Paaren, die eine sichtbar liebevolle Beziehung haben, um die wir sie manchmal beneiden könnten? Nun – mit Sicherheit sitzen sie nicht tatenlos herum und gratulieren sich gegenseitig zu ihrer schlummernden Liebesfähigkeit, die zwar da ist und auch groß genug, nur leider nicht spürbar. Im Gegenteil: Sie bringen ihre Gefühle zum Ausdruck und leben danach.

Liebe ist kein Gefühl, das aus sich selbst heraus einfach immer weiterlebt. Je mehr liebevolle Dinge Sie füreinander machen, desto stärker fühlen Sie Ihre Liebe, und desto mehr kann sie sich entfalten.

Ich habe mit vielen Paaren gearbeitet, die das Gefühl füreinander verloren hatten und selbst herausfanden, wie sie es wiederfinden, d.h., was sie machen könnten. Hieraus habe ich eine weitere Top-Ten-Liste zusammengestellt mit den überzeugendsten und praktikabelsten Vorschlägen, die tatsächlich Wunder bewirken können, wie sich in der Praxis immer wieder zeigt.

DIE TOP TEN ZUM AUFFRISCHEN DER GEFÜHLE

1. Sagen Sie sich, wie sehr Sie sich lieben – und zwar direkt in die Augen! Sollte dann die Antwort lauten: «Ja, aber wenn du mich liebst, warum machst du dann nicht das und das?» antworten Sie: «Du hast recht. Ich nehm dich für selbstverständlich. Das hast du nicht verdient. Ich versuche das zu ändern.»

2. Tauschen Sie Erinnerungen aus. Erzählen Sie Ihrem Partner/Ihrer Partnerin, an welchen besonderen, romantischen Moment Sie sich erinnern. Erzählen Sie sich von dem Tag, an dem Sie sich zum ersten Mal sahen.

3. Seien Sie nicht so sparsam mit Küssen. Anstatt zur Begrüßung diesen obligatorischen Kuß auf den Mund zu plazieren, verteilen Sie Küsse über das ganze Gesicht!

4. Rekapitulieren Sie einen Streit und bestätigen Sie Ihrem Partner/Ihrer Partnerin, daß er/sie damals recht hatte. Sagen Sie auch, was Sie seither an sich selbst geändert haben.

5. Schreiben Sie einen Liebesbrief. Zählen Sie darin die drei oder fünf oder acht Gründe auf, warum Sie gerade in ihn/sie so verliebt sind.

6. Machen Sie ein besonderes Kompliment. Sagen Sie zum Beispiel, wie Ihnen die Bemerkung neulich anläßlich einer Diskussion imponiert hat, wie toll Sie Ihren Partner/Ihre Partnerin in dem Moment fanden.

7. Krönen Sie den Sex mit einer Liebeserklärung. Halten Sie das nächste Mal, wenn Sie zusammen schlafen, kurz inne und sagen Sie diese berühmten drei Wörter.

8. Sagen Sie, daß Sie sich bei der Idee, miteinander alt zu werden, glücklich fühlen.

9. Legen Sie «Ihr» Lied auf und tanzen Sie dazu. Im Flur, im Schlafzimmer, wo immer.

10. Unternehmen Sie etwas gemeinsam, was Sie schon ewig nicht mehr gemacht haben.

Diese Liste zählt die zehn beliebtesten Dinge auf, um die Liebe aufzufrischen. Lassen Sie Ihrer Phantasie freien Lauf, Sie können diesen zehn Punkten sicherlich weitere hinzufügen – Sie selbst sind der Experte, was Ihre Gefühle betrifft. Denken Sie nur an die Dinge, die Sie gemacht haben, als Sie so richtig ineinander verliebt waren, und machen Sie es wieder so – so oft wie möglich.

Ein bewährtes Mittel

Unter den vielen erprobten «Stärkungsmitteln», auf die Sie hier in diesem Buch stoßen werden, möchte ich Ihnen eines besonders ans Herz legen. Es ist denkbar einfach, und es wirkt durchschlagend. Ich habe es «das gemeinsame Ja» genannt: Reden Sie über ein Thema, bei dem Sie beide absolut gleicher Meinung sind. Auch Sie haben so ein Thema, selbst wenn Sie jetzt abwinken mögen und sagen, daß Sie nur noch streiten – egal, worum es geht. Denken Sie mal nach: Lieben Sie das gleiche Urlaubsland? Mögen Sie beide den gleichen Film? Sind Sie beide der Meinung, daß die Freunde Ihrer Kinder besonders nett sind? – Tauchen Sie aus Ihrer Streiterei auf und sagen Sie mal wieder: «Ja, finde ich auch, da geht's mir genau wie dir.»

Sie können das sofort umsetzen, egal, wo Sie sich befinden, auch zwischen Tür und Angel, und Sie werden sich in dem Moment wieder als zusammengehörig empfinden.

Geben Sie Ihrer Liebe Nahrung, und sei es für solch einen kleinen Moment. Das ist wie mit der vernachlässigten Pflanze, der man nach langer Zeit wieder ein paar Tropfen Wasser gönnt: Sie erholt sich – zwar nicht sofort, sondern nach und nach –, und wenn noch ein Fünkchen Leben in ihr ist, wird sie wieder blühen.

3
«Auf dich laß ich nichts kommen»

Liebeskiller Nr. 2:
Den Partner abwerten

Frage:
**Ist Ihre Beziehung durch Abwertungen und
Schubladendenken vergiftet?**

Nichts kann vernichtender sein als Worte. Ein paar gezielt
eingesetzte Worte nur, und Sie fühlen sich wertlos, oder
anders herum, Sie selbst haben «es» Ihrem Partner gegeben. «Es», das sind nicht so sehr direkte Beschimpfungen
wie «Idiot» oder ähnliches, was einem schon mal «herausrutscht», sondern eine bewußte, generell herabsetzende
Kritik, mit der man den Partner in negative Schubladen
steckt. Dieser Liebeskiller tritt in vielen Varianten auf: von
offener Verachtung bis zu fragwürdigem Verständnis für
Schwächen. Ein paar der gängigsten Methoden sind zum
Beispiel:
- Gemeinheiten austeilen unter dem Deckmäntelchen der
  Selbstkritik: «Wie konnte ich nur so dumm sein, mich in
  jemanden wie dich zu verlieben...»

- Tatsachen konstatieren, weil es «schließlich Tatsachen sind»: «Mit dem Geld, das du in deinem Job verdienst, werden wir uns nie wirklich etwas leisten können.»
- Verständnis zeigen, indem man den Partner «analysiert»: «Du hast als Kind wahrscheinlich einfach zu wenig Aufmerksamkeit von deiner Mutter bekommen.»
- Den Partner wachrütteln durch laienhafte «Diagnosen»: «Deine Angst vor Gefühlen ist doch nicht mehr normal, du mußt eine richtige Neurose haben.»
- Gute Ratschläge geben: «Erzähl auf dieser Party heute lieber keine Witze, du bist nun einmal nicht der begnadete Witzeerzähler ...»
- Pauschale Urteile abgeben, die «eigentlich» nicht so gemeint sind: «Nie gelingt dir irgend etwas!»

Die lauernde Gefahr

Für dieses teils sehr indirekte Erniedrigungs-Spiel muß man einiges an Intelligenz aufbieten, und je subtiler Sie vorgehen, desto mehr gehen Ihre Pfeile unter die Haut. Vielleicht sind Sie selbst sich dessen gar nicht immer bewußt: Sie meinen es gut, Sie bringen Verständnis auf, Sie rationalisieren, Sie sind offen zu Ihrem Partner, oder vielleicht wollten Sie auch nur witzig sein. Deshalb ist dieser Liebeskiller besonders gefährlich. Er wirkt wie ein schleichendes Gift, das Ihre Beziehung womöglich schon länger infiziert, als Sie denken. Und auch noch nachwirkt, selbst wenn Sie meinen, es sei alles nur ein dummer Streit gewesen, ein momentaner Schlagabtausch.

Doch dieses Problem zieht uns und die Beziehung in einen destruktiven Sog, den eine Klientin von mir so beschrieb:

«Es gibt ja diese Überzeugung, daß eine gute Beziehung vor allem Offenheit bedeutet, daß man ganz sich selbst ist.

Nun, wir haben unsere wirklich gute Beziehung genau damit kaputtgemacht. Wir sagten uns die schrecklichsten Dinge und verlangten dann auch immer noch, daß der andere ja nicht beleidigt sein solle, schließlich seien wir ja nur ehrlich. Es ging gar nicht darum, daß wir uns gegenseitig als Idioten bezeichnet haben. Nein, wir wollten ja nicht primitiv sein, sondern besonders aufgeklärt, psychologisch aufgeklärt! Und anstatt uns wirklich offen, das heißt natürlich und normal zu begegnen, haben wir in dieser pseudo-psychologischen Art an uns herumkritisiert. So lange, bis ich glaubte, paranoid zu sein, und ich ihm angebliche Persönlichkeitsstörungen angehängt hatte. Und alles in bester Absicht. Aber statt zu Selbsterkenntnis hat es dazu geführt, daß ich meinen besten Freund verloren habe. Wir waren Feinde zum Schluß.

In meiner nächsten Beziehung werde ich zwar auch sagen, was ich denke und was ich brauche. Aber ich werde diesen Psychoterror ‹Hauptsache offen und ehrlich› nicht mehr mitmachen!»

Das ist das Gefährliche an diesem Liebeskiller: Sie handeln in bester Absicht, aber wie ein Oberlehrer oder ein Hilfspolizist. Sie wollen dem anderen «auf die Sprünge helfen», ihm einen Spiegel zur Selbsterkenntnis vorhalten, und Sie wollen schließlich offen und ehrlich miteinander umgehen. Was Sie wirklich damit erreichen, ist, daß der andere sich klein fühlt. Worte können eine Realität schaffen, aus der man kein Entrinnen mehr sieht und tatsächlich klein wird: Man verkümmert emotional. Dieses Verhalten zerstört die Liebe.

Erste Warnzeichen und Auslöser

Bis Paare sich mit offener Geringschätzung begegnen, muß eine Menge passiert sein. So wie in der Geschichte von Beverly und Zack: Am Anfang waren sie wie jedes andere Liebespaar entflammt, und je besser sie sich kennenlernten, desto mehr Gefallen fanden sie aneinander. Doch irgendwann nahmen Beverly und Zack Dinge wahr, die ihnen nicht so gut gefielen. Dies ist ein kritischer Punkt für viele Paare – wahrscheinlich kennen Sie ihn auch, diesen Blick auf den anderen ohne die rosarote Brille. Sie bemerken die Schwachpunkte Ihres Partners, weil er, je mehr sich Ihre Beziehung gefestigt hat, sich sicher genug fühlt, sich nicht mehr nur von seiner besten Seite zu zeigen, und sich so geben will, wie er ist. Oder Sie haben die weniger guten Seiten Ihres Partners zwar gleich gesehen, fühlen sich selbst aber jetzt sicherer, sie zu thematisieren.

Ärger über den anderen

Beverly und Zack öffneten dem Liebeskiller Nr. 2 Tür und Tor, als sie damit begannen, sich zu beschimpfen, wenn sie sich übereinander geärgert hatten. Beverly zum Beispiel hatte vergessen, Zacks Hemden aus der Reinigung zu holen, wie es verabredet war. Oder sie hatte ihm nicht gesagt, daß ihre Mutter Sonntag nachmittags zum Kaffee kommt. Oder sie hatte ihr Versprechen nicht eingelöst, daß die Initiative zum Sex das nächste Mal von ihr ausgehen würde (was Zack, der sich vernachlässigt fühlte, schon länger einklagte). Zack also hatte Gründe, sich zu ärgern.

Nun gibt es aber einen großen Unterschied zwischen Ärger zeigen und Herabsetzung des anderen. Zwei Verhaltensweisen sind es, die aus einem alltäglichen Ärger einen Liebeskiller machen:

1. Persönliche Abwertung. Wenn Beverly vergeßlich war oder Versprechen nicht einlöste, wurde Zack nicht nur einfach ärgerlich oder wütend. Dann hätte er vielleicht gesagt: «Das macht mich wahnsinnig, deine Vergeßlichkeit!» oder: «Das ist das letzte, ich halt' das nicht mehr aus!» Was seine Wut so zerstörerisch für die Beziehung machte, war, daß er zu Beverly sagte: «Auf dich kann man sich überhaupt nicht verlassen», und: «Immer erwartest du, daß andere deine Sachen erledigen und sich um alles kümmern.»

Zack hat ihr also eine Art Etikett verpaßt: das Etikett «verantwortungslos».

2. Schubladendenken. Meist bleibt es nicht bei einer einmal oder höchst selten geäußerten persönlichen Abwertung, sondern es kommt hinzu, daß sie wie ein Sticker am anderen haften bleibt. Alles, was im Beispiel von Beverly und Zack in die Schublade «Beverly ist verantwortungslos» paßte, wurde von Zack dort hineingepackt. Sein Bild von ihr war so fest, daß sie keine Chance hatte, es zu verändern. Denn die Gelegenheiten, zu denen sie nicht vergeßlich war, nahm er gar nicht wahr, er registrierte nur noch ihre Schwachpunkte.

Abwertung aus Hilflosigkeit

In unseren Beziehungen empfinden wir oft Hilflosigkeit. Meine Praxiserfahrungen zeigen, daß nahezu jeder, der seinen Partner abwertet – wenn er schon einmal so weit ist, ihn mit seinen ärgerlichen Gefühlen offen zu konfrontieren –, dies in ähnlicher Weise rechtfertigt, wie Zack es tut: «Ich weiß einfach nicht, wie ich sie sonst dazu kriegen soll ...»

Wozu kriegen soll? Hier können Sie sich all die Dinge vorstellen, von denen Sie sich wünschten, daß Ihr Partner sie machen soll.

Oft geschieht es aus Frust, daß wir mit Abwertungen

versuchen, den anderen dazu zu bewegen, unsere Vorstellungen zu erfüllen. Dabei unterliegen wir der Täuschung, daß wir jemanden «wachrütteln», also positiv motivieren könnten, indem wir ihm negative Sticker anheften: «Du bist doch ein richtiger Feigling!» oder: «Warum hängst du immer so depressiv herum?» und ähnliches mehr.

Genau dieses Verhalten zeigen Eltern in der Erziehung, zum Beispiel, wenn sie ihr Kind beschimpfen, weil sie glauben, es sei zu faul. Ihre Hoffnung dabei ist, daß das Kind, in dem Moment, wo es das Etikett «faul» bekommt, aufhorcht, sich entschlossen aufsetzt, und eine sofortige Wandlung eintritt. Man stelle sich einen Siebenjährigen vor, der sich an die Stirn schlägt und sagt: «Mein Gott, ich wußte gar nicht, daß das, was ich mache, ‹faul sein› ist! Wie entsetzlich! Das soll bloß niemand von mir denken! Ich muß sofort damit aufhören.» Das können Sie sich nicht vorstellen? Es funktioniert auch nicht.

Aus Ärger oder Hilflosigkeit heraus zu agieren bewirkt lediglich, daß der andere sich klein fühlt. Und wir machen auf diese Weise aus dem Menschen, den wir lieben, einen, dem wir mit Verachtung begegnen.

Eine ganz alltägliche negative Schublade

Neben dem Etikett «verantwortungslos» klebte an Beverly noch ein anderes, weitaus schlimmeres, obwohl es auf den ersten Blick eher harmlos scheint. «Dumm» hieß es. Mit «dumm» stutzte Zack Beverly zurück, bis sie sich wertlos fühlte. Dabei verwendete er dieses Wort so, daß es zum Synonym für so ziemlich alles wurde, was Beverly sagte oder tat. Bereits am Anfang ihrer Beziehung bezeichnete er oft als dumm, was sie vorschlug. Später dann sagte er: «Du bist vielleicht dumm!» als sie ihm riet, sich für ihre gemeinsamen Finanzen einen Berater zu engagieren.

Wann immer Beverly Zacks Verhalten kommentierte, Vorschläge machte oder auch nur nachfragte – immer war *es* dumm, beziehungsweise *sie* war dumm: So hat er über Jahre hinweg den Weg dazu bereitet, daß sie selbst sich als Person, als Mensch dumm fühlte. Zack hatte das Wesentliche am Liebeskiller Nr. 2 zur Wirkung gebracht: nicht das, was der andere macht, wird abgewertet, sondern was er *ist*: sein Charakter und seine Persönlichkeit.

Das Spiel von Katz und Maus

Zacks dauernde Kritik und Kommentare blieben natürlich nicht ohne Folgen für die Beziehung. Zwei Strategien gibt es, darauf zu reagieren:

1. Sich zurückziehen. Das Einfachste ist, sich aus dem Weg zu gehen: Jede Minute, die man nicht zusammen ist, ist eine Minute, ohne einer Kritik ausgesetzt zu sein. Wenn die äußeren Umstände das nicht in ausreichendem Maße erlauben, geschieht der Rückzug innerlich. Beverly hörte also einfach auf, Zack irgend etwas von sich zu erzählen. Als erstes behielt sie ihre Überlegungen für sich. Anstatt mit ihm zu beraten, ob neue Vorhänge für das Schlafzimmer fällig seien, ging sie einfach los und kaufte welche.

Dieses Vermeidungsverhalten führte jedoch nicht dazu, daß Zack sein abwertendes Verhalten grundsätzlich änderte – also mußte Beverly wachsam bleiben und sagte ihm auch von anderen Dingen, die sie tun oder lassen wollte, nichts mehr. Sie zog sich immer weiter zurück, bis sie Zack gar nichts mehr von sich preisgab. Selbst wenn sie krank war, verlor sie kein Wort darüber und machte alles mit sich selbst aus. Zack wußte bald nichts mehr von ihr: Er hatte sie klein gemacht, und jetzt war sie ganz verschwunden. Dieser Liebeskiller macht aus einem Liebespaar zwei Fremde.

2. Kampf. Die andere Strategie, die Hand in Hand geht mit dem Rückzug, ist der Gegenangriff. Wer sich in die Ecke gedrängt fühlt, holt irgendwann selber aus, und möglichst ein bißchen mehr als der andere. Beverly bekommt also zu hören, daß sie dumm sei. Gut. Sie gibt ihm zurück: «Und du bist vollkommen krank!» Worauf Zack wiederum pariert: «Ja, ich muß krank sein, mich mit dir weiter abzugeben.» Ihre Beschimpfungen werden härter, und zwar in dem Maße, in dem das Bedürfnis, sich zu verteidigen, wächst.

Martin und Elaine: Bei diesem Paar steigerte sich ein jahrelanges Abwerten und Gegenhalten bis zu dem Punkt, wo Elaine endlich das «rettende Wort» gefunden hatte: Sie waren beide in ihren gewohnten verbalen Schlagabtausch verfallen, und Martin machte eine abfällige Bemerkung über ihr Aussehen. Elaine holte Luft, und da war er, der Satz, der ihn endgültig zum Schweigen bringen sollte: «Du machst mich runter, weil *du* ein Versager bist, ein noch größerer Versager als deine Niete von Vater.»

Das saß! Das «rettende Wort» hatte ihn vernichtend getroffen. Und die Folge war, daß ihre Beziehung noch schlimmer wurde. Martin sah sich jetzt zwar ein bißchen mehr vor, sann aber seinerseits auf einen entsprechenden Gegenschlag. Der Kampf eskalierte, und die Waffen wurden härter.

Eskalation im Psychostreß

Wer so gefangen ist in Verletztwerden, Sich-Verstecken und Zurückschlagen, der braucht irgendeine Art von Kompensation und Erholung, und die sucht er sich, wo immer er sie bekommen kann. Ein hoher Anteil von selbstzerstörerischen Verhaltensweisen, die auch jegliche Beziehung infizieren – z. B. Alkohol und anderes Suchtverhalten wie Freß- oder Shopping-Anfälle –, entsteht aus dem Bedürfnis nach Schutz vor einer unglücklich machenden Umgebung, in der man lebt. Deshalb ist es so gefährlich zerstörerisch, den Partner klein zu machen, ihn zu erniedrigen und abzuwerten: Das ist eine der schlimmsten Arten von Psychostreß.

Bevor Sie für sich selbst jetzt herausfinden, ob Ihre Beziehung von diesem Liebeskiller infiziert ist, möchte ich betonen, daß es nicht um diese negative Etikettierungen geht, wie sie in jeder Beziehung vorkommen mögen, um das, was «eigentlich» nicht so gemeint ist. Es gibt einen schmalen Grat zu herabwürdigendem Verhalten, zur persönlichen Abwertung des anderen. Wo würden Sie die Grenze ziehen, und befinden Sie sich diesseits oder jenseits?

Diagnose Nr. 2:
Macht in Ihrer Beziehung
einer den anderen klein?

Meine ersten fünf diagnostischen Fragen zielen darauf herauszufinden, ob Sie selbst sich abgewertet und kleingemacht fühlen:

1. Erinnern Sie sich wörtlich an Sätze oder Ausdrücke, mit denen Ihr Partner/Ihre Partnerin Sie abgewertet hat?
   _____ Ja   _____ Nein
2. Macht Ihr Partner/Ihre Partnerin Sie weiter herunter, obwohl Sie ihn/sie offen darauf angesprochen haben?
   _____ Ja   _____ Nein
3. Sind Sie zutiefst überzeugt davon, daß das, was Ihr Partner/Ihre Partnerin in Ihnen sieht und an Ihnen kritisiert, unfair ist und er Ihnen nicht gerecht wird?
   _____ Ja   _____ Nein

4. Weichen Sie der Kritik Ihres Partners/Ihrer Partnerin aus und meiden Sie ihn/sie selbst?

____ Ja ____ Nein

5. Wehren Sic sich, wenn Ihr Partner/Ihre Partnerin Ihre Fehler aufzählt, indem Sie seine/ihre eigenen Fehler als noch viel schlimmer darstellen?

____ Ja ____ Nein

Haben Sie zwei oder mehr dieser Fragen mit einem spontanen «Ja» beantwortet, hat Ihre Beziehung dieses «Abwertungsvirus». Selbst wenn Sie Ihre Beziehung als nicht kritisch empfinden mögen, seien Sie vorsichtig: Es ist ein tückisches Virus, das an Ihrer Liebe nagt, während Sie es im Alltag gar nicht bemerken.

Aber kommen wir zum zweiten Teil der Diagnose: Beantworten Sie nun auch die weiteren fünf Fragen – vielleicht sind Sie selbst es ja, der den anderen erniedrigt?

1. Können Sie sich vorstellen, daß Sie etwas gesagt haben, was der andere sich garantiert gemerkt hat, was er nicht vergessen kann?

____ Ja ____ Nein

2. Merken Sie, daß Sie einfach nicht aufhören können oder wollen, Ihren Partner/Ihre Partnerin abzuwerten?

____ Ja ____ Nein

3. Hat Ihr Partner Ihnen gesagt, daß er/sie sich unfair behandelt fühlt, daß Sie ihn/sie falsch beurteilen?

____ Ja ____ Nein

4. Weicht Ihr Partner/Ihre Partnerin Ihrer Kritik aus, bemerken Sie allgemein einen Rückzug?

____ Ja ____ Nein

5. Werfen Sie im Streit dem anderen seine Fehler vor und bekommen zur Antwort, Ihre eigenen seien noch viel schlimmer?

____ Ja ____ Nein

Auch bei diesen Fragen gilt: Zwei oder mehr «Ja» bedeuten die Diagnose Liebeskiller Nr. 2.

Bevor ich nun zu den Vorschlägen komme, die sich sowohl in unserer psychologischen Forschung als auch durch Praxiserfahrungen als besonders wirksam gegen diese Art der Beziehungsstörung erwiesen haben, möchte ich kurz darauf eingehen, was passieren kann, wenn Sie nichts dagegen unternehmen.

Bleiben wir bei Beverly und Zack. Zack gebrauchte das Wort «dumm» als Druckmittel. Je öfter er Beverlys Verhalten und das, was sie sagte, damit kommentierte, desto unwilliger und verschlossener wurde sie und erfüllte seine Wünsche noch weniger. Seine Reaktion darauf war, mehr Druck auf sie auszuüben, um die Kontrolle wiederzuerlangen. Schließlich – und das markierte den negativen Höhepunkt der Beziehung – erzählte Zack auch anderen, was er von ihr hielt: Sie sei dumm, sie spinne vollkommen, und sie sei «ein Nichts».

Beverly hatte mittlerweile eine Therapie begonnen: ein verzweifelter Versuch zu verstehen, was mit ihnen beiden geschehen war und was eigentlich an ihr selbst alles nicht stimmte. Die Therapie half ihr, die Selbstzweifel zu überwinden und zu sehen, daß Zack seine eigenen Selbstzweifel auf sie projiziert hatte und mit seinem destruktiven Verhalten nicht nur sie, sondern auch die Beziehung «kleingemacht» hatte. Die Folge war, daß ihre Wut sich jetzt auf ihn richtete. Das war für sie selbst gesünder, aber beide begegneten sich lange Zeit weiterhin mit Bitterkeit: Jahrelange Frustration auf der einen und ebenso lange Abwertung auf der anderen Seite hinterlassen Spuren in der Seele, die destruktive Wirkung dieses Liebeskillers hält an, auch wenn die Beziehung schon längst beendet ist.

Rezept Nr. 2:
Schritt für Schritt aus der Schublade heraus

Chip und Jenny waren ein typisches Paar, das sich gegenseitig so auf seine negativen Rollenzuschreibungen festgelegt hatte, daß sie meinten, ihre Beziehung sei nicht mehr zu retten. Im Laufe der Therapie wurde schnell deutlich, welches ihr Hauptproblem war: der Liebeskiller Nr. 2. Jenny war in Chips Augen zwanghaft kontrolliert, überorganisiert und perfektionistisch, er nannte sie in wütenden Momenten «Oberfeldwebel» oder sogar «Nazi»; und Chip war im Gegenzug für Jenny jemand, der nur faul herumhing und nichts zustande brachte und sich obendrein von ihr versorgen ließ: ein Muttersöhnchen. Beide waren so in ihren Rollen verhaftet, daß ihnen gar nicht mehr bewußt war, ob sie tatsächlich dem jeweiligen Bild des anderen entsprachen oder nur einfach nicht mehr aus diesen Schubladen herauskamen.

An ihrem Beispiel möchte ich die Schritt-für-Schritt-Rezeptur veranschaulichen, die Paaren in dieser Situation am besten hilft:

Schritt 1: Bewußtmachung. Wenn die Partner erst einmal erkannt haben, was sie eigentlich tun, ist die schwerste Hürde bei diesem Liebeskiller schon genommen. Denn nach der Einsicht, daß sie den anderen abwerten, steht die Bereitschaft, ihn wieder mit anderen Augen zu sehen und ihn aus der entsprechenden Schublade zu entlassen.

Ich schlage meinen Klienten vor, sich folgenden Text zu sagen:

«Ich bin frustriert und enttäuscht von dir, deshalb bezeichne ich dich oft als Idiot und habe dir diese Etiketten verpaßt. Das ist für uns beide nicht gut, und ich will mich bemühen, damit aufzuhören. Wenn mich in Zukunft etwas ärgert an dir, werde ich klar sagen, was ich von dir brauche.

Und wenn du es ablehnst, werde ich fragen, warum. Sobald ich aber rückfällig werde und dich statt dessen beschimpfe, sag es mir, damit ich sofort aufhöre.»

Bei vielen Paaren hat dieser erste Schritt schon eine durchschlagende Wirkung. Sie können den Kreislauf von Frust – Hilflosigkeit – Wut – Erniedrigung des anderen durchbrechen, indem sie ihn erkennen. Anstelle der Hilflosigkeit, des Gefühls, dem anderen ausgeliefert zu sein und in ihm einen Feind zu sehen, stellt sich das Gefühl für die Verletzlichkeit des anderen ein und für eine Zusammengehörigkeit. An Stelle des Feindes tritt der Verbündete.

Bei vielen Paaren, so auch bei Chip und Jenny, war es jedoch nicht so einfach. Den anderen abzuwerten war einfach zu einer schlechten Angewohnheit geworden. Um dieses Muster zu durchbrechen, sind die folgenden Schritte hilfreich.

Schritt 2: Betroffenheit zeigen. Wenn jemand seinen Partner für etwas beschuldigt, fühlt er sich in der Regel im Recht. Aber die Erziehungsmethode, die dahinter steckt – nämlich jemanden buchstäblich mit der Nase auf sein Fehlverhalten zu stoßen –, mag vielleicht bei Hunden funktionieren, die stubenrein werden sollen... Wer diese kontraproduktive und demotivierende Methode in einer Partnerschaft anwendet, hat vielleicht gar keine Vorstellung davon, wie verletzend sie wirkt. Zeigen Sie in solch einem Fall, daß Sie verletzt sind, daß Sie sich schlecht behandelt fühlen. Sagen Sie zum Beispiel:

«Wenn du so mit mir redest, fühle ich mich abgewertet, so, als ob du mich verachtest. Ist es das, was du erreichen willst, daß ich mich so fühle?»

Als Jenny diese Sätze zu Chip sagte, erwiderte er zu seiner Rechtfertigung: «Ich wollte einfach, daß du aufhörst, mich herumzukommandieren!» Welche Erklärung oder

Entschuldigung auch immer kommt, werten Sie es nicht, sondern bitten Sie Ihren Partner dann:

«Sag mir einfach, was du von mir möchtest, und nicht, was du gerade von mir denkst. Denn du möchtest ja sicherlich nicht, daß ich mich schlecht fühle, sondern daß ich irgend etwas tun oder nicht mehr tun soll.»

Sagen Sie Ihrem Partner dies ruhig, aber bestimmt, und halten Sie selbst sich auch an den Grundsatz: sagen, was man vom anderen möchte, und nicht, was er *ist, weil er es nicht tut!*

Schritt 3: *Tabu-Wörter auflisten.* Machen Sie beide eine Liste mit den fünf schlimmsten Ausdrücken oder Sätzen, die Sie auf keinen Fall mehr vom anderen gesagt bekommen wollen. Dies sind ganz konkrete Anhaltspunkte, an denen Sie ermessen können, was den anderen besonders kränkt und verletzt. Chip zum Beispiel wußte nicht, daß seine Art, Jenny mit einem Oberfeldwebel oder gar mit einem Nazi gleichzusetzen, für sie das Allerschlimmste war, was man ihr sagen konnte. Sie selbst verwendete das Wort «Nazi» nämlich auch, aber extrem selten: um ihren größten Abscheu auszudrücken. Aus Chips Mund klang «Nazi» für sie natürlich genauso – aber gegen sie selbst gerichtet!

Wenn Sie diese Listen zusammen durchgehen und sich erzählen, warum ein bestimmter Ausdruck auf Platz eins der Tabus steht, ein anderer wiederum für Sie nicht so schlimm ist, erfahren Sie gleichzeitig Neues über sich und stellen darüber eine verlorengeglaubte Nähe wieder her.

Schritt 4: *Eine zweite Chance.* Selten klappt Neues auf Anhieb. Geben Sie sich, wenn nötig, eine zweite Chance. Selbst wenn Ihr Partner Ihre Liste im Kopf hat und ihm dennoch einer der «verbotenen» Ausdrücke herausrutscht: Halten Sie den Film einfach an, und drehen Sie die Szene noch einmal.

Wenn Ihr Partner also doch wieder sagt: «Du bist wie deine Mutter» – genau das haben Sie auf Platz eins der Tabus gesetzt! –, dann sagen Sie:

«Jetzt hast du gerade gesagt, was für mich das Schlimmste ist. Wir hatten uns doch geeinigt, genau solche Dinge nicht mehr zu sagen. Dich hat doch offensichtlich etwas geärgert, oder du möchtest etwas von mir. Also sag' es noch mal, aber sag' es bitte direkt, nicht über den Umweg, mich zu verletzen.»

Bei Chip und Jenny spielte sich folgende Szene ab: Jenny ärgerte sich wieder einmal, daß Chip seinen Teller einfach stehenließ und ihn nicht in die Spülmaschine räumte. Es kam ihr vor, als tue er es mit Absicht, tausendmal schon hatte sie ihm gesagt, wie sehr sie das störte. Jetzt also wieder. Und wie es so ist in Beziehungen – wenn einer wütend ist, wird der andere darüber wütend und so weiter. Chip also konterte: «Du mit deiner Zwanghaftigkeit, wo jemand irgendwas hinstellen soll oder nicht!»

Zwanghaft! Das war auf Jennys Tabu-Liste ganz oben, zusammen mit «durchgedreht» und «manisch». Jenny gab Chip eine zweite Chance und sagte:

«Okay, du bist wütend, und ich muß bestimmt einiges ändern. Aber wir waren uns doch einig, daß wir unsere Beziehung zerstören, wenn wir uns gegenseitig mit diesen Ausdrücken abwerten. Also sag mir, was dich stört, aber bitte sag es anders.»

Jenny sprach ihm auf diese Weise nicht das Recht ab, wütend zu sein – Wut an sich ist kein Liebeskiller! –, wohl aber das Recht, sie «zwanghaft» zu nennen. Chip nahm die «zweite Chance» wahr:

«Gut, laß es mich so sagen: Ich hab nicht daran gedacht, daß es so wichtig ist für dich, daß ich mein Geschirr sofort wegräume. Es tut mir leid, daß ich es vergessen habe.»

Jetzt befinden Jenny und Chip sich in einer völlig anderen Szene, und sie können nun klären, wie sie es in Zukunft mit dem Geschirr halten. Dieser «Konflikt» verliert jedoch in dem Maße an Bedeutung, in dem sie beide dem eigentlichen Ziel, dem Liebeskiller Nr. 2 die Stirn zu bieten, die absolute Priorität geben: keine Abwertungen und kein Schubladendenken in Auseinandersetzungen, und wenn es mitunter doch wieder passiert, geben sie sich eine zweite Chance, oder auch eine dritte – bis die Szene sozusagen im Kasten ist.

Schritt 5: Dem Streit vorbeugen. Wenn Sie sich in der Situation befinden, Ihrem Partner eine zweite Chance einzuräumen, liegt natürlich bereits eine gewisse Spannung in der Luft. Etwas Bestimmtes ist gesagt worden, etwas, das Sie aus dem Weg räumen müssen, damit der Kampf zwischen Ihnen nicht wieder ausbricht. Sich umzudrehen und wegzugehen, den anderen zu meiden oder auch das Gesagte zu ignorieren – das sind sicherlich keine geeigneten Mittel. Stellen Sie sich der Situation, aber lassen Sie den Ballon nicht platzen, sondern nehmen Sie ein bißchen Luft heraus. Es sind kleine Sätze, oft ein paar Wörter, die in aufgeladenen Streitsituationen Wunder bewirken können.

Auch hier kann ich Ihnen eine Top-Ten-Liste anbieten, die ich aus einer Umfrage bei meinen Klientinnen und Klienten zusammengestellt habe. Es sind die zehn am meisten genannten Sätze, die Paare sagen bzw. sich wünschen zu hören, damit ein Streit nicht im Kampf eskaliert, wenn einer dem anderen einen schlimmen Vorwurf macht:

DIE TOP TEN ZUR ENTSPANNUNG
EINER ANGESPANNTEN SITUATION

1. «Es tut mir leid.»
2. «Du hast recht.»
3. «Mir ist klar, daß das ganz wichtig für dich ist.»
4. «Was könnte ich denn tun?»

5. «Was möchtest du?»
6. «Ich würde gerne mehr dazu erfahren.»
7. «Wovor hast du denn Angst, was befürchtest du?»
8. «Möchtest du wissen, was ich dazu denke?»
9. «Ich würde dir gerne sagen, was ich an dir besonders schätze.»
10. «Bitte laß es mich wissen, wenn du darüber sprechen möchtest.»

Mit diesen einfachen Sätzen und Fragen zeigen Sie, daß Sie den anderen in seinen Gefühlen ernst nehmen und aufrichtig darum bemüht sind, nicht sinnlos herumzustreiten, sondern die Situation zu klären, und zwar im wörtlichen Sinne: Mit einem der kleinen Sätze aus dieser Liste können Sie eine gewaltige Gewitterwolke auflösen, die sich gerade über Ihnen zusammenballen will.

Aber auch wenn es schon donnert, haben Sie noch eine Chance. Warum sollten Sie in der Beziehung nicht auch all das versuchen, was Sie tun würden, wenn Sie in einem Auto säßen, das direkt auf eine Wand zusteuert? Sie können immer noch die berühmte Bremse ziehen!

Stellen Sie sich zum Beispiel einen typischen Wortwechsel vor, den jeder von uns schon tausendmal so erlebt hat:

Sie: «Willst du diese Hose wirklich anziehen, gehört die nicht in die Wäsche?»

Er: «Warum mußt du mich eigentlich immer kontrollieren?»

Sie: «Du selbst checkst ja nie was…» und so weiter.

Einer der beiden sollte jetzt auf die Bremse treten, so als erschiene ein Stopschild vor seinem inneren Auge mit der Leuchtschrift:

«Stop, laß uns damit aufhören! Wir fangen gerade einen Riesenstreit an. Ich glaube nicht, daß das es ist, was wir jetzt gerade beide wollen. Hören wir auf damit!»

Damit kehren Sie nicht eine vielleicht fällige Auseinandersetzung unter den Teppich, aber Sie nehmen dem
Abwertungs-Virus, das sich wieder eingeschlichen hat, die
Gelegenheit, sich auszubreiten. Ziehen Sie also rechtzeitig
die Bremse und verabreden Sie ein späteres Gespräch über
das, was sich in einem Wortwechsel wie dem obigen tatsächlich abgespielt hat zwischen Ihnen: Erzählen Sie sich
gegenseitig von den Symptomen, die der Liebeskiller Nr. 2
bei Ihnen jeweils hervorgerufen hat: Frust, Angst, Minder-
wertigkeitsgefühle, Aggressionen und so weiter.

Schritt 6: *Sich zur Kasse bitten.* Vielleicht schmunzeln Sie
jetzt, wenn ich Ihnen vorschlage, sich eine «Sünderkasse»
einzurichten:
Sie nehmen zwei Gläser oder Schälchen, die gut
einsichtig sein müssen. Jedesmal, wenn einer von Ihnen
den anderen beschimpft und abwertet, muß er dem anderen
ein Geldstück hineinlegen. Dies hat drei wunderbare
Effekte:
Erstens: Wenn der andere Sie ständig weiter abwertet,
werden Sie reich!
Zweitens: Sie klären auf einen Blick einen gar nicht so
unüblichen Streit darüber, wer jetzt wen eigentlich mehr
abwertet. Wenn der andere sich immer als Opfer gesehen
hat, muß er jetzt vielleicht seine Sicht revidieren – oder
umgekehrt. Sie können objektiv abmessen, wie oft dem
anderen Unrecht getan wird, Münze für Münze.
Drittens: Ihr Ehrgeiz, den Münzstapel des Partners nicht
anwachsen zu lassen, d.h. also den Partner selbst nicht
kleiner und kleiner zu machen, wird Sie anstacheln: Oder
wollen Sie arm werden?

Schritt 7: *Das gleiche meinen, aber es anders sagen.* «Das,
was Rose heißt, würd gleichsüß unter anderm Namen duf-
ten», heißt es in *Romeo und Julia.* Wenn also Jenny es

76

seinläßt, Chip «faul» zu nennen, weil dies für ihn wirklich schlimm ist – er hat «faul» ganz oben auf seine Liste der Tabu-Wörter gesetzt –, ändert es natürlich nichts an der Tatsache, daß Jenny diese Gefühle ihm gegenüber hat.

Wir haben in der Therapie nun einen Weg miteinander gefunden, wie sie Chip klarmachen kann, daß sie ihn als faul empfindet, ohne ihn so zu nennen und damit abzuwerten.

Jenny lernte folgendes zu sagen, was Sie beispielhaft auch für andere Situationen übernehmen können:

«Chip, wieder steht dein Teller in der Gegend herum. Früher hätte ich jetzt gesagt, daß du einfach faul bist, faul! Und dann hättest du wahrscheinlich wieder mal gesagt, daß ich ein Küchen-Nazi bin, und schon wären wir mitten in diesem Schlagabtausch von Beleidigungen und Beschimpfungen. Dabei fühle ich mich einfach nur hilflos. Bitte sag mir: Was muß ich bloß tun, damit du dein Zeug selbst wegräumst?»

Auf diese Weise sprechen Sie das, was zu Ihren Gefühlen paßt – nämlich: «du bist faul» – zwar indirekt aus, nennen den anderen aber nicht mehr so, sondern erklären, daß Sie sich durch sein Verhalten hilflos fühlen. Sagen Sie es ihm ganz direkt:

«Früher hätte ich dich jetzt in diese Schublade [faul, kontrollierend etc.] getan, aber das werde ich jetzt nicht machen. Trotzdem, ich weiß immer noch keinen anderen Weg, um dir klarzumachen, wie wichtig mir diese Sache [was immer Sie hier ansprechen wollen] ist. Sag mir doch, was ich tun muß, um dich zu erreichen.»

Natürlich sind diese Worte keine Garantie dafür, daß jetzt prompt alle Ihre Bedürfnisse erfüllt werden. Aber darum geht es letztlich nicht. Wichtig bei diesem Liebeskiller ist vor allen Dingen, aus der negativen Schraube herauszukommen, sich gegenseitig wieder als Personen wahrzunehmen und das, was jemand tut, zu trennen von dem, wie jemand ist. Wenn Sie das nicht trennen, schaffen Sie, wie wir an den Beispielen gesehen haben, diese feindliche Distanz, die jeden kleinen Ärger in einen Beziehungskampf eskalieren läßt, bei der die Waffen immer gefährlicher werden.

Chip und Jenny gelang es, diese Distanz zu überbrücken, indem sie dieses 7-Punkte-Programm einhielten. Am Ende merkten sie beide, daß die Frage, wann wer welches Geschirr wegräumt, für beide nicht mehr diesen Stellenwert hatte. Und beide rückten von ihren festgefahrenen Positionen ab: Er vergaß es weniger, Hausarbeit mitzumachen, und sie bestand nicht mehr darauf, daß alles immer sofort passieren müßte.

Sie waren wieder ein Liebespaar, und auch Sie können diesen Weg gehen. Aber an dieser Stelle möchte ich Ihnen trotzdem mit auf den Weg geben – und das kann ich gar nicht fett genug unterstreichen:

Die Liebe stirbt nicht deswegen, weil nicht alles zwischen Ihnen hundertprozentig wunderbar ist, weil Sie sich manchmal übereinander ärgern oder frustriert sind. Die Liebe stirbt durch Liebeskiller, und einer davon ist, den anderen als Person abzuwerten und ihm negative Stempel aufzudrücken.

Stärkungsmittel Nr. 2:
Die drei Versprechen der Liebe

Wenn zwei heiraten, bekunden sie ihre Liebe, und sie bekräftigen sie durch ein Versprechen: «Ich will ...» Was danach kommt, die Ehe, ist in gewissem Sinne die Geschichte, was aus diesem Versprechen geworden ist. Hier ist die Geschichte von Joyce und Ray:

Joyce und Ray waren beide berufstätig und hatten sich eine erfolgreiche selbständige Existenz aufgebaut. Sie führte einen Laden für Künstlerbedarf, und er war Scout für junge Bandmusiker. Als sie heirateten, lasen sie anschließend an die offizielle Zeremonie eine Liste von Versprechen vor, die sie sich gegenseitig geben wollten. Diese Ehe-Versprechen spiegeln die guten, aber auch die schlechten Erfahrungen wider, die man jeweils gemacht hat – entweder in eigenen Beziehungen oder als Beobachter, wie andere Paare miteinander umgehen. Ray zum Beispiel, dessen erste Ehe an Unaufrichtigkeit und Heimlichkeiten bis zur Untreue gescheitert war, legte besonderes Gewicht auf das Versprechen, sich nicht anzulügen und Probleme offen auszusprechen. Und für Joyce, deren Mutter ihren Beruf als Journalistin aufgab, weil Joyces Vater keine «Karrierefrau» haben wollte, hatte das Versprechen Priorität, sich nicht gegenseitig im Weg zu stehen, sondern den anderen nach Kräften in seinen Möglichkeiten zu unterstützen. Daneben gab es noch Versprechen wie aufmerksam gegenüber besonderen Wünschen des anderen zu sein oder nie zerstritten nebeneinander einzuschlafen, sondern dem anderen wenigstens ein versöhnliches Wort zu sagen, oder die verschiedene Ansicht oder Meinung des anderen zu respektieren.

Wahrscheinlich kommen diese Versprechen Ihnen bekannt vor – auch Sie haben sie einmal gemacht, vielleicht nicht so ausdrücklich wie Joyce und Ray, und vielleicht haben Sie andere Erfahrungen gemacht. Aber ich stoße in meiner Arbeit mit Paaren immer wieder darauf, daß unabhängig davon, welche Lebens- und Liebeserfahrungen wir machen, am Ende jeder die gleichen drei Wünsche hat: die drei Versprechen, die man sich in der Liebe geben will. Die Art und Weise, wie sie sich erfüllen oder aber gebrochen werden, bestimmt, ob Ihre Beziehung glücklich ist und welchen Verlauf sie nimmt.

Stärken Sie Ihre Beziehung, indem Sie die drei Versprechen der Liebe bekräftigen:

1. Offenheit. «Wir werden immer aufrichtig und ehrlich sein und uns nichts vortäuschen. Selbst wenn wir Angst davor haben, die Wahrheit zu sagen oder sie zu hören, wir werden uns nie anlügen. So wie wir keine Angst haben, uns körperlich nackt zu zeigen, so können wir uns auch emotional zeigen: so wie wir sind, ohne Schutzwälle.»

2. Respekt. «Was immer wichtig für dich ist, was dich freut oder belastet, werde ich als wichtig anerkennen. Weil ich dich respektiere, respektiere ich deine Wünsche und werde meinen Teil dazu beitragen, sie zu erfüllen. Das gleiche wünsche ich mir von dir. Wir wollen versuchen, liebevoll miteinander umzugehen, den anderen spüren zu lassen, daß er respektiert wird in dem, was er sagt und was er tut.»

3. Leidenschaft. «Die Beziehung zwischen uns soll immer lebendig bleiben. Wir wollen nie wie diese Paare werden, die sich nichts mehr zu sagen haben, die kein Interesse mehr füreinander zeigen, zwischen denen nicht einmal mehr ein kleines Flämmchen brennt. Natürlich brennt es nicht immer mit voller Kraft, aber wir werden es nie ganz verlöschen lassen. Dafür werden wir beide sorgen.»

Wenn Sie sich diese drei Versprechen gegeben haben und weiter zulassen, daß Ihre Beziehung ebenso wie Ihr Partner durch abwertendes Verhalten immer mehr Schaden nimmt, dann begehen Sie im Grunde einen Wortbruch, der die Basis jeder Beziehung zum Wackeln bringen würde. Das Versprechen von Aufrichtigkeit, Respekt und Lebendigkeit ist keine Forderung, die eine Kraftanstrengung von Ihnen verlangt. Letztlich ist es eine Haltung dem anderen gegenüber, eine Einstellung, die Sie spüren lassen können, egal wie groß der Ärger ist. Und, wie gesagt, Ärger tötet keine Beziehung, Abwertung dagegen ganz sicher!

4

«Wir leben nebeneinander her»

Liebeskiller Nr. 3:
Der Alltagsstreß nagt an der Liebe

Frage:
Ist Ihre Beziehung durch Anforderungen
Ihres Alltags so belastet,
daß sie dauerhaften Schaden genommen hat?

Wie oft arbeite ich mit Paaren, die eine an sich gute Beziehung haben, aber in dem Gefühl leben, der Alltag mache ihre Beziehung zunichte – als sei es das Beziehungsdrama in heutiger Zeit! Fast scheint es so, als lebten wir in Zeiten, in denen der Alltagsstreß alles andere dominiert: Wir sind von morgens bis abends durchorganisiert, verbringen die meiste Zeit des Tages mit Arbeit, haben nicht selten Ärger mit Vorgesetzten und Kollegen, dann sind da noch die Kinder, um die jemand sich kümmern sollte und auch möchte, aber keine Zeit hat, und unserem Partner geht es nicht anders.

Wenn Sie sich in der folgenden Top-Ten-Liste der «Alltagsgeschädigten» wiederfinden, werden Sie vermutlich auch meinen, daß Ihr Leben «kein Platz für das eigentliche Leben» läßt:

DIE TOP TEN IM ALLTAGSSTRESS

1. Letztes Wochenende waren Sie derart beschäftigt, daß Sie mit Ihrem Partner kaum eine ruhige Minute allein verbracht haben.
2. Sie können sich kaum erinnern, wann Sie das letzte Mal Ihrer Lieblingsbeschäftigung nachgegangen sind – so lange ist das schon her.
3. Sie haben Freundschaften aufs Spiel gesetzt und mindestens eine sogar verloren, weil Sie nie Zeit gefunden haben, sie zu pflegen.
4. Als Sie das letzte Mal Sex miteinander hatten und es eine dieser «schnellen Nummern» war, waren Sie froh darüber: Es hat Sie nicht so viel Zeit gekostet.
5. Es passiert immer wieder, daß Sie Ihrem Partner Dinge durch die Kinder ausrichten lassen und nicht direkt mit ihm kommunizieren.
6. Wenn Sie von einem Paar erfahren, das sich gerade getrennt hat, spüren Sie Neid und stellen sich vor, daß beide jetzt zumindest wieder Zeit für sich selbst haben.
7. Sie haben keine Zeit, sich ein neues Kleid oder neue Pullover zu kaufen, obwohl Sie Ihre alten Sachen nicht mehr sehen können.
8. Ihren Kindern gegenüber fühlen Sie sich schuldig, weil Sie viel zu wenig Zeit mit ihnen verbringen.
9. Wenn größere Aufgaben anstehen, geraten Sie in Panik, weil Sie keine Zeit haben, sie selbst zu erledigen.
10. Nachts liegen Sie schon mal wach und finden keinen Schlaf, weil Ihnen all die unerledigten Dinge durch den Kopf gehen, wodurch Sie am nächsten Tag noch erschöpfter sind.

Solche Situationen werden mir immer wieder beschrieben, wenn Paare Ihre Beziehung schildern, die zwischen schönen Momenten und Gedanken an Scheidung hin und her schwankt. Alles mögliche wird in Erwägung gezogen, das Leben, das so unbefriedigend verläuft, zu ändern: Umzug, ein neuer Job, vielleicht (noch) ein Kind und so weiter. Oft wird dadurch die Beziehung nur noch trostloser und festgefahrener, weil sich am Lebensgefühl nicht wirklich etwas geändert hat. «Und dann schlägt das wirkliche Leben zu», sagte einer meiner Klienten, dessen Ehe durch Alltagsstreß immer schlechter wurde.

Streßphasen erlebt jeder, aber allzuoft löst eine die andere ohne Übergang ab, ohne daß es genügend erholsame Phasen gibt, in denen die Beziehung regenerieren könnte. So war es auch bei Wendy und Mike, deren Geschichte leicht nachzuvollziehen ist:

Wendy und Mike: 25 Jahre lang lebten sie als das «ganz normale Paar»: hart arbeitend, erfolgreich, familienorientiert. Mike war stolzer Besitzer einer Kfz-Werkstatt, und wie alle Kleinunternehmer mußte auch er oft mehr als 45 Stunden die Woche arbeiten. Wendy war Englischlehrerin und ehrenamtlicher Coach der Cheerleader an ihrer Schule. Und sie hatten drei ganz normale Kinder.

Für Dinge wie Romantik oder besondere Intimität war in ihrem Leben kein Platz mehr, aber sie waren nett zueinander, und manchmal fanden sie sich sogar «ganz süß». Ihr arbeitsreiches Leben forderte jedoch seinen Tribut. Wendy fand sich schnell damit ab, daß Mike nie vor sieben Uhr abends zu Hause war, eher später, und dann erst einmal nicht ansprechbar war für ihre Belange. Auch wenn er zuhörte, erreichte sie ihn nicht wirklich. Bei Wendy war es nicht viel anders, wenn sie ehrlich war. Ohne daß es ihnen bewußt war, lebten sie bald nebeneinander her, nur noch damit beschäftigt, ein Familienleben zu organisieren, das vor allem harmonisch sein sollte: Höflichkeit, Ruhe, Vermeidung von Konflikten und Rücksichtnahme waren die vier Pfeiler ihrer Kommunikation. Sie glaubten, eine wirklich gute Ehe zu führen, und waren stolz auf sich. Und irgendwann würde die Zeit, das Leben zu genießen, ja auch wieder kommen.

Als auch ihr Jüngster eines Tages seine Koffer packte und auszog, hatten Wendy und Mike das erste Mal in zwanzig Jahren Zeit, sich um sich selbst zu kümmern. Nach ein paar Tagen schon ging ihnen der Gesprächsstoff aus – alles Familiäre war besprochen, und Weihnachten zu planen wäre wirklich verfrüht gewesen. Wendy hatte den Mut, es auszusprechen: «Wir haben uns gar nichts zu sagen.»

Nach all den Jahren hatten sie kaum Gemeinsamkeiten mehr, das tägliche Leben hatte ihrer Liebe keinen Platz gelassen. Sie kamen zu mir in Therapie, und es galt herauszufinden, ob noch etwas zu retten war. Ich machte eine Bestandsaufnahme, um herauszufinden, ob der Alltag ein Liebeskiller war für ihre Beziehung. Beide beschrieben mir ihren Alltag als so perfekt durchorganisiert, daß jedes unvorhergesehene Ereignis den Tagesablauf durcheinanderbrachte und, schlimmer noch, Panik auslöste: sei es am Morgen, weil man zehn Minuten später aus dem Haus kommt als geplant, oder daß der Schreibtisch noch voll ist, man aber pünktlich aus dem Büro muß, weil der nächste Termin schon ansteht, oder wenn man der Nachbarin den kleinen Gefallen, um den sie bittet, nicht ausschlagen kann, aber eigentlich überhaupt keine Zeit dafür hat.

Das Syndrom «Belästigungen vermeiden»

Wendy und Mike funktionierten gut, sie schafften alle Dinge, sie waren richtig professionell, was das Leben angeht. Ihr emotionales Leben aber ist auf der Strecke geblieben.

Sie merkten es erstmals nach zwanzig Jahren! Andere Paare hingegen merken recht schnell, daß der Alltag ihrer Beziehung schadet. So in folgender Geschichte:

Elizabeth und Bob: Mit Mitte Dreißig erging es Elizabeth wie so vielen anderen Frauen: Nach dem Studium hatte sie sich auf ihre Karriere gestürzt und hatte erreicht, was sie wollte: Sie war Anwältin, und sie war erfolgreich. Allerdings wollte sie auch heiraten und eine Familie gründen, und dafür wurde es nun höchste Zeit. Nach ihrem sechsunddreißigsten Geburtstag lernte sie Bob kennen, verliebte sich in ihn und war überglücklich. Bob, Anfang Vierzig, war ein toller Typ, und sie paßten wunderbar zusammen. Elizabeth erinnert sich noch genau an die Situation, als sie zum ersten Mal bemerkte, daß mit ihrer noch jungen Beziehung ernsthaft etwas nicht stimmte:

Bob hatte sie abends aus der Kanzlei abgeholt, und als sie neben ihm im Auto saß und zu erzählen begann, was an dem Tag alles so passiert war, schnitt er ihr das Wort ab und sagte genervt: «Ich kann mir das nicht anhören, laß mich einfach in Ruhe damit, ja? Ich habe einen harten Tag hinter mir und will heute mit niemandem mehr ein Wort reden müssen.» Elizabeth war nicht einmal sonderlich schockiert, im Gegenteil! Sie lehnte sich erleichtert zurück und dachte: Wunderbar! Wenn du nicht reden oder zuhören willst, muß ich es auch nicht, um so besser. – Und das war es, was sie aufschrecken ließ: nichts voneinander zu erwarten und froh zu sein, in Ruhe gelassen zu werden.

Bob und Elizabeth hatten beide anstrengende Jobs, die sie ganz forderten, und vom anderen Unterstützung haben zu wollen, zu erwarten, daß der Partner sich selbst zurückstellt und einem das Leben erleichtert, das wäre vollkommen unrealistisch gewesen. Wenn beide derart im beruflichen Streß stehen, daß Abschalten und In-Ruhe-gelassen-Werden wichtiger ist, als sich mit dem Partner zu unterhalten, dann funktioniert die Beziehung nach dem Motto: Wenn du mir schon nicht das geben kannst, was ich wirklich brauche, dann halt wenigstens den Mund und laß mich in Ruhe!

Dieses Syndrom «Belästigung vermeiden», wie ich es genannt habe, wird durch beruflichen Streß und die Tretmühle des Alltags hervorgebracht. Der einzige Weg, damit Ihr Partner Sie nicht auch noch belastet, sprich: belästigt, scheint für Sie der zu sein, ihn zu meiden, ihm aus dem Weg zu gehen. Doch das hält keine Beziehung auf die Dauer aus.

In der Tretmühle

Dieser wundervolle, einzigartige Mensch, in den Sie sich verliebt haben, ist in Ihren Augen ein anderer geworden – unvermeidlich tritt die Faszination hinter den Aspekt der Alltagstauglichkeit. Ihr Partner teilt gewissermaßen das Schicksal eines neuen Autos: nach anfänglichem Besitzerstolz steigen Sie jeden Morgen ohne große Gefühle ein und fahren los – dafür ist es ja schließlich da. Wenn es streikt, sozusagen eigene Bedürfnisse geltend macht, fluchen Sie, und schon ist aus dem tollen Wagen «diese verdammte Karre» geworden.

Wenn Ihre Beziehung funktionieren soll, müssen Sie ihr Platz im Alltag einräumen. Denn wenn es, um im Bilde zu bleiben, bereits knirscht im Getriebe, ist der Schaden oft schon sehr groß, und es wird schwierig, sich wieder näherzukommen.

Bei Elizabeth stellte sich eine allgemeine Lustlosigkeit ein: Wenn Bob ihr nicht zuhören wollte und auch selbst kein Gespräch anfing, warum sollte sie dann Sex mit ihm haben? Sie stellte sich diese Frage natürlich nicht bewußt, aber sie lebte danach: Sie fand keinen Zugang mehr zu ihm; auch körperlich hatten sie sich voneinander entfernt. Als dieses Paar zu mir kam und Beratung suchte, stellte sich in der Therapie bald heraus, daß ihre Beziehung am Ende war, daß der Alltag zu lange und vor allem unbemerkt an ihr genagt hatte.

Koffer packen für die Liebe

Sie kennen vielleicht die Pattsituation: Sie können sich nicht einfach wieder wohl fühlen und liebevoll auf Ihren Partner zugehen, bevor nicht bestimmte Dinge ausgesprochen und geklärt sind. Und Ihr Partner kann nicht auf Beziehungsgespräche eingehen, bevor er sich nicht wohl fühlen und entspannen kann. In solch einer Situation griffen auch Elizabeth und Bob zu einem beliebten Ausweg: Urlaub machen. Einfach einmal wegfahren und alles hinter sich lassen. Und tatsächlich, sie verbrachten Stunden miteinander wie aus dem Bilderbuch: er zärtlich, sie gutgelaunt, beide attraktiv und mit Drinks in der Hand am Palmenstrand. Ein Traum, und natürlich vermieden sie jedes mögliche Streitthema. Die Büchse der Pandora blieb fest geschlossen. Zurück zu Hause, zehrten sie kaum sechsunddreißig Stunden von ihrer «Eigentlich sind wir ja verliebt»-Entdeckung, dann hatte der Alltag sie wieder.

Wenn nach solchen schönen Momenten alles wieder beim alten ist, dann könnten Sie verzweifeln. Sie suchen die Gründe beim Partner, bei sich selbst, überall dort, wo Sie nach Lektüre aller einschlägigen Ratgeber suchen sollten. Aber vor allem sind wir alle geneigt, der Liebe, die nicht stark genug ist, die Schuld zu geben, wenn diese Alltagsdinge über sie triumphieren.

Liebe ist stärker?

Es ist heute unbestritten, daß unsere Umwelt auf die Psyche und die körperliche Gesundheit Einfluß nimmt. Sei es Migräne, ein Magengeschwür oder gar Krebs: Wir sind es gewohnt, all die krankmachenden Faktoren mit einzubeziehen. Sie sind nicht immer der alleinige Grund für eine Krankheit, aber sie spielen eine wichtige Rolle. Anders herum kann es auch gerade die Umwelt sein, unser soziales und psychologisches Umfeld, das uns stärkt und dafür sorgt, daß wir uns wohl fühlen. Eine fürsorgliche Familie oder ein befriedigender Job und nette Kollegen können jemanden mit Neigung zu Depressionen davor bewahren, jemals wirklich depressiv zu werden.

Dieses Umweltdenken steht in der Liebe eigentlich noch aus. Liebe ist stärker als der Tod, dieser Mythos besagt, daß nichts und niemand der Liebe etwas anhaben kann – wenn es wahre Liebe ist. Was für ein Anspruch! Die Liebe ist über alles erhaben, und wir sollen als Liebende über uns selbst hinauswachsen? Es ist banal, daß Schwierigkeiten zu überwinden einen Zuwachs an Stärke bedeutet, daß das Leben Herausforderungen stellt, die man überwinden muß. Aber stimmt zum Beispiel die landläufige Meinung, daß zeitweilige Trennungen die Liebe nur tiefer machen? Natürlich vermissen wir den Liebsten, wenn er nicht bei uns sein kann, wir haben Sehnsucht, und das Wiedersehen ist ein Fest. Daraus jedoch abzuleiten, daß Beziehungen auf Distanz besser funktionieren als in einem gemeinsamen Haushalt, ist eine Illusion. Aller Erfahrung nach bergen Trennungen immer auch ein Risiko, und sie sind sicher kein taugliches Mittel, um die Liebe «frisch» zu halten.

Äußere Faktoren können sich sowohl positiv als auch negativ auswirken. Auch in Beziehungen gibt es so etwas wie ein ökologisches Gleichgewicht, das durch toxische

Substanzen kippen kann. Das gilt für alles Lebendige: für ein Gewässer, für die menschliche Psyche, für Beziehungen.

Diagnose Nr. 3:
Vergiftet der Alltag Ihre Beziehung?

Sie verbringen sehr viel Zeit damit, über Ihre Beziehung nachzudenken. Vergessen Sie jetzt einmal die Beziehung und fragen Sie sich, wie es Ihnen selbst geht, ob Sie an ganz normalen Tagen ein gutes Lebensgefühl haben. Sind Sie entspannt und ausgeglichen? Gehen Ihnen die alltäglichen Dinge leicht von der Hand? Haben Sie das Gefühl, ausreichend Zeit zu haben und nicht unter Druck zu stehen? Tatsächlich? Dann gehören Sie zu den glücklichen Ausnahmen.

Falls Sie nicht zu den Glücklichen gehören, empfehle ich Ihnen, sich den folgenden zweiteiligen Fragenkomplex anzusehen. Hier geht es um außergewöhnlich belastende Umstände, die zusammengenommen tatsächlich Risikofaktoren für eine Beziehung sind. Wenn Sie nun folgende Bestandsaufnahme machen, überlegen Sie, ob die jeweils geschilderten Situationen Ihrer eigenen entsprechen oder ob sie nicht, und das heißt nicht in allen Punkten, auf Sie zutreffen:

1. Ihr Job und damit Ihr Alltag sind außergewöhnlich belastend. Es gibt kaum jemand, der nicht dann und wann einmal jammert und sich beklagt, daß alles zuviel sei. Das heißt jedoch noch lange nicht, daß wir alle von dem Liebeskiller Nr. 3 bedroht sind. In der Regel kommen wir mit normalem bis mittlerem Streß gut zurecht, wir sind bis zu einem gewissen Grade streßresistent. Bei unserer Diagnose hier geht es um besonders gravierende Belastungen, um, so könnte man sagen, das obere

Streßniveau. Nur wenn Ihre Situation so schlimm – oder gar schlimmer – ist wie in folgenden Beispielen, können Sie davon sprechen, in einer «außergewöhnlichen Streß-situation» zu sein:
- Sie haben gerade einen neuen Job begonnen;
- Sie haben einen unmäßig kritischen und fordernden Chef;
- Sie arbeiten ständig mit kaum zu haltenden Terminen;
- Sie machen seit Wochen täglich Überstunden;
- Ihr «Erfolgs-Soll», z.B. Verkaufsquoten, Abschlüsse oder ähnliche Vorgaben, hängt wie ein Damokles-schwert über Ihrer täglichen Arbeit;
- Sie haben Ihr erstes Kind bekommen (oder ein wei-teres);
- Sie selbst oder ein Familienmitglied sind mit zusätz-lichen Sorgen belastet wie schwere, chronische Krank-heit oder auch mit konflikthaften Umständen wie für manche Frauen zum Beispiel die Menopause;
- Sie stecken in einer anhaltend bedrohlichen finanziel-len Situation.

_____ Das trifft auf mich zu
_____ Das trifft nicht auf mich zu

2. Als Folge Ihres außergewöhnlichen Stresses, was Beruf oder Lebensumstände angeht, treffen von folgenden Punkten zwei oder mehr auf Sie zu:
- Sie fühlen sich meist zu erschöpft, als daß Sie Ihrem Partner noch etwas geben könnten;
- Ungeduld und unterdrückter Ärger bestimmen Ihr Lebensgefühl;
- was Ihr Partner auch tun oder lassen mag – alles stimmt im Grunde für Sie nicht;
- wenn Sie ehrlich sind, müßten Sie zugeben, daß Sie Ihrem Partner wo und wann auch immer aus dem Weg gehen;

- Sie fühlen sich so erschöpft, daß Sie Zweisamkeit nur möchten, wenn Ihr Partner etwas für Sie tut, ohne Erwartungen an etwaige Gegenleistungen daran zu knüpfen.

_____ Zwei oder mehr Punkte treffen auf mich zu
_____ Das trifft nicht auf mich zu

Wenn ein Punkt aus dem ersten Frageblock auf Sie zutrifft und Sie auch zweimal bei dem zweiten Frageblock zugestimmt haben, dann ist es eindeutig, daß Streß Ihre Beziehung zu zerstören droht. Es ist die Kombination beider Faktoren, die die Sprengkraft ausmacht: der Streß, der von außen – beruflich bedingt, durch familiäre oder gesundheitliche Sorgen – an Sie herangetragen wird, kombiniert mit einem inneren Streß wegen Ihrer Beziehung zu Ihrem Partner.

Trifft beides nicht auf Sie zu, mögen Sie zwar unter einer generellen Alltagsbelastung leiden, die Ihre Beziehung jedoch (noch) nicht ernstlich in Gefahr bringen kann. Es sei denn, für Ihren Partner liegen die Dinge ganz anders. Gehen Sie in Gedanken auch seine äußeren und inneren Streßfaktoren durch oder, besser noch, lassen Sie ihn die Diagnose selbst stellen. So gewinnen nicht nur Sie Klarheit – auch der andere setzt sich bewußt, und sei es für ein paar Minuten, mit seiner Lebenssituation auseinander.

An dieser Stelle ist ein Wort zum Thema Verdrängung angebracht. Oft erlebe ich, daß gerade bei Problemen, die durch Alltagsstreß bedingt sind, die Betroffenen auf einem Auge blind sind – aus einem allzu verständlichen Grund: Wer sagt schon offen, daß der Streß im Job oder auch im familiären Bereich psychisch und physisch überfordert. Die meisten von uns haben den Anspruch, über sich hinaus zu wachsen und in Situationen, in denen andere vielleicht in Panik geraten, erst recht einen kühlen Kopf zu bewahren. Sich von Anforderungen übermäßig belastet zu fühlen, käme einem Versagen gleich.

Diese Gefühle sind weitverbreitet, aber eine Belastung zu verleugnen und sich statt dessen selbst die Schuld zu geben ist unsinnig. Wenn Sie zum Beispiel gerade Eltern geworden sind und Ihre Beziehung als Paar darüber zu kurz kommt und Sie plötzlich Ihren Ansprüchen an eine «gute Beziehung» nicht mehr genügen – heißt das, daß Sie beide versagt haben? Oder heißt es nicht eher, daß Sie es jetzt schwerer haben werden für eine Weile, und das aus gutem Grund?

Machen Sie sich und Ihrem Partner klar, daß Streß ein ganz und gar «guter Grund» ist, weshalb Ihre Beziehung in Gefahr ist. Klagen Sie sich nicht an, irgend etwas «nicht geschafft» zu haben. Stellen Sie sich vor, Sie sagten folgendes zu Ihrem Spiegelbild, oder Sie schrieben sich einen Brief, oder Sie lesen es Ihrem Partner laut vor:

Unsere ganzen Diskussionen, diese endlosen Streitereien, der Druck und diese ganze Gereiztheit ständig, wie soll unsere Beziehung in so einer Atmosphäre eigentlich noch gut sein? Unser beider Leben führt doch nur dazu, daß der andere als Belastung und Störfaktor erlebt wird. Unsere Liebe geht nicht an uns selbst kaputt oder weil sie nicht stark genug ist, sondern an der Art und Weise, wie wir leben. Wir können nicht auf irgendeine Allmacht der Liebe zählen, die über jede Belastung erhaben ist. Aber wir können auf uns zählen, darauf, daß wir stark genug sind, um Dinge aus unserem Leben zu verbannen, die tödlich sind für die Liebe.

Rezept Nr. 3

Sehen Sie die Listen gegen das Streß-Virus, die ich Ihnen jetzt verordnen möchte, nicht als Arbeit oder als Aufgaben, die Sie zusätzlich erledigen müssen – Sie haben bereits genug zu tun! Es sind Dinge, die Ausgleich schaffen, Spaß machen, leichtfallen, weil sie das Leben schöner machen. Sie sollten alle zehn Punkte beherzigen, aber auch wenn Sie beim besten Willen in Ihrer momentanen Lage nicht dazu kommen, fangen Sie wenigstens mit einer Sache an – und zwar in der von mir vorgegebenen Reihenfolge: Von Punkt 1 bis Punkt 10.

DIE TOP TEN, UM IHRE LIEBE
VOR STRESS ZU SCHÜTZEN

1. *Ruhen Sie sich aus.* Sie haben vielleicht von Experimenten mit Schlafentzug gehört und wissen, was passiert, wenn Menschen am Schlaf gehindert werden. Sie verlieren den Verstand, sie werden willenlos. So müde sind Sie nun auch wieder nicht, werden Sie vermutlich abwinken, und doch laugt Sie dieses permanente Schlafdefizit aus. Nun werden Sie bestimmt einwenden, daß Sie mit Schlafen Ihre finanziellen Probleme oder die Auseinandersetzungen im Job auch nicht lösen. Ich höre so etwas immer wieder in meiner Praxis. Natürlich stimmt das, aber dabei wird vergessen, daß wir durch übermäßige Belastung auch ungeheuer müde werden, daß wir Schlaf brauchen. Und zwar desto mehr, je größer die Belastung ist. Zum Ausruhen aber braucht man Zeit, und die haben Sie ja gerade nicht?

Doch wenn Sie sich keine Ruhe zum Ausspannen gönnen, dann haben Sie auch für die Liebe in Ihrem Leben keine Zeit. Der Job und all die anderen Sachen sind wichtiger, gehen vor. Sie werfen die Liebe sozusagen über Bord, nehmen volle Fahrt voraus und verlangen von der Liebe respektive von Ihrem Partner, das Tempo zu halten und nebenherzuschwimmen.

Liebe ist wunderbar, aber ohne genügend Schlaf läuft gar nichts, und auf Dauer tötet permanente Müdigkeit jede Liebe.

2. **Beugen Sie Streßsituationen vor.** Der Liebeskiller Nr. 3 wird besonders wirksam in Streßsituationen, in denen Sie entweder nicht gewappnet sind oder die Sie zuweilen sogar selbst produzieren. Hier eine erprobte Liste der Fallstricke und wie Sie sie vermeiden können:

- Überfallen Sie Ihren Partner nicht mit einem Problem, kaum daß er zum Beispiel abends zur Tür hereinkommt.
- Wenn Sie eine spezielle Belastung vorhersehen können – wenn in Ihrem Job demnächst etwas ansteht, Sie sich in besonderem Maße um Ihre Mutter oder Freundin etc. kümmern werden müssen –, warnen Sie Ihren Partner/Ihre Familie vor und machen Sie das Problem nicht kleiner, als es ist! Oder wollen Sie alle eine böse Überraschung erleben?
- Schützen Sie sich in stressigen Zeiten vor zu vielen Anrufen. Schalten Sie, auch wenn Sie zu Hause sind, Ihren Anrufbeantworter ein und entscheiden Sie selbst, wann und mit wem Sie reden möchten. Wichtiges läßt sich immer kurz abhandeln!
- Hängen Sie an einem zentralen Platz (Kühlschranktür, neben der Garderobe) einen Spickzettel auf mit Dingen, die in dieser Woche zu erledigen sind und von wem.
- Nehmen Sie sich fest vor, bis zehn zu zählen, bevor Sie auf eine Bissigkeit, Genervtheit o. ä. Ihres Partners reagieren. Wenn Sie gleich an die Decke gehen, werden Sie vermutlich einen Streit lostreten, und abgesehen von allen anderen Dingen, die er anrichtet: Er

kostet Sie Zeit... Und die haben Sie doch eigentlich nicht, oder?

3. *Nehmen Sie sich die Freiheit, Zeit zu haben.* Der volle Terminkalender, keine Zeit, immer unterwegs, immer beschäftigt, das ist heutzutage zu einem Statussymbol geworden. Als kämen nicht verplante Abende oder Wochenenden dem Eingeständnis gleich, nicht beliebt und nicht wichtig genug zu sein. Aber wie wichtig sind Sie sich selbst? Verbringen Sie Ihr privates Leben wirklich selbstbestimmt? Fragen Sie sich, wo Sie sich Freiräume schaffen können, und setzen Sie Prioritäten für Ihre Beziehung. Anhand der folgenden Liste mit ganz konkreten, praktischen Tips zum Zeitgewinnen können Sie eine Art Brainstorming machen: Funktionieren nicht auch wenigstens ein oder zwei Dinge für Sie selbst?

Die Top Ten, um Zeit
für die Beziehung zu gewinnen

1. *Streichen Sie sogenannte Pflichttermine.* Wie viele Leute stöhnen über private «Verpflichtungen»! Die Hälfte des gesellschaftlichen Lebens verbringen wir damit, Leute zu treffen, die wir nicht einmal besonders mögen, und mit ihnen langweilige Stunden zu verbringen. Hier können Sie mit bestem Gewissen einmal «keine Zeit haben» und dadurch Zeit gewinnen.

2. *Zeit gegen Geld.* Es gibt eigentlich kaum etwas, wofür Sie niemanden finden würden, der es gegen Bezahlung für Sie erledigt: sei es, den Hund auszuführen oder ihren neuen PC zu installieren und zum Laufen zu bringen. Sie würden immer mal wieder viele Stunden einsparen (abgesehen von den Nerven), wenn Sie bestimmte Dinge «außer Haus» gäben.

3. *Lassen Sie Dinge liegen.* Eine andere, auch sehr bewährte Möglichkeit ist, bestimmte Dinge eben nicht zu erledigen, oder zumindest nicht perfekt: Müssen Ihre Fenster immer geputzt sein? Muß die Essenseinladung für Ihre Freunde wirklich wieder aus einem großen Menü bestehen? Wenn Sie sich nicht auf ewig Vorwürfe machen würden, sich für etwas nicht genug Zeit genommen zu haben: Lassen Sie dieses «etwas» sein!

4. *Einkaufsbummel streichen.* Kaufen Sie weniger! Shopping ist hochgradig zeitraubend.

5. *Kinder ausquartieren.* Warum die Kinder nicht mal über Nacht oder über ein Wochenende zu Freunden geben, damit Sie mal Ruhe haben, nur zu zweit sind?

6. *Angenehmes und Nützliches verbinden.* Planen Sie Aktivitäten gemeinsam, die Sie ohnehin tun würden, z. B. Sport treiben. So kümmern Sie sich um Ihre Gesundheit und verbringen die Zeit dabei gemeinsam.

7. *Machen Sie eine Liste mit den sieben Dingen, für die Sie die meiste Zeit aufwenden.* Numerieren Sie sie nach Wichtigkeit, von eins bis sieben, und streichen Sie die letzten beiden Punkte.

8. *Fernseher ausmachen.* Wieviel Zeit verbringen Sie vor dem Fernseher, stumm nebeneinander? Wenn Sie beide erschöpft sind und sich entspannen wollen, warum nicht lieber gemeinsam Musik hören oder einfach eine Stunde früher ins Bett gehen?

9. *Führen Sie nicht den gleichen Streit zweimal.* Wenn Ihnen bei Ihrem jetzigen Streit etwas bekannt vorkommt – «genau das gleiche hatten wir gestern» –, sollten Sie sich beide die Frage stellen, ob Sie neue Argumente oder eine neue Sichtweise haben. Wenn das nicht der Fall ist, brechen Sie den Streit ab und verbringen Ihre Zeit lieber mit etwas anderem.

10. **Reden Sie nicht stundenlang darüber, warum und wofür Sie keine Zeit haben.** Wieviel Zeit verbringen Sie mit Ihrem Partner, in der es darum geht, wer wann was machen soll oder warum was vergessen wurde? Haken Sie Dinge, die Sie im nachhinein ohnehin nicht ändern können, ab. Sie ersparen sich beide viel unangenehm verbrachte Zeit.

Und noch ein Wort zum Thema Zeitsparen: Über Trennung und Scheidung zu reden kostet ungeheuer viel Zeit. Ebenso wie die Unterredung mit Scheidungsanwälten. Viel Zeit kostet auch die Trennung der Haushalte, die Suche nach einer neuen Wohnung. Und dann die Stunden um Stunden, in denen man das alles seinen Freunden erzählt. Nicht zu reden von all den Abenden, die man auf der Suche nach einem neuen Prinzen verschwendet, der sich doch wieder nur als Frosch und sonst nichts entpuppt. – Wenn Sie also jetzt Zeit in Ihre Beziehung investieren, sparen Sie viel Zeit in der Zukunft.

4. **Lassen Sie die Zeitfalle nicht zuschnappen.** Oft beobachte ich, daß Paare in die Zeitfalle tappen: Wenn aufgrund äußerer Umstände ein Beziehungsleben, wie beide es gewohnt sind, nicht mehr möglich ist – zu müde, zu viel Streß, keine Zeit –, wird die Beziehung auf Null geschraubt. Statt gutem Sex gibt es gar keinen Sex mehr; an die Stelle langer Gespräche tritt Schweigen; man hat keine Zeit mehr, zusammen essen zu gehen, es findet nichts Gemeinsames außer Haus mehr statt.

Für diese Reaktion gibt es eine naheliegende Erklärung. Wenn Paare sich finden, tritt in der Regel erst einmal alles andere in den Hintergrund. Man hat einfach richtig viel Zeit füreinander und entwickelt in dieser Phase ein Beziehungsmuster. Wenn die dafür nötige

Zeit dann irgendwann nicht mehr da ist, paßt auch das Muster nicht mehr. Wir müssen also ein anderes Muster entwickeln und lernen, eine gleich gute Beziehung unter anderen Bedingungen zu führen. Probieren Sie doch einmal folgende Vorschläge aus:

- Lassen Sie den Tag nicht einfach an sich vorübersausen – auch wenn die Kinder krank sind, Sie Urlaubsvertretung machen müssen und Ihre anstrengende Schwiegermutter mit Koffern in der Tür steht –, ohne sich wenigstens einen netten Satz gesagt zu haben oder in der allgemeinen Hektik kurz innezuhalten und sich ein besonderes Lächeln zu schenken.
- Vergessen Sie nicht die berühmten drei Wörter: Wenn Sie nicht doch immer wieder mal «Ich liebe dich» sagen, könnte der andere, bei dem Alltagsleben, das Sie momentan führen, tatsächlich glauben, daß Sie es nicht mehr tun.
- Vielleicht kommt es Ihnen albern vor – aber es funktioniert: Geben Sie sich Kosenamen, oder graben Sie die alten, die Sie vielleicht gar nicht mehr sagen, aus und benutzen Sie sie: einfach so, zwischendurch.
- Sogenannte Quickies sind keine gute Alternative zu erfülltem Sex, aber gar keine körperliche Nähe ist auch nicht die Lösung. Hier gibt es eine Menge «Zwischenformen». Stellen Sie sich nur einmal vor, Ihr Partner würde Ihnen in der morgendlichen Hektik in den Mantel helfen und dabei Ihren Nacken kraulen und Ihnen einen Kuß in die Halsbeuge geben…

5. *Gehen Sie sich gezielt aus dem Weg.* Wenn die Stimmung zwischen Ihnen zum Zerreißen ist, hilft es manchmal, sich einfach einen Moment aus dem Weg zu gehen. Das ist allemal besser, als jeden Abend beim Nachhausekommen erst einmal aneinanderzugeraten.

Ein Paar probte zum Beispiel die Taktik «Wir tun so, als seien wir unsichtbar»: Die ersten beiden Stunden, die sie abends zu Hause waren, liefen sie buchstäblich blind aneinander vorbei, sprachen kein Wort miteinander und hielten sich dabei sogar im selben Raum auf. Zu ihrem Spiel gehörte auch, daß jeder sich selbst das Essen kochte, sie sich aber dann gemeinsam hinsetzten. Das war der Zeitpunkt, wieder sichtbar zu werden, und jetzt konnten sie, ohne sich wie üblich bereits auf die Nerven gegangen zu sein, entspannt miteinander essen und reden und hatten sich sogar darauf gefreut.

Eine sanftere Form, sich aus dem Weg zu gehen, fand ein Juristen-Ehepaar, die beide einen vollen Arbeitstag haben und abends gemeinsam kochen – aus Gerechtigkeitsgründen. Sie gerieten dabei immer aneinander, stritten sich darüber, was oder wie etwas gekocht wird. Eines Tages schlug die Frau ihrem Mann – der insgeheim nicht gerne kochte, was sie wußte – folgendes vor: «Wenn du mich machen läßt, mir weder in die Töpfe guckst noch dich sonstwie in der Küche blicken läßt, dann bin ich gerne bereit, alleine zu kochen.» Er war einverstanden, und sie verbrachten die wenigen Abendstunden, die sie gemeinsam hatten, friedlich. Jeder konnte in der «Kochzeit» den Tag für sich Revue passieren lassen und das Streßgefühl abbauen, anstatt sich in allabendliche «Verhandlungen» zu stürzen.

So wie Sie bestimmte Situationen bewußt vermeiden können, so können Sie auch konflikthaltige Beziehungsthemen ausblenden. Das heißt nicht, daß Sie Ihre Konflikte unter den Teppich kehren sollen, aber schneiden Sie diese auf gar keinen Fall an, wenn einer von Ihnen gerade dabei ist, aus dem Haus zu gehen oder den Fernseher einzuschalten, um seine Lieblingssendung zu sehen, oder in den nächsten Minuten Ihre Gäste an der Tür klingeln. Befolgen Sie den Grundsatz:

Wenn ein Problem wichtig genug ist, kann es auch zu einem anderen Zeitpunkt besprochen werden!
Und noch ein Tip: Vereinbaren Sie einen Zeitpunkt, an dem Sie etwas besprechen wollen und der für Sie beide paßt. Halten Sie sich an diesen Termin.

6. ***Verabreden Sie Gemeinsamkeiten.*** Nicht die Quantität, sondern die Qualität der gemeinsam verbrachten Zeit zählt. Es kommt darauf an, was Sie gemeinsam machen, nicht, wie lange! Reservieren Sie sich wenigstens ein paar Stunden in der Woche nur für sich, verbringen Sie diese Zeit als Paar und lassen Sie keine Dritten zu. Und wenn Sie sich zum Beispiel den Sonntagmittag zum Spazierengehen reserviert haben, dann nehmen Sie weder die Kinder noch eine Freundin oder sonst wen mit. Sie beide haben eine Verabredung. Und warum nicht, wie bei anderen Verabredungen auch, sich darauf vorbereiten: doch noch schnell die Haare waschen, etwas Schönes anziehen?

Bei diesem Thema gilt allerdings – anders als beim Thema Sex –, daß die Alternative zu guter gemeinsamer Zeit die ist, lieber gar nichts zusammen zu machen. Funkstille ist allemal besser als die ständig erneuerte Erfahrung, daß Sie, kaum tun Sie etwas gemeinsam (sei es kochen oder spazierengehen), Streit bekommen, sich auf die Nerven gehen, sich unglücklich fühlen. Natürlich propagiere ich diese radikale Methode, entweder die gemeinsame Zeit genießen zu können oder sich aus dem Weg zu gehen, nicht als Dauerlösung. Aber um eine Phase, in der Sie beide vielfach belastet sind und kaum Zeit haben, heil zu überstehen, hat sich diese Methode bei vielen Paaren bewährt.

7. ***Schaffen Sie sich Rituale.*** Ihr Leben besteht nur noch aus Arbeit? Zeiten, in denen Sie mit Ihrem Partner schöne

Sachen unternommen haben, sind längst vorbei? Der Alltag hat Sie vollkommen im Griff? Trotzdem, auch Sie können eine der verlorengeglaubten schönen Gemeinsamkeiten wiederfinden und sie in den noch so voll gepackten Tag integrieren. Hier kann ich mich selbst als bestes Beispiel anführen: Mein Mann und ich waren die letzten Jahre beruflich so eingespannt, daß wir unter der Woche alles andere als eine Beziehung hatten: Wir besprachen das Notwendigste und klappten am Abend erschöpft vor dem Fernseher zusammen, bevor jeder für sich irgendwann ins Bett ging. Es war entsetzlich. Eines Tages machten wir eine Entdeckung: Wir fanden den Zustand beide furchtbar, und wir beschlossen, anstatt fernzusehen, in unseren alten Platten und CDs zu wühlen und Musik zu hören. Wir beschlossen, ein Ritual einzuführen: Jeden Abend wenigstens ein Musikstück zusammen zu hören. Ich schätze, wir hätten genug für die nächsten drei Jahre. Auf diese Weise schufen wir wieder ein gemeinsames Band zwischen uns. Keine Beziehung kommt auf die Dauer ohne so etwas aus. Sie brauchen etwas Verbindendes, das nicht nur äußerlich ist. Und Sie brauchen im Grunde nur eine Viertelstunde pro Tag. Ich bin sicher, daß auch Ihnen für Ihre Beziehung so etwas einfällt wie mir und meinem Mann. Vielleicht etwas anderes, Hauptsache, es hat mit Ihnen beiden etwas zu tun.

8. *Streß verändert Ihr Leben, aber nicht Sie selbst.* Machen Sie nicht den Fehler und denken, Ihr Partner habe sich total verändert, weil er jetzt, in Streßzeiten, so anders ist als früher. Wenn er verbissen vom Job nach Hause kommt, dann nicht, weil er eben ein verbissener Typ ist. Sondern weil er ein netter Typ ist, der aber einen anstrengenden Beruf hat. Das ist der springende Punkt. Denken Sie nur an die goldene Regel in der Kinder-

erziehung: Sagen Sie Ihrem Kind nicht, daß es böse ist, sondern daß es etwas Böses gemacht hat. – So greifen Sie Ihr Kind, oder in unserem Fall Ihren Partner, nicht in seiner Persönlichkeit an. Denn die wird sich nicht geändert haben. Oder würden Sie das von sich selbst sagen? Daß aus der ehemals gutgelaunten, liebenswerten Person, in die Ihr Partner sich schließlich verliebt hat, eine unverträgliche, mißmutige Nervensäge geworden ist? Wenn Ihre Beziehung in einer Krise steckt, ist es wichtig, den Partner, so wie er eigentlich ist, nicht aus dem Blick zu verlieren.

9. *Entwickeln Sie Perspektiven, um den Streß in absehbarer Zeit auf ein erträgliches Maß zu reduzieren.* Eine Perspektive zu haben ist deswegen so wichtig, weil sie Ihnen Hoffnung gibt. Ist Ihr Hauptstreßfaktor zum Beispiel Ihr neugeborenes Baby, müssen Sie der langfristigen Perspektive einfach ins Auge sehen, daß zumindest für ein oder zwei Jahre das abendliche Ausgehen mit Ihrem Mann entfällt. Vielleicht, weil Sie Ihr Baby keinem Babysitter anvertrauen möchten, oder weil Sie schlicht zu müde sind.

Meist geht es bei Streß, der die Beziehung belastet, jedoch um den Beruf. Es ist erwiesen, daß sich Menschen, die in bestimmten Branchen arbeiten – zum Beispiel in der Medizin, der Finanzwelt oder im Vertriebs- und Verkaufswesen –, besonders häufig scheiden lassen. Diese Menschen stehen unter besonderem Erfolgsdruck, arbeiten meistens mehr als acht Stunden am Tag und haben oft auch abends Termine. Sie haben hier zwei Möglichkeiten, etwas zu ändern: Entweder Sie lassen sich innerhalb Ihrer Firma auf einen anderen, für Sie weniger aufwendigen Posten versetzen (der ja nicht automatisch weniger Qualifikation erfordern muß). Oder Sie arbeiten mit weniger Druck und Streß in

Ihrem jetzigen Job und nehmen eventuell auch in Kauf, weniger zu verdienen.

Sobald Sie die Erkenntnis gewonnen haben, daß die Ursachen für Ihre Beziehungsprobleme im Beruf liegen, setzen Sie dort an und entwickeln Sie eine langfristige Perspektive, etwas zu ändern! Bringen Sie sich lieber um die Gunst Ihres Chefs – und wenn Sie Ihr eigener Chef sind, drosseln Sie Ihre selbstgestellten Anforderungen –, als um die Liebe Ihres Partners oder Ihrer Partnerin.

10. Seien Sie auf der Hut: Übermäßiger Streß ist nicht normal. Zuviel Streß, um sich auf den Partner oder die Partnerin einlassen zu können oder zu wollen: Das spielt in über 40 Prozent der Scheidungen eine Rolle! Wenn dieser Liebeskiller auch bei Ihnen der Hauptgrund für Ihre Beziehungsprobleme ist, dann sollten Sie ihn auf keinen Fall unterschätzen: Er wirkt wie ein schleichendes Gift. Sie können eine Weile ganz gut damit leben, daß Sie beide eben «zuviel Streß» und «keine Zeit» haben, und sich damit trösten, daß es «irgendwann» wieder anders wird. Aber aus eigener Erfahrung weiß ich, daß «irgendwann» meist bereits zu spät ist! Was glauben Sie, was jahrelanges Zurückstekken, Verzichten, Schweigen und unterschwellige Gereiztheit anrichten? Können Sie das einfach vergessen? Können Sie wirklich da wieder anfangen, wo Sie vor längerer Zeit stehengeblieben sind, da, wo Sie aufgehört haben, Zeit füreinander zu haben? Natürlich nicht – Sie setzen Ihre Beziehung aufs Spiel.

Stärkungsmittel Nr. 3:
Sich etwas Spezielles bewahren

Bei dem Streß-Virus gilt das gleiche, was für alle anderen Probleme auch gilt: Wenn Sie einmal die Diagnose haben, müssen Sie bestimmte Dinge unternehmen – oder auch sein lassen, je nach «Rezept». Mein Rezept Nr. 3 verlangt jedoch nicht viel von Ihnen. Im Gegenteil, hier ist schon der Versuch, wieder mehr Zeit füreinander zu haben, Gold wert und bringt Ihre Beziehung aus dem kritischen Bereich. Der Versuch zeigt nämlich, daß Sie sich des Problems bewußt sind und daß Sie Ihre Beziehung für wertvoll halten. Zeit zu haben, sich Zeit zu nehmen – das ist heutzutage für viele von uns wie ein Geschenk der Götter. Solch ein Geschenk von Ihrem Partner oder Ihrer Partnerin zu erhalten wäre das schönste. Bewahren Sie sich also bei all dem, was Sie durch den Tag und die Wochen hetzen läßt, ein Gefühl für das Besondere an Ihrer Beziehung, das Wertvolle, das, wofür es lohnt, andere Dinge liegen oder auch einfach sausen zu lassen.

Wenn Sie Ihre Beziehung bis hierhin überdacht haben – stimmt die Grundversorgung, haben wir Respekt voreinander, haben wir auch im Alltag unsere besonderen Momente? –, dann sind Sie Ihrem Wunschziel schon ein gutes Stück näher gekommen: Sie können miteinander reden, ohne zu kämpfen, Sie fühlen sich dem anderen wieder näher. Aber was ist, wenn Sie eines Tages feststellen müssen, daß Sie neben einem «Fremden» leben? Buchstäblich über Nacht kann sich dieses Gefühl einstellen, wie ich von vielen Paaren gehört habe, die vor diesem Rätsel – einem weiteren «Beziehungs-Rätsel» – stehen. Ein Rätsel ist es nicht, aber hier lauert der nächste Liebeskiller.

5

«Zwischen uns hört man eine Stecknadel fallen»

Liebeskiller Nr. 4:
Die Mauer aus Schweigen

Frage:
Können Sie offen, direkt und unverkrampft
miteinander reden?

Kommt Ihr Partner Ihnen vor wie ein Fremder, mit dem Sie nichts verbindet? Ich selbst habe dieses Gefühl erlebt; es war schrecklich, als ob unsere Beziehung ein Lügengebäude sei. Und ich habe es weggeschoben, habe mich damit abgefunden, als sei es eine Phase, die unvermeidbar ist. Dieses Gefühl von Entfremdung kann jedoch die Liebe töten, und um es besser zu verstehen, ist es hilfreich, der jeweiligen Art von Entfremdung auf den Grund zu gehen. In der Paargemeinschaft gibt es drei verschiedene Formen, in denen jeweils Wut, Traurigkeit oder Kälte der dominierende Faktor ist.

Wut. Wenn Sie fühlen, daß Sie sich von Ihrem Partner distanzieren, weil Sie wütend auf ihn sind, dann bestimmt auch ein unterschwelliger Groll Ihre Handlungen. Sie verlassen demonstrativ den Raum, in dem der andere sich aufhält, oder quartieren ihn aus dem gemeinsamen Schlafzimmer aus, nur um anschließend in noch größerer Wut irgend etwas an die Wand zu werfen, und zwar geräuschvoll, damit der andere es hört. Ihr einziger Grund, nicht vollkommen auf Distanz zu Ihrem Partner zu gehen, ist Ihr Bedürfnis, daß er Ihre Wut auch ja mitbekommt. Diese explosive Mischung ist zermürbend, und kein Paar kann über längere Zeit diesen hohen Wutpegel aushalten.

Traurigkeit. Sie haben Ihrer Beziehung gegenüber ein Gefühl, als sei jemand gestorben, Sie fühlen Trauer, fühlen sich gelähmt und gehen miteinander um, als sei der andere ein rohes Ei: Sie wollen sich nicht zu nahe kommen, und wenn, dann nur mit allergrößter Vorsicht. Sie können nach außen hin sogar eine Art Nettigkeit im Umgang haben, aber nur im flüchtigen Kontakt und mit der Gewißheit, sich bald wieder zurückziehen zu können.

Kälte. Wenn eine kalte Distanz zwischen Ihnen herrscht, hat es in Ihrer Beziehung viele schmerzvolle Verletzungen gegeben. Kälte bedeutet hier nicht, daß Ihr Umgangston eisig ist und Sie sich demonstrativ ignorieren. Im Gegenteil: Sie sind ausgesprochen höflich zueinander! Höflichkeit ist für Sie das Mittel, sich nicht zu nahe zu kommen, Sie verspüren gar nicht mehr den Wunsch nach Nähe, und Ihre Emotionen für den anderen sind gleich null. Deshalb gehen Sie sich auch nicht mit Absicht aus dem Weg, Ihre Höflichkeit garantiert die optimale Distanz!

Die Mauer aus Schweigen

Die Entfremdung zwischen Paaren kann sich unterschiedlich äußern, aber das Bild der «Mauer aus Schweigen» paßt für jedes Paar. Eine scheinbar unüberwindliche Mauer steht zwischen Ihnen, die Sie Stein für Stein aufgebaut haben. Ganz am Anfang der Beziehung, als Sie tatsächlich Fremde waren und sich (noch) nicht in aller Offenheit zeigen wollten oder konnten, haben Sie den Mauersockel unter Umständen gar nicht als trennend empfunden, sondern als ganz normal. Aber anstatt ihn abzubauen, haben Sie ihn Stein für Stein höher gezogen: aus dem Bedürfnis heraus, sich selbst im besten Licht darzustellen und den anderen nicht zu enttäuschen. Sie sind mit der besten Absicht in eine Beziehungsfalle geraten, für die Sie selbst den Boden bereitet haben.

Die Geschichte von Esther und David veranschaulicht dieses fatale Zusammenspiel, das so unauffällig beginnt. Sie werden die einzelnen Bestandteile der trennenden Mauer zwischen Ihnen erkennen und damit auch in der Lage sein, sie wieder abzubauen. Und Sie werden sehen, daß dies keine unüberwindliche Aufgabe ist. Denken Sie an die Türme und anderen Gebilde, die Kinder aus Bauklötzen errichten: Wenn Sie einen entfernen, stürzt alles zusammen. Oder stellen Sie sich vor, Sie seien mit einer meterlangen Kette aus schweren Eisengliedern irgendwo angekettet: Wenn Sie nur ein einziges Glied öffnen, egal welches in der Kette, haben Sie sich befreit.

Esther und David. Esther ist 41 Jahre alt, David ist 39, und sie sind jetzt elf Jahre verheiratet. Sie hatten sich auf einem Tanzabend für Singles kennengelernt, hatten beide genug von Verabredungen und kurzen Abenteuern, die zu nichts führten, und wollten beide nichts dringender als endlich eine feste Beziehung.

Esther unterrichtete damals an einer weiterführenden Schule und hoffte, wie sie heute eingesteht, daß David in ihr eine sorglose, rundum fröhliche Person sah, der es Freude macht, sich um andere Menschen zu kümmern. David arbeitete im kaufmännischen Bereich eines renommierten Krankenhauses. Er war zwar nicht Arzt, aber immerhin im medizinischen Bereich tätig, und rückblickend sagt er, daß ihm wichtig war, daß Esther in ihm jemand sah, der Verantwortung trug, der ehrgeizig, ein Erfolgstyp war.

Keiner hat dem anderen etwas vorgegaukelt, aber Esther und David haben gemacht, was so viele tun: Sie wollten sich selbst im besten Licht zeigen, sie wollten die gegenseitige Erwartungshaltung erfüllen.

Stein Nr. 1: Ohne es zu bemerken, wurde der Grundstein für die Mauer aus Schweigen gelegt: eine unrealistische Sichtweise. Wir sehen das in dem Partner, was wir gerne sehen wollen, vor dem anderen schließen wir vorerst die Augen. Wer tut das nicht? So fragte sich David zum Beispiel auch nicht, ob es wirklich sein kann, daß jemand ständig so herzlich und selbstgenügsam ist, wie Esther sich bei ihren Verabredungen zeigte. Und auch Esther war blind für den wirklichen David. Gemessen an seinem Lieblingsthema, beruflich erfolgreich zu sein, war sein wirklicher Ehrgeiz viel weniger ausgeprägt, was er selbst sich kaum eingestand, geschweige denn Esther. Tatsächlich arbeitete er so ungern, daß er nur darauf wartete, abends, nach der Arbeit, seine eigentlichen «Stärken» auszuleben: gemütlich herumzuhängen und gar nichts zu tun.

Wir haben also folgende Situation: Wenn Esther abends nach Hause kam, hatte sie eigentlich genug davon, sich um Kinder kümmern zu müssen, und das Bedürfnis, mit einem Erwachsenen zusammen zu sein. Wenn David von seiner Arbeit kam, wollte er sich nur noch fallenlassen und insgeheim ein Kind sein.

Stein Nr. 2: Den anderen zu verklären führt automatisch zum nächsten Problem: Man ist voller Erwartungen, die nicht erfüllt werden können. Diesen Automatismus hätten beide ganz am Anfang ihrer Beziehung noch aufhalten können. Wenn David zum Beispiel nach der ersten Nacht zu Esther gesagt hätte: «Ich weiß, daß ich den Eindruck mache, dieser Typ zum Anlehnen zu sein, der alles immer im Griff hat. Dabei brauche ich in Wirklichkeit selbst jemanden, an den ich mich anlehnen kann, der sich um mich kümmert.»

Aber wer zeigt schon gerne dem Menschen seine weniger attraktiven Seiten, in den man sich verliebt hat und von dem man das gleiche hofft? Selbst in der Phase, in der die Beziehung gefestigt wird und wir Offenheit zeigen und auch vom anderen erwarten, bewahren wir uns einen Instinkt dafür, welche Seiten unserer Persönlichkeit den anderen vertreiben könnten.

Stein Nr. 3: Der nächste Schritt ist unvermeidlich. Früher oder später führen unrealistische Erwartungen, die der andere an uns stellt, dazu, daß wir dem anderen gestehen, wie es wirklich um uns steht. Stein Nr. 3 führt also sozusagen zur Stunde der Wahrheit. Zum Beispiel an einem faulen, zärtlichen Sonntagmorgen, an dem Esther sich David so nahe fühlt und so geborgen, daß sie beginnt darüber zu sprechen, wie sehr ihr eigentlich ihre Schüler auf die Nerven gehen und wie sehr sie den Tag herbeisehnt, ein eigenes Kind zu haben und nicht mehr arbeiten zu müssen.

Stein Nr. 4: Das Leben hält immer wieder «Stunden der Wahrheit» bereit. Doch Esthers Enthüllung traf den Kern von Davids unrealistischen Erwartungen, die er an Esther stellte. Er war schockiert, und der nächste Baustein fügte sich in die Mauer: die Enttäuschung. David erkannte, daß Esther nicht die Fürsorge in Person war, für die er sie immer gehalten hatte. Er wurde abweisend, war deprimiert und gleichzeitig wütend.

Es war nicht die erste Enttäuschung, die er Esther gegenüber fühlte, und auch Esther hatte Entdeckungen bei David gemacht, die sie enttäuschten. Zum Beispiel, als die erste gemeinsame Steuererklärung anstand und David nur noch herumjammerte, wie sehr ihn das alles nerve und daß er sowieso keinen Durchblick habe. Das war genau das, was sie nicht von einem Partner und Ehemann erwartete!

Stein Nr. 5: Gerade in den Anfangsjahren einer Beziehung gibt es viele Gelegenheiten, bei denen Enthüllung und Enttäuschung Hand in Hand gehen. Und auch wie es weitergeht, haben wir alle am eigenen Leib erlebt: Wenn wir enttäuscht sind, reagieren wir ärgerlich, traurig, möglicherweise mit Spott und ganz bestimmt mit Zurückweisung.

David sagte folgendes, als Esther ihm ihre wahre Einstellung zu ihrem Lehrerinnendasein beichtete: «Was soll das heißen? Ich dachte immer, du gehst in diesem Beruf auf, das wäre für dich die reinste Selbstverwirklichung? Jetzt frage ich mich, wer du in Wirklichkeit bist, wen ich da eigentlich geheiratet habe!»

Diese Reaktion war für Esther wie ein Schlag ins Gesicht. Sie meinte, etwas vollkommen Harmloses gesagt zu haben, und er gerät außer sich! Solche Art von Zurückweisung löst oft den gleichen Schock wie körperliche Aggression aus.

Stein Nr. 6: Was hatte Esther getan? Nun, sie hatte sich nackt gezeigt. Nicht nackt im körperlichen Sinne, sondern tiefergehend: Sie hatte ihre Seele entblößt, und zwar eine in ihren und in Davids Augen «dunkle» Seite ihrer Seele. Wenn die Reaktion darauf Zurückweisung ist, und diese Reaktion sich wiederholt und stark genug ist, dann zieht man irgendwann eine simple Lehre daraus, die der nächste Stein unserer Schweigemauer ist: Offenheit ist gefährlich. Esther hat ihre Lektion jedenfalls gelernt und könnte folgendes zu sich selbst gesagt haben: «Wenn ich David erzähle, wie es in mir wirklich aussieht, reagiert er so, daß ich am liebsten gar nichts gesagt hätte. Ich weiß eigentlich gar nicht mehr, ob ich mich bei ihm sicher fühle und was ich ihm wirklich erzählen kann. So etwas jedenfalls nicht mehr.»

Ich habe bewußt gesagt, Esther «könnte» dieses oder ähnliches durch den Kopf gegangen sein. Bewußt «sagen» wir uns solche Dinge selten. Wir empfinden uns als starke, unabhängige Persönlichkeiten, die dazu stehen, wie sie sind. So wie Esther. Sie macht ganz und gar nicht den Eindruck, als ginge sie durchs Leben immer auf der Hut davor, nicht verletzt zu werden. Im Gegenteil. Sie ist eine warmherzige, gut gelaunte Frau, mit offenem Lachen und einer kräftigen Stimme. Kritik aus dem Lehrerkollegium oder von Eltern kann sie gut einstecken. Wenn man sich bei seinem Partner jedoch nicht «in Sicherheit» fühlt, hat das nichts mit fehlendem Selbstbewußtsein zu tun. Es ist kein Zeichen von Persönlichkeitsschwäche, sondern eine ganz normale Reaktion auf Zurückweisung und Ablehnung, wenn man seine Gefühle offen zeigt.

Stein Nr. 7: Was tun Sie, wenn Sie sich nicht sicher fühlen, wenn Sie Angst haben? Sie türmen einen weiteren Stein auf die Mauer: sich verstecken und stillhalten. Sie verstummen jedoch nicht nur in bezug auf diese eine konkrete Bemerkung, die die Zurückweisung ausgelöst hat, sondern in bezug auf das gesamte Thema. Das passiert zwar nicht sofort, sondern eher unmerklich: Sie meiden bestimmte Themen eine Weile, dann sprechen Sie sie wieder an, erfahren die gleiche Reaktion wie gehabt, verstummen erneut. Sie testen Ihren Partner wie brüchiges Eis: einen Schritt vor, zwei zurück.

Auch David erging es so mit seiner dunklen Seite: Immer wieder ließ er seinen kindlichen Hang nach Faulenzerei und Verantwortungslosigkeit durchscheinen, worauf Esther nicht wirklich jedesmal scharf reagierte. Und trotzdem: Im Laufe eines Jahres hatte David die Botschaft intus: Zeig nicht, wer du wirklich bist. David verstummte also vollends, das schien ihm das sicherste Mittel, um nicht zurückgewiesen zu werden. Und warum sollte er das Risiko eingehen? Emotionale Intimität mußte man am Anfang der Beziehung aufbringen, um den anderen zu umwerben und für sich zu gewinnen. Das war jetzt nicht mehr nötig, man hatte ihn ja, den ersehnten Partner. Also kann man verstummen.

So dachte David, und so dachte auch Esther. Es sind immer beide Partner, die den Stein Nr. 7 ins Rollen bringen. Damit unterbinden sie auch das gemeinsame Erleben alltäglicher Dinge: Sie tauschen sich nicht mehr aus über das, was ihnen spontan durch den Kopf geht und was sie freut, ärgert oder sonstwie bewegt – ein Austausch, ohne den das Bewußtsein, wirklich zusammenzuleben, verschwindet.

Stein Nr. 8: Dieser emotionale und verbale Rückzug bringt uns zum Schlußstein, zur Entfremdung. Die Partner stehen sich buchstäblich als Fremde gegenüber. So wie manche Paare bestimmte Erkenntnisschritte durchlaufen, bis sie merken, daß sie sich in der Küche am besten aus dem Wege gehen, so bauen andere Paare Schritt für Schritt ihre Mauer zwischen sich auf. Sie lernen, daß es gefährlich ist, sich offen zu zeigen, und sie haben den Wunsch, den anderen gar nicht so ungeschminkt zu sehen. Man will eigentlich jemand anderen.

Die Mauer aus Schweigen ist ein gefährlicher Liebeskiller. Er zerstört das für die Liebe unbedingt notwendige Gefühl, sich etwas von der Seele reden zu können und damit auch willkommen zu sein. Es ist ein gegenseitiger Vertrauensbeweis, ohne den Liebe nicht möglich ist. Mit der Mauer zwischen sich sind Sie beide Fremde, die den größtmöglichen Abstand halten, damit es nicht zu einem Kampf kommt.

Diagnose Nr. 4:
Trennt das Schweigen Sie und Ihren Partner
wie eine Mauer?

Bevor Sie nun die diagnostischen Fragen beantworten, die Ihnen Klarheit geben sollen, ob das Schweigen zwischen Ihnen und Ihrem Partner tatsächlich beziehungsbedrohend ist, möchte ich an einem kleinen Beispiel aus meiner eigenen Ehe eine wichtige Unterscheidung machen: Offenheit heißt nicht, daß Sie ein gläserner Mensch für den anderen sein sollen. Jeder hat Recht auf ein Eigenleben und darauf, selbst zu entscheiden, was und wieviel er von seiner Seele für sich behält. Dies sollte jedoch in aller Offenheit geschehen. Aber kommen wir zu meinem Beispiel:

Während ich dieses Kapitel des Buches vorbereitete, fragte ich meinen Mann, ob es eigentlich Dinge gebe, die er mir nicht erzählen würde. Spontan antwortete er: «Wir haben so viel miteinander ausgekämpft, ich glaube, ich könnte dir inzwischen alles sagen.»

Dieses Wort «alles» und wie sehr er es betonte, machte mich jedoch stutzig: «Wirklich alles? Das kann doch eigentlich gar nicht sein.» Er dachte nach, erwiderte jedoch nichts, und ich hakte nach: «Und was ist mit deiner heimlichen Kaufsucht, die den Garten betrifft? Sagst du mir immer, wenn du vorhast, neue Pflanzen zu kaufen? Da stellst du mich doch vor vollendete Tatsachen, als fürchtetest du, du müßtest es gegen mich durchkämpfen, wenn du es vorher mit mir besprechen würdest.»

113

«Ja», sagte mein Mann daraufhin, «du hast recht. In manchen Dingen bin ich tatsächlich nicht offen.»

Ich machte eine erstaunliche Entdeckung: Er gab zu, Dinge quasi an mir vorbei zu machen, nicht offen über Geldausgaben zu reden, und bewies gerade damit eine größtmögliche Offenheit. Und ich wiederum hielt mich strikt an das unbedingte Gebot, daß Offenheit niemals sanktioniert werden darf. Respektieren Sie die Grenzen, die Ihr Partner in aller Offenheit setzt! Und urteilen Sie nicht! Nicht so, wie ich es, um bei dem Beispiel meiner eigenen Ehe zu bleiben, in folgender Situation tat:

Wir sprachen über den für uns überraschenden Tod eines früheren Kollegen meines Mannes, ein gutaussehender, erfolgreicher Typ, der jedoch Alkohol- und in jüngster Zeit Drogenprobleme hatte. Mein Mann äußerte ziemlich bald seinen Verdacht, daß er Selbstmord begangen hätte.

Ich war schockiert und erwiderte: «Immer gehst du vom Schlimmsten aus.» Für mich selbst war das einfach eine Erklärung, warum er das glaubt, für ihn war es jedoch ein Vorwurf, eine Zurückweisung, und ich konnte seine Enttäuschung sehen. Diese kleine Bemerkung von mir würde, wenn ich sie wieder und wieder bei ähnlichen Gelegenheiten anbrächte, einen Stein ins Rollen bringen. Sie würde dazu führen, daß mein Mann sich eher auf die Zunge beißt, als daß er seine Befürchtungen und seine Ängste vor mir äußert.

Offenheit muß immer mit dem Gefühl von Nähe Hand in Hand gehen. Zurückweisungen, also auch jegliche abschätzige Urteile, erzeugen das Gegenteil von Nähe. Denken Sie bei den folgenden Fragen daran, daß der Satz: «Ich kann meinem Partner alles sagen» noch nichts darüber besagt, ob dies wirklich Offenheit und gleichzeitige Nähe bedeutet:

1. Fällt Ihr Partner gerne Urteile über andere?

_____ Ja, sehr

_____ Für mich persönlich zu sehr

_____ Eigentlich nicht

2. Gibt es viele Dinge, die für Sie wichtig sind und die Sie mit engen Freunden besprechen, weil das mit Ihrem Partner nicht möglich ist?

_____ Ja, sehr viele

_____ Für mich persönlich zu viele

_____ Eigentlich nicht

3. Haben Sie sich schon längere Zeit nicht mehr mit Ihrem Partner über Ihre Gefühle und Ihre Gedanken ausgetauscht?

_____ Ja, sehr lange

_____ Für mich persönlich zu lange

_____ Eigentlich nicht

4. Überlegen Sie sorgfältig, was Sie Ihrem Partner sagen und wie Sie es am besten «verpacken»?

_____ Ja, sehr

_____ Für mich persönlich zu sehr

_____ Eigentlich nicht

Wenn Sie mindestens einmal «Ja, sehr» oder zweimal die mittlere Kategorie («Für mich persönlich zu sehr») angekreuzt haben, dann trifft auf Ihre Beziehung der Liebeskiller Nr. 4 zu, dann bedroht das Schweigen Ihre Beziehung. Wenn Sie zum Beispiel meine erste Frage mit «Ja, sehr» beantworten, dann leben Sie mit einem Partner zusammen, bei dem Sie sich fortwährend auf dem Prüfstand befinden: Kaum äußern Sie eine Meinung, beurteilt er diese und damit Sie selbst.

Es kann gut sein, daß Sie selbst es gar nicht mehr bemerken, weil Sie gelernt haben, bestimmte Themen schlicht zu meiden oder keine Meinung dazu zu haben. Sie haben deshalb auch keinen Beziehungsstreß. Aber haben Sie eine Beziehung, die Sie sich wirklich wünschen, mit einem Partner, bei dem Sie sich aufgehoben fühlen?

Etwas anders liegt die Sache natürlich, wenn Sie beide sich in dieser Beziehung ähnlich sind: schnell mit Urteilen bei der Hand und in Übereinstimmung mit dem anderen. Wenn wir gleicher Meinung sind mit jemandem, der sehr kritikfreudig ist, empfinden wir ihn nicht als kritisch, im Gegenteil: Hier fühlen wir uns bestens aufgehoben und müssen nicht fürchten, für Offenheit Zurückweisung zu kassieren.

Rezept Nr. 4:
Hindernisse für Offenheit abbauen

Der Stein, mit dem die Mauer aus Schweigen steht und fällt, ist die Nr. 5: die Zurückweisung. Sie zeigen sich Ihrem Partner in aller Offenheit, und Ihr Partner wiederum zeigt in aller Offenheit, wie er das findet – nach dem Motto: Du bist offen, ich bin offen. Das scheint auf den ersten Blick eine faire Sache zu sein. Aber so funktioniert es nicht. Es ist ein Ungleichgewicht, denn während zum Beispiel Sie es sind, die sich vor dem Partner «entblößt», zeigt Ihr Partner mit seiner Offenheit nur mit dem Finger auf Sie. Eine Atmosphäre, in der Offenheit mit persönlicher Herabsetzung beantwortet wird, ist alles andere als einladend. Offen sein im Sinne von «sich selbst entblößen» und offen sein im Sinne von «über den anderen urteilen» sind zwei Paar Schuhe. Und das letztere hat in einer Beziehung nichts zu suchen, es zementiert die Mauer aus Schweigen.

Mit Hilfe der folgenden vier Schritte können Sie den Boden bereiten für eine Offenheit, die Ihre Beziehung wieder zum Blühen bringt:

Schritt 1: Legen Sie den Finger auf die Wunde. Gestehen Sie sich ein, wie es um Ihre Partnerschaft steht: *Wir sind nicht so offen und ehrlich miteinander, wie wir könnten, und das möchten wir beide ändern.* Sie geben eine Art Deklaration ab, daß Offenheit eine Priorität in Ihrer Beziehung sein soll. Damit willigen Sie also ein, das Nötige zu tun, um Schweigen, Distanz und Zurückweisung zwischen Ihnen nicht mehr zuzulassen. Zu dem Nötigen gehört der nächste Schritt:

Schritt 2: Machen Sie sich und Ihrem Partner bewußt, was Sie als Zurückweisung empfinden. Meist sind die Partner sich gar nicht im klaren darüber, daß sie mit einer «harmlosen» Bemerkung den anderen verletzen. Denken Sie an das Beispiel, das ich aus meiner eigenen Ehe gebracht habe, meine Antwort zu meinem Mann: «Immer gehst du vom Schlimmsten aus.» Natürlich hat er seine schlimmste Befürchtung geäußert, als er von Selbstmord sprach, aber anstatt seine Sorge wahrzunehmen, habe ich ihm meine Erklärung für sein Verhalten präsentiert. Das passiert zum Beispiel auch, wenn er gegen mich die Partei unserer ältesten Tochter ergreift und ich daraufhin sage: «Natürlich, du verteidigst sie ja immer!» Oder er sagt, daß er sich keine Sorgen über das Älterwerden mache, und ich antworte: «Vor unangenehmen Wahrheiten steckst du halt immer den Kopf in den Sand.» Wenn jemand stets kritisiert wird, wird er sich mit der Zeit überlegen, ob er seine Meinung noch äußern soll, und wahrscheinlich wird er dann lieber den Mund halten.

In diese Kategorie passen auch die «wohlmeinenden» Äußerungen wie: «Das meinst du doch nicht wirklich, das sagst du nur so» sowie alle Reaktionsweisen, die auch für den Liebeskiller Nr. 2, die Herabsetzung des Partners, gelten (vgl. Kapitel 3).

Schritt 3: Stellen Sie ein Offenheits-Programm auf. Auch hier kann ich eine spielerische Auseinandersetzung wie schon bei anderen meiner «Rezepte» empfehlen. Sie könnten eine Strichliste mit Plus- und Minuspunkten führen, oder eine entsprechende Kasse einrichten, aus der Sie beide sich nach einer gewissen Zeit einen Wunsch erfüllen können, so daß aus einer «Strafe» eine Belohnung wird. Oder setzen Sie eine bestimmte Zeit pro Tag fest, und wenn es nur fünf Minuten sind, in der Sie sich abwechselnd etwas offen und ehrlich gestehen, ohne daß der andere gleich einen Kommentar dazu gibt. Dies soll er am nächsten Tag, wenn «seine» fünf Minuten dran sind, tun. Sie werden staunen, wie anders es sich anhört als die spontane Offenheit, die Sie sonst als so verletzend empfinden!

Schritt 4: Gerade der spielerische Umgang mit einem Problem kann besonders schwierig sein. Es ist eine Sache, sich vorzunehmen, keine Urteile mehr auf Offenheitsbezeugungen folgen zu lassen, und eine andere, dies auch wirklich zu tun. Ich bin immer wieder erstaunt darüber, wie wenig wir uns selbst bewußt sind, daß unsere Kommentare oft eher in eine Konferenz, eine psychologische Praxis oder gar in einen Gerichtssaal passen als in eine gleichberechtigte Liebesbeziehung.

Die folgende Auflistung kann Ihnen helfen, sich über Ihre eigenen üblichen Sätze klar zu werden: Schrecken diese Ihren Partner ab, oder klingen sie einladend? Fragen Sie zum Beispiel: «Warum ist das nur so wichtig für dich?» Oder: «Wie wichtig ist dir das?»

• Wenn Sie etwas nicht verstehen oder ungerecht finden, was Ihr Partner sagt, bitten Sie ihn, es näher zu erklären und mehr dazu zu sagen.
• Fragen Sie nach Ereignissen, die ein bestimmtes Gefühl ausgelöst haben, und danach, was in der Folge passiert ist.

- Wenn Ihr Partner unzufrieden ist – mit seinem Beruf oder weil die üblichen Alltagspflichten ihn belasten –, dann fragen Sie, wie sehr es ihn belastet. Beeinflußt es sein gesamtes Lebensgefühl? Oder ist es momentaner Frust, der schon weniger wird, wenn man darüber spricht?
- Fragen Sie, was Ihr Partner sich als Reaktion auf seine «Beichte» am liebsten von Ihnen wünscht. Einfach zuhören? Oder könnten Sie etwas tun? Und was möchte er selbst tun?
- Wenn Sie überhaupt einen urteilenden Kommentar abgeben, dann sollten Sie zuallererst Ihrem Partner zeigen, daß Sie seine Offenheit als Vertrauensbeweis schätzen. Warum sagen Sie nicht: »Ich bin froh, daß du mir das sagst«, auch wenn Ihr Partner gesteht, daß er im Moment mit nichts zurechtkommt, und Sie sich eigentlich selbst nach einer starken Schulter sehnen. Übrigens: Gerade mit solchen Sätzen stärken Sie Ihren Partner, Sie fördern seine Offenheit und damit sein Selbstvertrauen!

Schritt 5: Stellen Sie Fragen, anstatt zu kommentieren. Mit Fragen signalisieren Sie Interesse, im Gespräch zu bleiben, es auszudehnen, mehr zu erfahren, kurz: Interesse am anderen. Sie können gar nicht zu viele Fragen stellen. Natürlich nicht im Sinne einer Ausfragerei, sondern als Aufforderung für den anderen, seine Geschichte ganz zu erzählen.

Esther und David erzählten mir von einem Gespräch, das ohne ihre Erkenntnis über gegenseitige Offenheit abgewürgt worden oder in einem Streit eskaliert wäre: Nach einer Nachrichtensendung gab David spontan den Kommentar ab, daß das ganze Land auf den Hund gekommen sei und er eigentlich auch für die Todesstrafe ist. Esther wollte schon ansetzen, ob er, der eingefleischte Demokrat, jetzt etwa einer dieser reaktionären Typen geworden sei, aber sie erinnerte sich an den obersten Leitsatz für den Liebeskiller Nr. 4:

Keine Bestrafung für Offenheit!
Sie sagte also gar nichts, sondern hörte weiter zu. Nach einer Weile fragte David sie, was sie denn zu diesem Thema denke. Sie fragte nach, ob er es wirklich wissen wolle, er bejahte, und dann erklärte sie ihm, was sie selber über die Todesstrafe dachte, urteilte aber nicht über seine Haltung. Die Belohnung folgte auf dem Fuß: Sie kamen in ein Gespräch über Politik und Gott und die Welt, wie sie es lange schon nicht mehr geführt hatten.

Natürlich gehen unsere Gespräche in 99 Prozent der Fälle nicht um Politik, sondern um Privates, um Alltagsdinge, um Freunde und Bekannte. Aber in meiner ganzen Arbeit mit Paaren hat sich gezeigt, daß Offenheit, egal in welchem Bereich sie beginnt, weitere Offenheit nach sich zieht. So kann eine politische Beichte durchaus dazu führen, daß Sie beide das nächste Mal in der gleichen offenen Art über Ihr Sexleben sprechen werden.

Stärkungsmittel Nr. 4:
«Wie du mir, so ich dir ...»

Sie sitzen im Zugabteil und sind mit Ihrem Sitznachbarn ins Gespräch gekommen. Nach einigem belanglosen, aber freundlichen Hin und Her eröffnet Ihnen der Fremde ein persönliches Detail. Wie reagieren Sie? Aller Wahrscheinlichkeit nach werden auch Sie jetzt persönlicher, gehen auf das Angebot ein und steigen aus mit der Erfahrung, daß Sie einem wildfremden Menschen persönliche Dinge von sich offenbart haben, die eigentlich engen Freunden vorbehalten sind.

Das ist vollkommen normal und irgendwie auch unvermeidlich: Sich zu öffnen ist ein Kommunikationsmechanismus, ohne den Annäherung an andere nicht stattfindet. Und wenn Ihr Gegenüber sympathisch ist, die Atmosphäre gelöst und Sie beide gesprächsfreudig – warum nicht persönlich werden? Nähe herzustellen durch Offenheit, die weitere Offenheit nach sich zieht, ist denn auch das ganze Geheimnis, um die Mauer des Schweigens wieder abzureißen, die zwischen Ihnen steht.

In den letzten Kapiteln konnten Sie überprüfen, ob Ihre Beziehung eine solide Basis hat, ob Sie sich emotional verbunden und aufgehoben fühlen. Im nächsten Kapitel geht es darum herauszufinden, ob Ihr Partner bereit und in der Lage ist, Ihre Bedürfnisse zu erfüllen, und wir wollen klären, welche Erwartungen Sie haben.

6

«Was tust du für mich?»

Liebeskiller Nr. 5:
Unerfüllte Bedürfnisse

Frage:
**«Warum muß ich so kämpfen,
damit du meine Bedürfnisse befriedigst?»**

Warum haben Sie sich in Ihren Partner verliebt? Zählen
Sie die Gründe einmal auf und nennen Sie dann diejenigen,
die auch heute noch für Sie zählen. Ist es Großzügigkeit?
Oder sein Familiensinn? Oder sein Humor? Und warum
zählte dies für Sie? Es gefällt mir eben, wenn jemand so ist,
werden Sie wahrscheinlich antworten. Aber dahinter steht
noch mehr: Diese Eigenschaften gefallen Ihnen, weil sie
Ihren Bedürfnissen entgegenkommen, weil dieser Mann zu
versprechen schien, Ihre Bedürfnisse erfüllen zu können.
Sie haben also eine kluge Wahl getroffen und würden sie
vermutlich heute wieder so treffen.

Und trotzdem: Humor als Eigenschaft würden Sie zwar
grundsätzlich immer voraussetzen, aber kann er nicht *einmal* etwas ernst nehmen? Oder andersherum: Ihr Partner

schätzt an Ihnen Ihr berufliches Engagement, aber müssen Sie ihm wirklich jeden brillanten Dialog mit Ihrem Chef wortgetreu nacherzählen? In dieser Situation befinden sich Paare allzuoft, die nach Jahren des Zusammenlebens die Eigenschaften des anderen zwar schätzen und auch brauchen – in diesem Fall also Humor und Ehrgeiz –, die aber dennoch an ihren momentanen Bedürfnissen vorbeigehen. Unerfüllte Bedürfnisse liegen nahezu jedem Streit in einer Beziehung zugrunde! Nehmen wir nur einen alltäglichen Wortwechsel, der uns allen bekannt vorkommen wird, genauer unter die Lupe:

Sie: «Dieses Hemd willst du zu der Hose anziehen?» (Bedürfnis: Ich möchte, daß mein Mann gut aussieht, wenn wir ausgehen.)

Er: «Immer hast du etwas zu kritisieren!» (Bedürfnis: Ich möchte anerkannt werden.)

Sie: «Ich sag dir meine Meinung dazu: Das Hemd paßt doch einfach nicht zu dieser Hose.» (Bedürfnis: Ich möchte sagen können, was mir wichtig ist.)

Er: «Aber ich habe dich nicht um deine Meinung gebeten.» (Bedürfnis: Ich möchte nicht bei allem und jedem deine Meinung dazu hören.)

Sie: «Nun gut, ich will einfach, daß du gut aussiehst.» (Bedürfnis: Ich möchte stolz auf dich sein.)

Er: «Nun gut, aber ich will das nicht hören.» (Bedürfnis: Wenn ich dich bitte, mich mit einer bestimmten Sache in Ruhe zu lassen, möchte ich, daß du das respektierst.)

Sie: «Ich werde doch wohl meine Gefühle äußern dürfen.» (Bedürfnis: In der Beziehung möchte ich so sein können, wie ich bin.)

Er: «Es geht dich aber nichts an, wie ich mich anziehe, das ist meine Sache!» (Bedürfnis: Ich möchte Raum haben in der Beziehung und selbstbestimmt handeln.)

Sie: «So ist das also, dann können wir ja gleich aufhören, überhaupt miteinander zu reden.» (Bedürfnis: Ich möchte über alles mit meinem Partner reden können.)

Wer braucht hier eigentlich was? Wenn wir diesen Dialog als Ganzes ansehen, dann kristallisiert sich bei ihr das Bedürfnis heraus, ihre Meinung offen sagen zu können, und bei ihm, weniger kritisiert zu werden. Dies aber geht unter in einem typischen Beziehungsschlamassel: Am Anfang steht eine ungewollte Kränkung, und der Versuch, sich zu rechtfertigen oder Mißverständnisse aufzuklären, eskaliert im Streit.

Wie Sie das Bedürfnisknäuel entwirren können

Hinter Paarkonflikten stehen letztlich immer unerfüllte Bedürfnisse, habe ich oben gesagt. Und ich will noch weiter gehen: Worum geht es denn wirklich? Warum dieser Kampf, wenn es um Bedürfnisse geht? Eine Reihe von Kommentaren zum Thema «Bedürfnis» habe ich querbeet aus meiner Sammlung von Gesprächsnotizen mit Klienten herausgepickt, die einen repräsentativen Querschnitt davon geben, welche Konflikte mit Bedürfnissen – mit den eigenen wie mit denen des Partners – einhergehen:

«Dieser Kampf, wenn es mal um meine Bedürfnisse geht, ist das Ganze gar nicht wert, da nehme ich mich lieber zurück.» «Am Anfang unserer Beziehung dachte ich, es wäre automatisch so, daß wir uns ergänzen, gerade auch in dem, was wir brauchen. Ich könnte jedesmal verzweifeln, wenn ich bei ihm ins Leere laufe.» «Ich weiß gar nicht, ob all meine Bedürfnisse überhaupt angebracht sind, ob ich ein Recht auf sie habe.» «Entweder kann man sich gegenseitig geben, was man braucht, oder nicht – dann trennt man sich eben.» «Wenn man dem anderen sagt, was man braucht, fühlt er sich herabgesetzt oder hat das Gefühl, er sei nicht gut genug.» «Ich glaube, viele haben einfach zu hohe Ansprüche.» «Eine Beziehung ist doch nicht dazu da, Bedürfnisse zu erfüllen.»

Wenn man zwischen den Zeilen liest, wird zumindest eines schon klar: Wenn es in der Beziehung Konflikte um die Erfüllung von Bedürfnissen gibt, steht eine komplexe Problematik dahinter. Hier gibt es nicht ein Bedürfnis, das speziell in der Paarbeziehung zum Tragen kommt, und ein Fehlverhalten sowie ein Mittel dagegen, sondern vielfältige, meist verquickte Problemlagen. Die folgenden drei Szenen habe ich ausgesucht, weil sich mit ihnen sehr schön zeigen läßt, daß viele Paare Probleme haben, sich gegenseitig die Bedürfnisse zu erfüllen, daß aber diese Probleme ganz unterschiedlich sein können:

Szene 1: Er möchte Sex mit seiner Partnerin haben, und sie sagt fast jedesmal nein. Für ihn ist das natürlich ein Problem, und er sieht auch, daß es ein Paarproblem ist. Darüber hinaus jedoch ist er sich sicher, daß seine Frau ein ganz persönliches Problem hat, das sie dazu bringt, immer nein zu sagen. Sie jedoch verweigert jede Diskussion über dieses Thema.

Szene 2: Die beiden Männer leben jetzt schon zwölf Jahre zusammen. Der eine ist erfolgreicher Graphik-Designer, sein Freund nennt sich Autor, aber er hangelt sich von einem Kleinauftrag zum nächsten. Er müßte einfach mehr verdienen, um das gemeinsame Büro mitzufinanzieren, ist auch offen für Gespräche darüber, fühlt sich jedoch jedesmal angegriffen und in seinen Gefühlen verletzt.

Szene 3: Ein Mann ist mit einer Frau zusammen, die unter Depressionen leidet. Ihre gemeinsamen Freunde stimmen mit ihm überein, daß sie etwas dagegen tun müßte. Er erwartet gar nicht, daß sie die Fröhlichkeit in Person sein soll, aber sie sollte zumindest versuchen, Hilfe in Anspruch zu nehmen. Immer wieder spricht er das Thema an, aber sie weigert sich, auch nur darüber nachzudenken: «Tu endlich was!» – «Laß mich in Ruhe!!» So endet es jedesmal im Streit.

Hier kommen die unterschiedlichsten Konflikte zum Ausdruck, die auf wiederum ganz unterschiedliche Bedürfnisse der jeweiligen Partner zurückgehen, die ich im folgenden gesondert behandle: Zuerst werden Sie anhand der diagnostischen Fragen für sich selbst herausfinden, ob dieser Liebeskiller generell auf Sie zutrifft. Dann werde ich zwölf unterschiedliche Konfliktlagen darstellen, mit jeweils eigener Diagnose und eigenem Rezept.

Diagnose Nr. 5:
Leiden Sie an unerfüllten Bedürfnissen?

In einer Beziehung können nicht alle Bedürfnisse der Partner erfüllt werden, und wir alle leben damit in der Regel ganz gut. Es sei denn, es betrifft Bedürfnisse, die für Sie wirklich wichtig sind. Werden diese Bedürfnisse nicht befriedigt, kann das Ihr Lebensgefühl oder auch Ihre grundsätzliche Auffassung über Beziehung und Zusammenleben beeinträchtigen.

Die folgenden Fragen helfen Ihnen herauszufinden, ob Ihre Enttäuschung die Beziehung so überschattet, daß sie bedroht ist:

1. Würden Sie sagen, daß Sie, aus welchen Gründen auch immer, Ihre Wünsche dem Partner nicht preisgeben, weil Sie fürchten, ihn damit zu belästigen?
   _____ Ja   _____ Nein
2. Hängt von der Erfüllung Ihrer besonderen Bedürfnisse ab, ob Sie die Beziehung als gut oder als belastend emp-

finden? Wenn Ihr Partner Ihre Wünsche erfüllen würde,
wäre für Sie die Beziehung dann glücklich?

____ Ja   ____ Nein

3. Wenn Sie an gemeinsam verbrachte Zeiten oder Momente denken – z. B. beim Einschlafen, beim Spazierengehen, beim Sonntagsfrühstück –, empfinden Sie dann Glück, oder kann auch eine scheinbar schöne, friedliche Zweisamkeit über Ihre Frustration nicht hinwegtäuschen?

____ Ja   ____ Nein

Wenn Sie nur eine dieser drei Fragen mit Ja beantwortet haben, dann müssen Sie einfach leiden: Sie können Ihre Grundbedürfnisse noch nicht einmal Ihrem Partner gegenüber äußern, oder Ihr Frust überschattet Ihre Beziehung, so daß selbst schöne Momente gar nicht mehr als solche wahrgenommen werden können. Wie wollen Sie da glücklich sein können mit Ihrem Partner?

Bevor ich nun die Strategien im einzelnen erläutere, mit deren Hilfe Sie Ihren speziellen Konflikt um Bedürfnisse lösen können, möchte ich Ihnen meine spezielle Negativ-Liste ans Herz legen. Es sind fünf «Todsünden», die Sie, wenn Sie sich etwas von Ihrem Partner wünschen, immer im Kopf haben sollten – nicht nur, weil Sie ihn damit überfordern und auch verletzen können, sondern weil Sie selbst am meisten darunter zu leiden haben, denn Sie stehen sich durch solche Verhaltensweisen selbst im Weg:

FÜNF GRUNDREGELN
FÜR DEN UMGANG MIT BEDÜRFNISSEN

1. Lassen Sie Ihren Partner niemals raten, was Sie wirklich brauchen.

2. Lassen Sie ihn auch nicht raten, *was* er tun soll, wenn er etwas für Sie tun soll.

3. Bestehen Sie niemals darauf, mehrere Wünsche auf einmal erfüllt zu bekommen.

4. Formulieren Sie Ihren Wunsch niemals unfreundlich, als Forderung oder als Vorwurf.
5. Versäumen Sie es nie, Ihrem Partner zu zeigen, daß Sie sich freuen, wenn er etwas für Sie getan hat, auch wenn es in Ihren Augen «nur» ein Versuch und nicht perfekt gewesen ist.

Wenn Sie diese fünf Regeln beachten, bewahren Sie einen kühlen Kopf und achten darauf, wie groß die Wut auf Ihren Partner ist. Denn je vernachlässigter Sie sich von ihm behandelt fühlen, je weniger er etwas für Sie tut, desto mehr kann Ihr Wunsch danach als Angriff zum Ausdruck kommen. Es ist nur natürlich, daß Sie frustriert und voller Ärger sind, aber es ist ebenso natürlich, daß der andere dann nur auf die vermeintliche Attacke reagiert und nicht auf das eigentliche Bedürfnis.

Ihr persönliches Bedürfnis-Muster und welche Beziehungskonflikte sich daraus ergeben

Hier nun die zwölf Arten, wie der Liebeskiller Nr. 5 sich in Ihrer Beziehung äußert. Anders als in den bisherigen Kapiteln habe ich hier jeweils spezifische Abwehrstrategien entwickelt, und jede für sich genommen bringt eine Besserung, auch wenn Sie mehrere verschiedene Symptome für sich diagnostizieren. Lassen Sie sich also nicht entmutigen, sondern befolgen Sie Schritt für Schritt meine «Rezepte».

KONFLIKT NR. 1: ZU HOHE ANSPRÜCHE?

Haben Sie schon einmal überlegt, ob Sie nicht einfach zu viel voneinander erwarten? Wenn mein Mann mir zum Beispiel all seine Bedürfnisse präsentiert, könnte ich sie einfach beim besten Willen nicht erfüllen. Und umgekehrt:

Wenn er sich vernachlässigt fühlt und leidet, weil ich an einem Tag eine Hose trage, die ihm nicht gefällt, und am nächsten Tag das sorgfältig bereitete Essen seiner Meinung nach «achtlos herunterschlinge», dann liegt seine Enttäuschung nicht daran, daß ich ihm seine Wünsche nie erfülle, sondern daran, daß er zu hohe Ansprüche an mich stellt, die mir keine Luft lassen.

Diagnose: Gehen Sie vor wie bei einer Rechenaufgabe: Können Sie die Gelegenheiten, bei denen es um die Bedürfnisse Ihres Partners – oder um Ihre eigenen – geht, kaum zählen? Und äußern Sie bei jeder Gelegenheit fast immer neue «Wünsche»? Wenn das zutrifft, dann ist die Diagnose simpel: Die Ansprüche an den Partner sind zu hoch.

Rezept: Derjenige von Ihnen beiden, der sich über seine Fülle an unbefriedigten Bedürfnissen beklagt, sollte sich diese einmal auflisten und sorgfältig durchlesen. Sind alle Wünsche grundlegend wichtig? Oder könnten einige gestrichen werden? Bedenken Sie, daß Sie sich auf fünf Bedürfnisse konzentrieren sollten, weil sonst die Ansprüche an Ihren Partner zu hoch sind.

Wie Sie sich von Wünschen an den Partner verabschieden können:

Fragen Sie sich, ob Sie damit leben können, wenn ein bestimmtes Bedürfnis nicht befriedigt wird.

Ein Fallbeispiel aus meiner Praxis veranschaulicht, wie leicht dieser Schritt, der Ihnen vielleicht nach Selbstaufgabe klingt und schwer erfüllbar scheint, zu machen ist und welche Belastung damit von beiden Partnern genommen werden kann:

Ein Ehemann leidet darunter, daß seine Frau immer noch alles mögliche in letzter Minute erledigen muß. Ständig muß er auf sie warten, wird nervös und bricht einen Riesenstreit vom Zaun, weil sie nie zum verabredeten Zeitpunkt aufbrechen können. Ich fragte ihn, wie wichtig dieses Bedürfnis nach Pünktlichkeit überhaupt für ihn sei und ob er bereit wäre, die Situation hinzunehmen. Im Verlauf des Gesprächs wurde ihm klar, daß dieses Bedürfnis nicht so wichtig für ihn war. Er fühlte seine Enttäuschung, wenn seine Frau wieder unpünktlich war, zwar immer noch, machte aber daraus kein Beziehungsthema mehr.

KONFLIKT NR. 2:
ANGRIFF STATT WUNSCHÄUSSERUNG

Sie haben ein bestimmtes Bedürfnis und leiden darunter, daß Ihr Partner darauf in keiner Weise eingeht. Das ist aus Ihrer Sicht verständlich. Aber fragen Sie einmal nach der Sicht Ihres Partners: Spürt er hinter Ihrem aufgestauten Frust und Zorn überhaupt, daß es eigentlich eine Kleinigkeit wäre, Ihrem Wunsch nachzugeben? Wenn es immer wieder darum geht, daß er nicht Bescheid sagt, wenn er sich verspäten wird, werfen Sie ihm bei solchen Gelegenheiten inzwischen vor, er sei egoistisch und er könne Sie doch wenigstens anrufen? Ihre Botschaft ist dann nicht: «Ruf mich doch bitte kurz an, ich brauch das einfach», sondern: «Du Egoist!»

Ihr Problem ist, daß Sie selbst eine paradoxe Situation schaffen:

Sie machen so viel Lärm, daß der Partner Sie nicht verstehen kann!

Diagnose: Ist derjenige von Ihnen, der einen Wunsch hat, zu kritisch, zu ärgerlich und aggressiv? Streiten Sie oft um den Ton und die Art und Weise, wie Bedürfnisse zum Ausdruck gebracht werden, und treten dabei die eigentlichen Bedürfnisse in den Hintergrund? Wenn Sie diese drei Fragen bejahen können, dann ist das Problem nicht das Bedürfnis an sich, sondern die Feindseligkeit, die zwischen Ihnen herrscht.

Rezept: Nehmen Sie einen neuen Anlauf und sagen Sie Ihrem Partner, worum es Ihnen geht, ohne daß Sie ihm dabei etwas vorwerfen. Versuchen Sie, jegliche Kritik aus Ihrer Formulierung herauszuhalten. Fragen Sie ihn, ob er verstanden hat, was Sie sich wünschen, und erklären Sie, wie wichtig Ihnen die Sache ist. Fragen Sie ihn auch, ob oder warum es für ihn ein Problem ist, Ihrem Bedürfnis nachzukommen, und wie man es lösen könnte.

Und vergessen Sie nicht: Bevor Sie darauf bestehen, daß Ihr Partner Ihnen ein Bedürfnis befriedigt, das für ihn vielleicht problematisch ist, lesen Sie noch mal den vorigen Abschnitt: Wie wichtig ist die Sache für Sie selbst?

KONFLIKT NR. 3: FREIHEITSFANATIKER

Persönliche Freiheit ist für jeden wichtig, wer würde nicht darauf bestehen? Aber es gibt auch diese «Nur-ich-bestimme-über-mich»-Anhänger, denen überhaupt nicht in den Sinn kommt, daß sie etwas tun sollten, weil jemand anderes es so möchte oder gar nötig hat oder weil es eine Vereinbarung darüber gibt.

Ein geradezu klassischer Vertreter dieser Sorte sagt zum Beispiel: «Niemand sollte sich zu etwas gezwungen fühlen. Ich sehe es gar nicht ein, Abmachungen zu treffen. Warum soll derjenige, der abends zuerst zu Hause ist, kochen? Ich finde, daß der kochen soll, der Lust dazu hat.»

Ich möchte gar nicht behaupten, daß so jemand besonders problematisch oder gar aggressiv wirkt. Im Gegenteil, oft sind es interessante Menschen, freundlich und sehr charmant. Doch sie können Sie in aller Ruhe so auf die Palme bringen, daß Sie aggressiv werden!

Diagnose: Sagt Ihr Partner Dinge wie: «Warum sollte ich...», «Es soll doch kein Zwang sein...», «Warum machst du selbst nicht...», «Lassen wir es einfach auf uns zukommen...»? Versucht Ihr Partner Ihnen ein Bedürfnis auszureden? «Vergißt» er einmal getroffene Abmachungen über kurz oder lang wieder? Dann haben Sie es mit einem Freiheits-Anhänger zu tun!

Rezept: Die Konflikte um Bedürfnisse, die Sie in einer solchen Konstellation haben, erfordern einiges von Ihnen. Zunächst einmal sollten Sie selbst Ihre Erwartungen an den anderen auf ein Minimum herunterschrauben. Bestehen Sie aber auf den für Sie wirklich wichtigen Dingen. Das tun Sie am besten, indem Sie an die Fairneß des Partners appellieren. Zum Beispiel: «Findest du es gerecht, daß ich...?», oder andersherum: «Ist es nicht unfair, daß...?». Vermeiden Sie auf jeden Fall jede Heftigkeit – der andere würde sich nur gefangen fühlen –, aber bleiben Sie trotzdem konsequent. Er muß das Gefühl entwickeln, aus freier Entscheidung heraus etwas für Sie zu tun, und die Erfahrung machen, damit besser zu fahren, als wenn er es nicht täte. Also sparen Sie auch nicht mit «Belohnungen». Und: Erwarten Sie nicht zu viel.

KONFLIKT NR. 4: TATSACHEN ODER EINBILDUNG?

Als Kind haben Sie sicherlich die Situation erlebt, daß Ihre Mutter sagte: «Räum endlich dein Zimmer auf, es ist ein einziges Chaos!» und Sie gaben zurück: «Warum? Ich hab doch aufgeräumt!» In einer Liebesbeziehung herrscht das gleiche Muster, jetzt hört es sich so an: «Wir müssen mehr miteinander reden.» Antwort: «Warum? Wir reden doch so viel!»

Merken Sie, wo das Problem liegt? Die Antwort müßte lauten: «Ich möchte aber nicht.» Statt dessen bekommen Sie eine Antwort, die den Grund Ihres Wunsches leugnet

133

(«Das Zimmer ist kein Chaos») oder besagt, daß er doch längst erfüllt sei («Wir reden genug»).

Ich erinnere mich an einen Fall aus meiner Praxis, wo ein Ehemann offensichtlich unter großem Streß stand. Seine Frau wollte, daß er irgend etwas zu seiner Entspannung unternimmt, weil sie nicht mit einem Partner leben wollte, der so unter Dauerstreß stand. Er widersprach ihr heftig: Erstens sei er überhaupt nicht gestreßt, und zweitens mache er doch längst schon diese Yogaübungen zum Abschalten. Das war gleich ein zweifacher Angriff auf den Realitätssinn seiner Frau.

Diagnose: Leugnet Ihr Partner den Grund Ihrer Unzufriedenheit ab, behauptet er, er sei doch schon längst im Begriff, etwas zu tun? Wenn ja, befinden Sie beide sich in einem Konkurrenzkampf um Ihren Sinn für Realitäten.

Rezept: Hier sind zwei Schritte notwendig. Erst einmal dürfen Sie sich nicht an Worten aufhängen. Der Ehemann, von dem ich berichtete, mag zwar leugnen, daß er unter Streß leidet, aber leugnen, daß er am Wochenende unfähig ist, etwas zu unternehmen, und unter Depressionen leidet wegen seines, wie er sich beklagt, sinnentleerten Lebens, kann er nicht. Also wird seine Frau ihn erreichen können, indem sie sagt, sie wünschte sich, daß er wieder mehr Energie und Freude am Leben bekäme.

Streiten Sie nicht um Worte, sondern malen Sie konkret aus, was Ihr Wunsch an Veränderungen bedeutet.

Der zweite Schritt geht um die Einigung zwischen Ihnen, ob das Bedürfnis des einen Partners überhaupt eine berechtigte Grundlage hat. Wie in dem Fall eines Paares in den Sechzigern, denen ich empfohlen habe, eine dritte, kompetente Person zu Rate zu ziehen: Der Ehemann wollte nicht nur alle drei oder vier Monate mit seiner Frau Sex haben und bestand darauf, daß er das brauche. Seine Frau hielt ihm entgegen, daß das gar nicht sein könnte, denn Leute in ihrem Alter hätten dieses sexuelle Bedürfnis überhaupt nicht mehr. Er schlug ihr vor, gemeinsam ihre Gynäkologin aufzusuchen und dieses Thema mit ihr zu besprechen, und sie war einverstanden. Sie gewann die Einsicht, daß der Wunsch ihres Partners vollkommen berechtigt war und daß der Grad der Libido gar nichts mit Alter zu tun hatte.

Ein solcher Schiedsspruch bedeutet natürlich nicht automatisch, daß das Bedürfnis in vollem Umfang erfüllt wird. Aber das zermürbende Streitthema des Paares war vom Tisch: Sie respektierte sein Bedürfnis, und über seine Erleichterung darüber entstand eine neue Nähe zwischen dem Paar, die auch die gemeinsame Sexualität wieder aufleben ließ.

KONFLIKT NR. 5: AUF SCHLINGERKURS

Jetzt kommen wir zu dem häufigsten Beziehungskonflikt, wenn es um Bedürfnisse geht. Zuerst einmal: Ein Bedürfnis sollte präzise sein. Und ebenso der mögliche Weg, es zu befriedigen. Sie befinden sich auf Schlingerkurs,

- wenn Sie an einem Tag etwas einfordern und es am nächsten Tag als unwichtig abtun;
- wenn Sie ständig neue Bedürfnisse äußern;
- wenn Sie immer nur über Lösungswege diskutieren, ohne daß konkrete Vorschläge gemacht werden;
- wenn Sie beide zwar Vorschläge machen, sich aber nie einigen können – nach dem Motto: Wir sollten/wir könnten…;
- wenn Sie eine konkrete Abmachung getroffen haben und sich aber später herausstellt, daß Sie sich das in der Praxis ganz anders vorgestellt hatten;
- wenn einer von Ihnen sich nicht an die Abmachung hält.

135

Einiges davon werden Sie sicherlich aus eigener Erfahrung kennen: Sie kennen Ihre Bedürfnisse und die Ihres Partners und Sie wissen, daß es durchaus Wege gibt, diese zu befriedigen, doch finden Sie keine Lösungsmöglichkeit.

Diagnose: An diesem Gefühl, keine solide Grundlage zu haben, um Wünschen mit Hilfe konkreter Abmachungen nachzukommen, setzt die Diagnose an. Wenn Sie sich im Prinzip sowohl über die Art Ihrer Wünsche als auch über Lösungswege im klaren sind, aber nicht wirklich auf eine Lösung zusteuern, dann stecken Sie in diesem Konflikt fest.

Rezept: Ich habe immer wieder mit Paaren zu tun, denen mein Lösungsweg anfänglich nicht behagt, aber ich will daran festhalten, und die guten Erfahrungen damit geben mir recht. Also schrecken Sie nicht zurück, wenn ich Sie jetzt bitte, Papier und Bleistift zur Hand zu nehmen und folgendes zu tun:

1. Wenn Sie einen Wunsch haben, setzen Sie sich mit Ihrem Partner zusammen und machen Sie eine Art Protokoll: Datum, Thema, Ergebnis des ersten Gesprächs, Termin für das nächste. Mary zum Beispiel schreibt: «2. Mai: Habe mit John darüber gesprochen, daß wir dringend eine neue Küche brauchen. Er will es sich durch den Kopf gehen lassen. In vier Wochen sprechen wir wieder darüber.»
2. Plazieren Sie einen Zettel mit dem Datum an die bewährten Plätze: an eine Pinwand, am Kühlschrank, im Bad.
3. Bei Ihrer zweiten Besprechung führen Sie das Protokoll fort und beginnen genau dort, wo Sie das erste Mal stehengeblieben sind. Frage an John: «Und, was denkst du über die Anschaffung einer neuen Küche?» Es kann

sein, daß nun neue Gründe, die vielleicht auch dagegen sprechen, auftauchen, zum Beispiel, daß er das Geld, das Sie beide dafür veranschlagt haben, lieber doch für etwas anderes investieren möchte. Hier können Sie jetzt einen Kompromiß machen und ein Limit protokollieren. Vertagen Sie sich dann erneut.

4. Gucken Sie sich bis zu Ihrem nächsten Termin um, ob die angesetzte Summe realistisch ist, besorgen Sie sich Musterprospekte oder ähnliches und bereiten Sie eine konkrete Entscheidung vor.

Dieses Protokoll läßt sich beliebig weiterführen. Sie kommen auf diese Weise der Realisierung Stück für Stück näher. Halten Sie aber nur die Punkte fest, auf die Sie beide sich geeinigt haben.

Konflikt Nr. 6: «...und Ende der Diskussion!»

Bei diesem Konflikt kommt es gar nicht erst zu einem Gespräch über entgegengesetzte Bedürfnisse, sondern ein Partner sagt dem anderen mehr oder weniger offen: «Ich will darüber nicht reden.» Das ist etwas anderes, als wenn er sagte: «Das, was du willst, will ich aber nicht.» Nehmen wir zum Beispiel an, Sie reden über den nächsten Urlaub, und Ihr Wunsch ist es, einmal ganz woanders als sonst hinzufahren. Ihr Partner entgegnet daraufhin: «Schatz, die Idee, einen ganzen Urlaub lang in den staubigen Straßen Italiens von einem langweiligen Museum zum nächsten zu ziehen, finde ich entsetzlich!» Jetzt können Sie ihn aufklären, umstimmen, was auch immer. Wenn er allerdings antwortet: «Wir fahren wieder an diese Bucht, Ende der Diskussion!» liegen die Dinge ganz anders. Er weigert sich schlicht, überhaupt über das Thema zu reden.

Damit dürfen Sie sich auf keinen Fall abfinden. Das wäre ein sicherer Weg, Ihrer Beziehung den Rest zu geben. Nicht einer Meinung zu sein kann und muß jede Beziehung in gewissen Punkten aushalten, aber keine Beziehung hat Bestand, in der die Partner nicht bereit sind, über verschiedene Meinungen zu diskutieren. Dem Partner quasi den Mund zu verbieten entzieht einer Beziehung die Basis.

Diagnose: Auch wenn Ihr Partner dies nicht ausdrücklich so formuliert: Führen seine Reaktionen dazu, daß Sie Ihre Wünsche schnell wieder fallenlassen oder gar nicht erst zur Sprache bringen? Haben Sie das Gefühl, Sie müßten Ihren Partner um Erlaubnis fragen, über ein bestimmtes Thema zu reden?

Rezept: Wenn Sie die Fragen mit ja beantworten, dann müssen Sie, um Ihre Beziehung wieder ins Gleichgewicht zu bringen, dem autoritären Verhalten Ihres Partners entschieden entgegentreten. Dies können Sie in drei Schritten tun:

1. Konfrontieren Sie Ihren Partner mit seinem Verhalten: Sagen Sie zum Beispiel, daß er es Ihnen sehr schwer macht, über das Thema zu reden, daß Sie aber darauf bestehen, weil es andernfalls als ungeklärte Sache zwischen Ihnen stehe, was Ihrer Beziehung alles andere als guttäte.
2. Appellieren Sie an seinen Sinn für Gleichberechtigung: Packen Sie Ihren Partner bei seiner Ehre und fragen Sie beispielsweise: «Findest du es nicht einfach nur fair, wenn ich das gleiche Recht habe wie du, meine Meinung zu sagen, und wenn wir das gemeinsam bereden können?»
3. Bleiben Sie bei der Sache. Dies meine ich in zweifacher Hinsicht: Insistieren Sie auf Ihrem Wunsch und verlieren Sie ihn dabei nicht aus den Augen. Also: Auch wenn Ihr Partner wiederholt: «Ich will aber nicht darüber reden», bleiben Sie hart! Sie wollen es, und es ist wichtig genug für Sie, Ihrem Partner das deutlich zu machen. Wenn Sie allerdings merken, daß es Ihnen

selbst gar nicht so sehr um die Sache geht, sondern darum, etwas durchzukämpfen, dann sollten Sie selbst Ihr Bedürfnis vom Tisch nehmen. Auch das wäre nur fair. Aber lassen Sie Ihren Partner den Grund dafür wissen: Sie beugen sich nicht irgendeiner autoritären Geste, sondern handeln selbstbestimmt.

KONFLIKT NR. 7: SO TUN, ALS OB NICHT...

Früher glaubte ich, daß vor allem Frauen ihre Bedürfnisse drosseln, Sie wissen schon – weil Frauen ja so schüchtern sind und so lieb und so unproblematisch... Aber Männer können das genauso gut: tiefstapeln, sich zurücknehmen, um keinen Ärger zu bekommen. Genau aus dieser Haltung heraus entsteht jedoch Ihr Konflikt, weil der eine im unklaren darüber gelassen wird, wie drängend ein Wunsch des anderen in Wirklichkeit ist.

Dieses Verhalten ist das Gegenteil des «Konflikts Nr. 2», des Angriffes statt einer Wunschäußerung, es ruft jedoch denselben Effekt hervor: Während Sie aufgrund Ihrer geballten Wut dem Partner letztlich keine Chance geben, Ihren eigentlichen Wunsch wahrzunehmen, kann er jetzt Ihren Wunsch nicht wirklich wahrnehmen, weil Sie so tun, als gäbe es ihn eigentlich nicht oder als sei er nicht so wichtig.

Ungezählte Male habe ich folgende Szene mit Paaren erlebt, die zu mir in Therapie kamen: Ein Partner beklagt sich heftig, daß er immer zu kurz komme und es nie um seine Bedürfnisse gehe, während der andere ungläubig protestiert: Er habe keine Ahnung, von welchen Bedürfnissen die Rede sei, wisse ja nicht einmal, daß diese Bedürfnisse überhaupt existieren...! Um auszuschließen, daß letzterer «der Böse» ist, der einfach nicht zuhört, schlage ich dann folgende Übung vor: Der Partner, der sich vernachlässigt fühlt, soll einfach einmal ein entsprechendes Bedürfnis an den Partner herantragen. Und was passiert? Es kommt eine Formulierung wie: «Ich fände es ganz nett, wenn du irgendwann vielleicht mal...»

Noch vor wenigen Minuten war er oder sie bereit, wegen dieser «ganz netten» Sache die Beziehung aufzugeben, und jetzt wird quasi alles zurückgenommen. Wie soll der Partner die Dringlichkeit des Anliegens erkennen, wenn es nur heißt «würde», «hätte gern», «irgendwann», «vielleicht»?

Wenn Sie die Feuerwehr alarmieren, weil es brennt, sagen Sie klipp und klar, daß es brennt, und nicht, daß sich irgendwie eine übermäßige Hitzeentwicklung ausbreitet.

Diagnose: Abgesehen von den oben bereits aufgezählten Wörtern – benutzt Ihr Partner, wenn er ein Bedürfnis hat, auch Formulierungen wie: «Was meinst du dazu...», «Das Paar XY macht übrigens das und das...», «Weißt du, eigentlich frage ich mich...» und dergleichen? Und wenn Sie in dieser Rolle sind: Hören Sie sich solche Sätze vielleicht selbst sagen und ist Ihnen aufgefallen, daß Ihr Partner immer wieder sagt: «Ich wußte gar nicht, daß...»?

Rezept: Es ist eigentlich ganz einfach: Denken Sie sich eine Skala von 1 bis 10, von «unwichtig» bis «unbedingt». Überlegen Sie bei Ihrem Wunsch – zum Beispiel, daß Ihr Partner mehr im Haushalt helfen soll –, wo auf der Skala Sie ihn ansiedeln, und lassen Sie es Ihren Partner wissen: ob es «ganz nett» wäre (d.h., er muß es nicht) oder ob es «brennt» (d.h., er muß, Sie brauchen es wirklich)!

KONFLIKT NR. 8: KONSTRUIERTE HINDERNISSE

Sich selbst den Rücken freihalten, indem man dem anderen Stolpersteine in den Weg legt: So könnte man die Methode umschreiben, nach der der Konflikt Nr. 8 um Bedürfnisse ausgetragen wird. Hier geht es nicht darum, daß einer bestimmte Wünsche nicht erfüllen kann oder möchte, sondern es ist eine Methode, generell abzublocken und den anderen quasi lahmzulegen – egal, um was es geht. Sie werden das Ohnmachtsgefühl kennen, wenn Sie davon betroffen sind. Der «Verweigerer» findet zum Beispiel immer gute Gründe, um auf eine Bitte folgendermaßen zu reagieren:

Sie haben kaum angefangen zu sprechen, da fährt er Ihnen ins Wort: «Ich kann jetzt gerade nicht zuhören.» Oder: «Was? Schon wieder möchtest du etwas?»
Nachdem Sie gesagt haben, worum es geht: «Wie kommst du nur auf so etwas?» Oder: «Machst du dir eigentlich eine Vorstellung davon, was das für mich bedeuten würde!?»
Wenn Sie glauben, Sie hätten sich geeinigt, folgen Mißverständnisse oder «Blackouts»: «Das habe ich ganz anders verstanden...» Oder: «Wie kann ich das nur immer vergessen!»

Der Partner, der auf diese Weise reagiert, scheint schwer angreifbar, und zudem schafft er – und das ist letztlich ausschlaggebend für diesen Konflikt – ein Ungleichgewicht zwischen Ihnen beiden. Sie haben recht, sich stets vernachlässigt zu fühlen. Wie folgender Mann, der über einen ständigen Kampf mit seiner Frau berichtete, den aber nur er als belastend empfand:
«Ich bin gut genug, Geld zu verdienen. Und solange ich ansonsten den Mund halte, ist alles wunderbar. Aber wenn ich mal etwas möchte, ein Wochenende wegfahren oder Freunde zum Essen einladen oder eine besondere Anschaffung machen – egal was, macht sie ein Riesentheater daraus, und nie bin ich der Gewinner. Für sie ist das alles kein Problem, sie sagt es sogar: ‹Es geht uns doch gut, worüber beklagst du dich? Ich brauche das jedenfalls nicht, um glücklich zu sein. Warum dann du?›»
Seine Partnerin blockt auf eine zweifache Weise die Be-

dürfnisse ab: Erstens entfacht sie um den kleinsten Wunsch einen Konflikt, und zweitens legt sie ihre eigene «Bedürfnislosigkeit» («Warum bist du immer/schon wieder unzufrieden? Es ist doch alles in Ordnung?») als Richtschnur für beiderseitiges Zufriedensein an.

Diagnose: Leidet Ihre Beziehung unter dieser speziellen Destruktivität Ihres Partners? Dann werden Sie vermutlich immer wieder bei Freunden sitzen und die Gründe aufzählen, weshalb Sie unglücklich in Ihrer Beziehung sind. Und wenn jemand Vertrauter Sie auffordert, das doch offen mit Ihrem Partner zu bereden, winken Sie ab: Das sei die ganze Sache doch nicht wert, dieses Theater und diese Probleme, wenn es mal um Sie ginge...

Rezept: Das Ungleichgewicht zwischen Partnern, bei denen einer immer den kürzeren zieht, entsteht nach einem bestimmten destruktiven Muster (Hindernisse aufbauen und zusätzlich das Bedürfnis an sich in Frage stellen), das den Schlüssel bietet, um diesem Konflikt beizukommen: Sie müssen Ihren Partner damit konfrontieren. Sagen Sie offen: «Du bist destruktiv, du blockst alles, was meine Bedürfnisse betrifft, ab.»

Der Betreffende wird vermutlich auch dies abblocken und sagen, daß Sie zu anspruchsvoll sind oder Ihre Wünsche unrealistisch, daß man schließlich nicht alles haben könne und im Grunde doch alles in Ordnung sei. Um den anderen zu überzeugen, daß genau diese Art zu reagieren seine «Masche» ist, müssen Sie, auch wenn es Ihnen schwerfällt, wieder zu Papier und Bleistift greifen. Halten Sie jedesmal, wenn es um ein Bedürfnis von Ihnen geht, fest, was dann passiert. Machen Sie das so lange, bis Sie das destruktive Muster – alle möglichen Wünsche betreffend – ausreichend dokumentiert haben.

Das soll keine «Anklageschrift» sein, sondern ein Weg,

mit dem Sie jeden, der nur eine Spur von Fairneß besitzt, davon überzeugen können, daß hier tatsächlich ein Muster vorliegt. Und: Sie tun das nicht, um über den anderen zu triumphieren, sondern um Ihre Beziehung zu retten.

KONFLIKT NR. 9: BRETT VOR DEM KOPF?

Es passiert gar nicht so selten, daß zwei intelligente, sprachmächtige Partner Konflikte über Bedürfnisse austragen, weil die Kommunikation schiefläuft: Der eine klagt etwas ganz Bestimmtes ein, und der andere versteht überhaupt nicht, worum es eigentlich geht. Diese Paare kommen mir immer vor wie Verdurstende in der Wüste, die sich nur herumdrehen müßten, um die greifbar nahe Oase zu entdecken.

Da gab es zum Beispiel den Fall einer Frau, die entschlossen war, sich scheiden zu lassen, aber gemeinsam mit ihrem Partner zu mir zur Beratung kam, bevor sie einen Anwalt konsultieren wollte. Sie litt, wie sie sagte, ganz furchtbar darunter, daß ihr Mann weder Wärme noch Leidenschaft oder Romantik kenne: «Immer und immer wieder habe ich es ihm gesagt!» Mir fiel bei dem dann folgenden Gespräch auf, daß ihr Mann überzeugt davon war, daß das Problem für seine Frau sei, wie er war, und nicht, wie er sich verhielt oder was er konkret tat. Seine Frau beschrieb zwar sein Verhalten, äußerte ihre Wünsche an ihn jedoch nicht konkret.

Ich stellte eine einfache Frage: «Was würde Mark denn tun, wenn er so gefühlvoll und romantisch wäre, wie Sie es sich wünschten?»

Die beiden blickten mich verblüfft an. Als sie ansetzte und alles mögliche aufzählte, dabei aber weiterhin beschrieb, wie er *sein* sollte, unterbrach ich sie: «Ich meine das ganz konkret: Nehmen Sie zum Beispiel ‹gefühlvoll›: Wie verhält er sich dann?» Sie zögerte eine Weile, überlegte und sagte dann: «Zum Beispiel würde er mich mal

143

berühren, wenn wir reden, oder beim Spazierengehen meine Hand nehmen.»

Ich wendete mich an Mark und fragte: «Ist das ein Problem für Sie? Könnten Sie das tun?»

«Aber natürlich!»

Wie bitte? Es traf die beiden wie ein Blitz, könnte man sagen. Ihr Problem löste sich in Luft auf, weil sie konkretisiert hatte, was sie will, und er nicht mehr im dunkeln tappte.

Diagnose und Rezept: Bei diesem Konflikt gehen Erkenntnis und Lösung Hand in Hand. Wenn Sie einen Wunsch an den Partner haben, überlegen Sie, ob er ein konkretes Handeln beinhaltet und welches das sein könnte. Erst dann tragen Sie diesen Wunsch an ihn heran und sagen ihm, was Sie sich konkret erhoffen – keine Zweideutigkeiten, keine Allgemeinheiten!

Mit einem zweiten Beispiel möchte ich Ihnen veranschaulichen, wie einfach diese Lösung tatsächlich ist und welche Erleichterung sie für beide Partner bedeutet: Ein Mann beklagt sich, daß er sich «nicht geliebt» fühlt, und bekommt die Antwort: «Na ja, wenn du's mir nicht glaubst...» – «Klassischer Fall von: Ich versteh dich nicht!» Mit dem «Rezept» im Kopf nahm er einen neuen Anlauf und erklärte konkret: «Es fehlt mir zum Beispiel, daß du mich zwischendurch mal fragst, wie es mir geht, und mir dann zuhörst.» Für seine Frau war das kein Problem.

Konflikt Nr. 10:
Auf halber Strecke stehenbleiben

Auch bei diesem Konflikt geht es um Kommunikation. Hier liegen die Dinge jedoch tiefer, hier geht es um oft sehr konkrete Vorstellungen der Partner, die so verschieden oder konträr sind, daß eine Einigung nicht möglich scheint. Wie sollen zum Beispiel John und Mary gemeinsam Urlaub machen, wenn er nichts weiter als am Strand liegen und lesen möchte, während sie Kultur und interessante Erlebnisse will?

Sie müßten eigentlich nichts weiter tun, als sich viel Zeit nehmen, um einen Ort zu finden, an dem beides möglich ist, denn es gibt diese Orte. Wenn John und Mary jedoch damit zu kämpfen haben, daß sie schnell resignieren, und ihre gemeinsamen Pläne nicht verwirklichen, weil sie «eben so verschieden» sind, dann finden sie diesen Ort nicht. Entweder fahren sie dann jeder für sich in Urlaub (so bleibt das Bedürfnis von beiden, gemeinsam zu fahren, auf der Strecke), oder einer steckt zurück (dann liegt der Frust «nur» bei einem).

Diagnose: Sagt einer von Ihnen beiden relativ schnell, wenn Sie über ein Problem reden und einen Kompromiß finden müssen, «na gut, dann lassen wir das ganz» oder «wenn du nicht willst, dann eben nicht»? Dann haben Sie sich nicht geeinigt, sondern die Diskussion einfach abgebrochen.

Rezept: Zuerst einmal brauchen Sie einen längeren Atem: Reden Sie ausführlicher miteinander, gehen Sie den Einwänden Ihres Partners mehr auf den Grund, fragen Sie nach! Und fragen Sie auch nach Ihrer eigenen Motivation. Was steht hinter Ihrem Wunsch?

Nehmen wir als Beispiel den Fall, daß Sie statt eines gemeinsamen Kontos lieber getrennte Konten hätten, Ihr Partner das aber überflüssig findet. Nach kurzem Hin und Her haben Sie genug: «Dann eben nicht...» Aber zufrieden sind Sie nicht, unterschwellig sind Sie frustriert: Nie können Sie sich gegen Ihren Partner durchsetzen.

Haben Sie sich gefragt, warum Sie ein eigenes Konto möchten? Könnte es sein, daß Sie sich von Ihrem Partner kontrolliert fühlen, oder haben Sie in einer früheren Beziehung schlechte Erfahrungen gemacht, oder brauchen Sie es einfach für das Gefühl, auf eigenen Füßen stehen zu können? Sie werden Gründe haben, und diese Gründe sollten Sie Ihrem Partner mitteilen. Und forschen Sie auch bei ihm nach: Glaubt er, das könnte ein Anzeichen von Mißtrauen sein? Eine Aufkündigung von Gemeinsamkeiten? Hat er vielleicht schlechte Erfahrungen gemacht, hat seine vorige Partnerin ein eigenes Konto gewollt und sich dann von ihm getrennt, war diese Aktion ein Warnschuß, den er überhört hat?

Anstatt also auf halber Strecke stehenzubleiben, forschen Sie nach den Beweggründen für bestimmte Bedürfnisse, die unvereinbar scheinen. Oft stellt sich heraus, daß es sich dabei um Ängste handelt, die sich auflösen können, wenn das Thema erst einmal auf dem Tisch ist und ausgesprochen – und durchgesprochen wird.

KONFLIKT NR. 11: KEIN KOMPROMISS IN SICHT?

Manche Paare kommen auf keinen grünen Zweig, obwohl sie ihr Thema wie oben beschrieben gründlich durchgesprochen haben. Beide haben ernstzunehmende Gründe, auf ihren konträren Bedürfnissen zu bestehen, sie stecken fest. So wie Joan und David: Er hat von seinem Vater mitten im alten Teil von Boston ein kleines, aber wunderschönes Haus geerbt, wo er selbst aufgewachsen ist und in das er so schnell wie möglich mit Joan und den Kindern einziehen möchte. Sie hingegen will unbedingt raus aus der Stadt, sie braucht Platz, das Land, die Ruhe, und vor allem will sie, daß ihre Kinder nicht in die öffentliche Schule gehen müssen, sondern in eine der neuen privaten Vorstadtschulen. Frank sagt sich, ihm selbst hat das alles nicht geschadet, im Gegenteil, warum soll das für seine Kinder schlecht sein.

Sie liegen sich buchstäblich in den Haaren. Es gibt keinen Mittelweg.

Diagnose: Wenn Sie das Gefühl haben, der Preis, den Sie dafür zahlen müssen, von einem bestimmten Bedürfnis Abschied zu nehmen, sei zu hoch, dann stecken Sie tatsächlich fest. Wieder und wieder versuchen Sie den anderen zu überzeugen, Sie beknien ihn, Sie bieten alles auf – umsonst.

Rezept: Sie streiten nur noch, denken sogar an Trennung, es geht nichts mehr vorwärts. Jetzt müssen Sie einen Umweg einschlagen. Wahrscheinlich überrascht es Sie, aber bei diesem Konflikt rate ich Ihnen, das Thema einmal bewußt aus den Augen zu verlieren. Versuchen Sie nicht mehr, sich zu einigen, wenn Sie darüber reden, sondern lassen Sie den anderen jeweils erzählen und hören Sie zu. Und vertagen Sie eine Entscheidung für eine bestimmte Zeit.

Joan und David gelang es auf diese Weise, das Gefühl zu verlieren, bei ihrer Entscheidung ginge es um Gewinner oder Verlierer. Sie setzten sich die Frist von einem Jahr. Nach und nach stellte sich heraus – in vielen vielen Gesprächen, auch im Erfahrungsaustausch mit Freunden –, daß Frank einfach die besseren Argumente hatte: Ihr gemeinsamer Freundeskreis war in der Stadt, er würde jeden Tag im Stau stehen, wenn er vom Land in die Stadt zur Arbeit fahren müßte, und ihr soziales Leben in der Vorstadt wäre vergleichsweise öde, und: Er war ernsthaft bereit, lieber auf Joan zu verzichten, als auf das ihm verhaßte Land zu ziehen.

Joan gab nach. Es fiel ihr nicht leicht, aber der Gedanke an Trennung machte ihr klar, daß sie das noch weniger wollte, als in der Stadt zu wohnen. Sie mußte sich einfach den Tatsachen beugen. Das tat sie jedoch nicht in dem Gefühl, Verliererin in einem Machtkampf zu sein. David hatte zwar seinen Wunsch durchgesetzt, aber er hat ihr in diesem einen Jahr zugehört und sie ernst genommen – und er hat die Beziehung ernst genommen, denn er wußte, wenn er jetzt nachgab, um Joan einen Gefallen zu tun, würde er es sich nicht verzeihen können, womit er Joan letztlich keinen Gefallen getan hätte: Das hätte die Beziehung nicht überstanden.

KONFLIKT NR. 12: EINE FRAGE DER FORM

Eine Beziehung ist eigentlich nicht der Ort für Formsachen. Aber ich selbst habe die Erfahrung gemacht, daß gewisse Äußerlichkeiten manchmal den Ausschlag geben bei Verhandlungen, und habe von dieser Erfahrung auch in meiner Ehe profitiert:

Als ich eine Gehaltserhöhung in meinem ersten Job wollte und ich einem Kollegen erzählte, wie ich mit dem Chef darüber verhandeln würde – Klartext, nicht lange drumrumreden, nicht zuviel lächeln, damit er mich ernst nimmt –, warnte er mich: Damit würde ich auf Granit beißen, am besten machte ich erst einmal Smalltalk und wartete ab, bis er das Thema anschneide, er sei nun einmal so … Mein Kollege hatte recht, und mir war das eine Lehre. Jeder Mensch ist nach einem bestimmten Muster gestrickt, und wenn ich etwas von ihm möchte, fahre ich am besten, wenn ich Eigenarten oder Vorlieben berücksichtige. Das ist keine Selbstverleugnung oder gar unlautere Taktik, das ist Menschenkenntnis. Und zeugt nicht zuletzt von Respekt.

Diagnose: Wenn Ihr Partner einfach nicht dazu zu bewegen ist, Ihr Bedürfnis zu erfüllen, obwohl Sie sicher sind, daß er weiß, was Sie meinen, und daß es eigentlich ein Leichtes für ihn wäre – dann ist Ihr Konflikt vermutlich eine sogenannte «reine Formsache».

Rezept: Sie müssen einfach auf den richtigen Knopf drük-ken. Wenn Ihr Partner den nicht kennt, beschriften Sie ihn. Das bedeutet, daß Sie Ihrem Partner zum Beispiel sagen, daß Sie dahinschmelzen und alles für ihn tun würden, wenn er Sie in den Arm nimmt, während er Ihnen sagt, was er möchte. Oder wenn er dies verbindet mit einer Einladung ins Restaurant, in das Sie schon seit langem gehen möchten. Das ganze Geheimnis hierbei ist, daß der eine um etwas bittet, während er gleichzeitig anbietet, auch etwas für den anderen zu tun – und sei es auch nur in Form einer kleinen Geste.

Stärkungsmittel Nr. 5:
Guten Willen zeigen

Es ist für kein Paar angenehm offenzulegen, welche Bedürfnisse jeweils zu kurz kommen. Man ist ja schließlich zusammen, weil man wunderbar zusammenpaßt, weil man sich in wesentlichen Dingen ergänzt. Es dürfte ja gar nicht sein, daß so vieles nicht zusammenpaßt – solche Ängste blockieren viele Paare, offen mit Konflikten umzugehen, und es sind immerhin zwölf verschiedene, die ich Ihnen hier vor Augen geführt habe! Wenn es ein Allheilmittel dafür gibt, ein Mittel, das jedem von uns zur Verfügung steht, dann ist es die Bereitschaft, für den anderen etwas zu tun!

Schon ein Versuch kann Wunder wirken: Zeigen Sie guten Willen. Jeder gute Liebhaber beweist seine Liebe, indem er etwas für seine Angebetete tut: Das ist in allen Märchen, Sagen und Geschichten so, und es ist auch so in der Realität. Daß sich Paare jeden Wunsch von den Augen ablesen, sich gegenseitig jeden Wunsch der Welt erfüllen, mag zwar klischeehaft und romantisch klingen – aber kennen Sie ein Liebespaar, das nicht am Anfang der Verliebtheit unglaublich romantische Dinge tut, großzügig, selbstlos, nur für den anderen? Versuchen Sie, sich etwas davon auch in Ihre vielleicht schon langjährige Beziehung hinüberzuretten. Spielen Sie zum Beispiel das Spiel: «Wenn du drei Wünsche an mich hättest…» Zum Aufwärmen in jeder Hinsicht.

Damit kommen wir zum nächsten großen Thema, nachdem Sie die Basis Ihrer Beziehung, die Sie mit Hilfe der ersten fünf Themen für sich überprüft haben, gegebenenfalls festigen konnten: Ihr Liebesleben.

7

Sexualität heilen

Liebeskiller Nr. 6:
Unerfüllte Sexualität

Frage:
**Haben Sie eine positive Einstellung
zum Sex?**

Eine wunderbare Beziehung zu haben ist nicht an die Be-
dingung geknüpft, daß auch der Sex immer perfekt und
schön sein muß. Wenn aber zutrifft, daß Sie Ihr Liebesleben generell «langweilig» finden oder es gar nicht mehr
stattfindet, geht das an der Beziehung als solcher nicht
spurlos vorbei. «Es nagt an der Beziehung.» So schildern
mir Betroffene in der Regel dieses Gefühl. Sie haben alles
mögliche unternommen: Bücher und Zeitschriften gewälzt,
endlose Gespräche mit Freundinnen (oder unter Männern)
geführt, Talkshows und Ratgebersendungen eingeschal-
tet... und was es noch alles gibt auf dem überquellenden
Markt zum Thema Sexualität.

Werfen Sie nur einmal einen Blick auf das Bücherregal
von Freunden oder auf deren Nachttische, und Sie werden

sehen, daß es kaum jemanden gibt, der sich nicht in irgendeiner Form mit Problemen oder zumindest Fragen zu seinem Sexualleben und dem der Allgemeinheit beschäftigt. Einiges kann man sicher lernen, sich abgucken und auch zusammenphantasieren. Aber wenn Sie in der obigen Situation sind – «Sex ist langweilig / macht Probleme / es geht auch ohne» – und die einfachen und schnellen Rezepte schon alle durchprobiert haben, dann ist es Zeit, sich mit diesem Liebeskiller auseinanderzusetzen.

Es geht mir nicht darum, Ihre Methoden zu verbessern, Ihnen raffinierte Techniken nahezulegen oder zu empfehlen, sich gemeinsam erotische Filme anzusehen, und dergleichen erprobte Dinge mehr, von denen Sie sicherlich gehört haben und die Sie womöglich schon durchexerziert haben. Was Sie brauchen, sind neue Antworten.

Vorsicht: Ansteckungsgefahr! Angenommen, Sie geraten vollkommen außer Puste, wenn Sie vier Stockwerke hochlaufen und endlich oben angekommen sind. Stimmt irgend etwas mit Ihrer Lunge nicht? Das wäre möglich. Wahrscheinlicher jedoch ist, daß etwas mit Ihrer Kondition nicht stimmt. Wenn Sie eine Zeitlang Fitneß-Übungen machen, wird Ihr «Lungenproblem» bald verschwunden sein.

Diese Situation kann man auf viele Paare übertragen, die wegen sexueller Probleme in Therapie kommen. Meine Erfahrungen weisen sogar darauf hin, daß mehr als die Hälfte aller Probleme mit Sexualität gelöst werden können, wenn andere Beziehungskonflikte aufgearbeitet werden! Sexuelle Probleme können beispielsweise ein Nebeneffekt der «Mauer aus Schweigen» sein – in den meisten Fällen zeigt es sich, daß die Paare einfach nicht genügend und nicht offen miteinander reden. Aber auch Abwertung oder die Vernachlässigung der jeweiligen Bedürfnisse haben natürlich einen negativen Effekt auf das Liebesleben.

Im folgenden können Sie herausfinden, ob Ihr Liebesleben angesteckt ist von einem der anderen Beziehungskonflikte oder ob Sie tatsächlich unter diesem Liebeskiller leiden. Damit Sie genauer verstehen, was damit gemeint ist, hier eine kleine Geschichte, die zwar mit Sex auf den ersten Blick nichts zu tun hat... – aber warten Sie ab:

Der verlorene Schlüssel. Sie sind dabei, das Haus zu verlassen, und checken schon in der Tür, ob Sie die Autoschlüssel auch wirklich in der Tasche haben. Und tatsächlich, sie sind weg! Wo könnten sie sein? Ach, bestimmt auf dem kleinen Tisch, denken Sie und gehen zurück in die Diele. Aber nichts. Wo dann? In der Innentasche der Jacke, die Sie gestern anhatten vielleicht. Wieder nichts. Jetzt werden Sie ein bißchen nervös, gucken in der Küche, im Wohnzimmer, suchen an allen möglichen Plätzen, dann rufen Sie sich zur Ordnung: Nicht durchdrehen, gestern hatte ich die Schlüssel noch, sie müssen hier irgendwo sein. Was habe ich genau gemacht, als ich gekommen bin? Und Sie versuchen es mit dieser bewährten Methode: Erst waren Sie an der Garderobe, dann, ach ja, das Telefon hatte geklingelt, usw. Aber auch das ist umsonst, Sie wissen jetzt nicht mehr, wo Sie noch suchen sollen, und wahrscheinlich sinken Sie einfach auf den nächsten Stuhl und starren vor sich hin, Sie wollen es gar nicht wahrhaben und fühlen sich entmutigt. Noch mal von vorne beginnen mit der Sucherei? Was sonst? Aber Sie bleiben wie gelähmt sitzen.

An genau diesem Punkt sind Sie, wenn Sie Ihr Sexleben verloren haben bzw. das positive Erleben von Sex in Ihrer Beziehung und eigentlich alles versucht haben, um es wiederzufinden. Jetzt sind Sie gelähmt und fühlen sich hilflos. Es sind die gleichen Symptome wie in der Depression: Sie haben eine negative Einstellung zu sich selbst entwickelt, glauben nicht an sich, trauen sich nichts zu, und unterschwellig spüren Sie Verbitterung und tiefen Ärger.

Zum Vergleich: Wie sieht denn eine nicht-depressive Haltung zum Sex aus, der dabei gewiß nicht perfekt sein muß? Eine Frau Mitte Siebzig drückte es einmal so aus: «Wir tun es längst nicht mehr so oft wie früher – schließlich sind wir keine Zwanzig mehr –, aber doch hin und wieder mal, und es gefällt uns immer noch.» Und ein Mann, Anfang Dreißig, erzählt: «Wir sind beide zu eingespannt und gehen viel seltener ins Bett zusammen, als wir eigentlich möchten. Ich wünschte, ich könnte da was ändern. Andererseits, es geht eben nicht öfter, das wissen wir ja beide, und Gott sei Dank genießen wir es trotzdem jedesmal!»

Sich mit dem Sexleben, das man hat, auch wenn es besser sein könnte, im Einklang zu befinden, zufrieden zu sein und damit auch sich selbst anzunehmen, das ist es, was ich unter einer positiven Einstellung zum Sex verstehe. Wenn Sie die haben, können Sie auch positiv mit eventueller Kritik des Partners umgehen. Dann werden Sie vielleicht Probleme haben, jedoch keine Konflikte, die die Beziehung bedrohen.

Anders ist der Fall bei der «sexuellen Depression» – das ist ein ausgewachsener Liebeskiller. Sie haben nicht nur Probleme mit Sex, Sie fühlen sich auch hilflos und unfähig, daran etwas zu ändern.

Diagnose Nr. 6:
Macht Ihr Sexleben Sie depressiv?

Lesen Sie die folgenden Aussagen und kreuzen Sie «ja» an, wo Sie übereinstimmen:

1. «Unser Sexleben ist in den vergangenen Monaten so richtig vor die Hunde gegangen, und das hat weder mit Streit noch mit Streß im Beruf etwas zu tun.»
   _____ Ja   _____ Nein

2. «Bei uns im Bett läuft es zur Zeit so schlecht, daß ich lieber gar nicht mehr darüber nachdenke.»
_____ Ja   _____ Nein

3. «Ich fühle mich nur ungenügend, wenn ich an unseren Sex denke.»
_____ Ja   _____ Nein

4. «Bei einem von uns muß ja irgendwas nicht stimmen – oder sind wir das beide? –, sonst wäre es ja nicht so ein Krampf.»
_____ Ja   _____ Nein

5. «Wir hatten mal so guten Sex, und was ist davon übriggeblieben...?»
_____ Ja   _____ Nein

6. «Mein Partner will das meiste, was ich mir von ihm sexuell wünsche und was für mich befriedigend wäre, einfach nicht tun.»
_____ Ja   _____ Nein

7. «Es wäre eine Katastrophe, wenn ich meinem Partner sagen würde, wie ich über das, was bei uns sexuell passiert, wirklich denke.»
_____ Ja   _____ Nein

Wenn Sie zweimal oder öfter Ja angekreuzt haben, dann bedroht der Liebeskiller Nr. 6 Ihre Beziehung. Aber keine Panik! Den Mut verloren zu haben, sich nichts mehr zuzutrauen in der Beziehung bedeutet keineswegs, daß Sie mit Sexualität an sich ein Problem haben. Sie müssen nur aus diesem Gefühl, gelähmt zu sein, herausfinden. Erinnern Sie sich an die Sache mit dem Schlüssel: Natürlich ist er irgendwo – Sie aber sitzen hilflos auf einem Stuhl und wissen nicht, was Sie tun sollen? Hier meine Vorschläge:

Rezept Nr. 6:
Selbstzweifel überwinden

Es gibt zwei Wege, aus einer sexuellen Depression herauszufinden. Überlegen Sie, welcher für Sie am besten paßt: Entweder 1.) den Ist-Zustand akzeptieren oder, und auch das ist möglich, 2.) einen neuen Anlauf wagen.

Der erste Ausweg: Akzeptieren Sie den Ist-Zustand

Betsy und Jeff sind seit zwölf Jahren verheiratet, und sie kamen zu mir, weil sie beide der Meinung waren, bei ihren Problemen bräuchten sie eine Sex-Therapie. Als ich sie bat, ihre sexuellen Probleme zu schildern, stellte ich schnell fest, daß es sich um Schwierigkeiten handelte, die jedes Paar betreffen könnten. Hier ein Ausschnitt aus ihrem Gespräch:

Betsy: «Ich hätte gerne viel öfter Sex, aber du bist ja immer zu müde.»

Jeff: «Ich bin nicht zu müde. Aber warum zeigst du mir nicht einfach mal, wenn du Lust hast?»

Betsy: «Mir fällt es nicht so leicht, die Initiative zu ergreifen, das weißt du doch. Und außerdem, wenn es nicht von dir kommt, ziehst du ja gar nicht richtig mit.»

Jeff: «Und was war neulich? Als wir diese Phase hatten, wo wir sehr viel miteinander geschlafen haben? Da hast du angefangen, dich zu beklagen, daß es immer gleich läuft und ...»

Betsy (unterbricht ihn): «Ich erwarte doch gar nicht viel, aber warum können wir nicht mal nur ganz nah beieinander sein und dann sehen, was passiert. Warum muß immer das gleiche Programm laufen mit dem Ziel, möglichst rasch zum Orgasmus zu kommen? Es gibt Paare, die küssen sich zum Beispiel nur, aber stundenlang.»

Jeff (wendet sich zu mir): «Sehen Sie, mit solchen Beschwerden will sie mich dann auch noch bewegen, daß ich aktiver werde.» (Zu Betsy:) «Du willst also mehr und vor allem ausgiebigeren Sex, obwohl wir doch eigentlich kaum Zeit haben.»

Betsy: «Ich wünsche mir einfach, daß du auch auf andere Sachen Lust hast beim Sex.»

Jeff: «Und ob ich mir andere Sachen bei unserem Sex vorstellen könnte…!»

Nun, anstelle dieses Schlagabtausches, der sie nur auf der Stelle treten läßt, könnten Jeff und Betsy folgendes tun: Sie setzen sich hin, blicken sich in die Augen und sagen: «Ich weiß, daß unser Liebesleben besser sein könnte, aber eigentlich können wir doch auch zufrieden sein, wir haben ganz normalen Sex, so wie alle.» Wenn beide dies zugestehen könnten und es ehrlich meinten, dann könnten sie auch ihr gegenseitiges Gezerre darum, was wer wann mehr tun soll, beenden. Sie könnten ihre Sexualität gelöster leben, und die Folge wäre – wie bei allen Dingen, die man unverkrampft und ohne eine lähmende Erwartungshaltung tut –, daß Jeff und Betsy ohne emotionalen Druck wieder Freude am Sex finden können.

Es ist einfach falsch zu denken, daß etwas mit Ihrer sexuellen Beziehung nicht stimmt, nur weil sie nicht alles erfüllt, was Sie sich vorstellen könnten. Es wäre so, als ob Sie Depressionen bekommen, weil Sie wegen mangelhafter Gesundheit keinen Rekord im Marathonlauf aufstellen können. Training ist natürlich eine feine Sache, aber trainieren Sie nicht wie ein verbissener Kämpfer, der Unheil abwenden muß. Gesund sind Sie auch ohne Höchstleistung. Und auch normaler Sex ist gesund – kein Grund für Depressionen!

Was ist «normal»? Diese Frage stellt sich jetzt natürlich. Was ist «normal» oder «gesund», die Sexualität betreffend? Ich verwende diese Begriffe so, wie wir auch von «normaler Gesundheit» des Körpers sprechen: die Hauptfunktionen sind intakt.

In bezug auf «gesunde» Sexualität habe ich drei Fragen entworfen, die eine schnelle Diagnose erlauben:

1. «Ich ärgere mich über unser Sexleben.»
   ____ Ja   ____ Nein
2. «Wenn wir zusammen schlafen, fühle ich mich erniedrigt.»
   ____ Ja   ____ Nein
3. «Ich fühle hauptsächlich Angst beim Sex.»
   ____ Ja   ____ Nein

Wenn eine der Aussagen auf Sie zutrifft, dann ist die Sexualität in Ihrer Beziehung tatsächlich nicht «gesund». Wenn keine Aussage zutrifft, sollten Sie über die Möglichkeit nachdenken, daß Ihr Sexleben in Ordnung ist. Und Sie sollten es akzeptieren, selbst wenn es vielleicht (noch) besser sein könnte. So hätten Sie auch keinen Grund mehr, sexuell depressiv zu sein. Denn Ihre Beziehung ist nicht in Gefahr, nur weil Ihr Sexleben besser sein könnte!

Wenn Sie sich noch nicht wirklich sicher sind, können Sie anhand der folgenden Liste einen weiteren Check machen. Es sind die zehn häufigsten Irrtümer über Sexprobleme:

SEXUELLE PROBLEME?
DIE ZEHN GRÖSSTEN IRRTÜMER

1. Sie haben nicht oft Sex.
2. Sie wünschten sich mehr Intensität und Leidenschaft.
3. Ihre Partnerin erlebt nur dann einen Orgasmus, wenn ihre Klitoris stimuliert wird.
4. Der eine Partner hat eine sexuelle Vorliebe, die der andere nicht teilt.

5. Der Ablauf ist für gewöhnlich immer derselbe.
6. Es kommt vor, daß einer den anderen körperlich nicht attraktiv findet.
7. Sie oder Ihr Partner befriedigen sich gerne selbst.
8. Der eigentliche Sexualakt dauert nur wenige Minuten (ein Mann braucht durchschnittlich vier Minuten vom Einführen des Penis bis zum Orgasmus).
9. Einer von Ihnen oder beide haben Mühe, zum Höhepunkt zu kommen.
10. Sie träumen von jemand anderem, wenn Sie Sex mit Ihrem Partner haben.

Keiner dieser Fälle ist notwendigerweise ein Zeichen für sexuelle Probleme, es sei denn, Sie beide leiden darunter, versuchen alles mögliche, finden aber keine Lösung. Auf diesen Fall werde ich später näher eingehen. Für den Moment ist wichtig, daß Sie diese «Probleme» nicht lösen *müssen*, um ein «gesundes» Sexualleben zu haben: Gesund ist alles, was für Sie beide akzeptabel ist.

Der zweite Ausweg: Einen neuen Anlauf nehmen

Im folgenden werde ich Sie durch zwei Etappen führen. Dabei stelle ich Ihnen zunächst eine Art Allzweckmethode vor, die Ihnen helfen soll, sich selbst wieder ein Stück näher zu kommen. Danach wollen wir feststellen, warum Sie Ihre sexuellen Probleme nicht lösen können, und ich zeige Ihnen Wege, wie Sie Ihre Schwierigkeiten überwinden können.

Erste Etappe: «Ich bin dran – du bist dran.» Vielleicht erraten Sie es schon: Hier geht es um ein Rollenspiel: erst ich – dann du, oder andersherum. Es ist ganz einfach und verlangt weder technische noch sonstige Raffinessen von Ihnen. Sie sollen einfach Sie selbst sein. Zwei Dinge müssen Sie bei diesem Spiel allerdings beachten: Sie sollten die Regeln einhalten und Geduld haben. Der Effekt stellt sich nicht sofort ein, in der Regel braucht es schon zwei, drei Wochen, einen Monat vielleicht. Lassen Sie sich Zeit für den Spielverlauf, Hauptsache, Sie fangen erst einmal an:

Wer von Ihnen beiden anfängt, können Sie auch mit einer Münze entscheiden oder mit Würfeln. Wenn Sie an der Reihe sind, dann geschieht folgendes: Alles, was mit Ihrem Sexleben zu tun hat, bestimmen ab sofort Sie: Wann es stattfindet, was im einzelnen passieren soll und auch wo – im Bett, in der Badewanne, wo auch immer. Bitten Sie Ihren Partner um Dinge, die Sie – oder auch er selbst – bisher nicht fragen mochten, dirigieren Sie Ihren Partner und bestimmen Sie, was Ihnen gefällt!

Die Spielregeln besagen, daß Ihr Partner weder mit Ihnen über Ihre Wünsche diskutieren noch sich ihnen widersetzen darf (wo die Grenzen liegen, brauche ich wohl nicht zu betonen: alles ist in diesem Spiel erlaubt, solange es ein Liebesspiel ist). Ihre Runde ist beendet, sobald Sie den Raum verlassen. Jetzt ist Rollentausch, und Sie selbst ergreifen erst wieder die Initiative, wenn Ihr Partner seinerseits seine Runde unterbricht.

Sie rotieren also, erst der eine, dann der andere, dann wieder der erste. In welchem Rhythmus Sie das machen, entscheiden Sie selbst: Mehrere Spielrunden am Stück oder tageweiser Wechsel – wie Sie mögen.

Was Sie gewinnen können. Einer von beiden kommt voll auf seine Kosten! Für Paare, die in sexueller Depression feststecken, ist das ein Riesenfortschritt. Es ist allemal besser, als wenn beide ihre Sexualität nie so wirklich genießen können und befriedigt sind.

Das zweite ist, daß Sie die Hürde weggeräumt haben, wer denn nun initiativ werden soll. Derjenige von Ihnen, der diese Rolle nämlich für gewöhnlich hat, ist es natürlicherweise leid: «Immer bin ich es, der/die anfangen muß ... nie kommt was von dir» und ähnliche Klagen sind es, die immer wieder geäußert werden, aber nichts verändern.

Und drittens, und das ist sozusagen der Hauptgewinn: Durch dieses Spiel zeigt Ihr Partner Ihnen, einfach indem er es spielt und Freude daran hat, wie er sexuell «funktioniert», was er gerne gibt und was er selbst am liebsten mag. Ein Nebengewinn stellt sich dann in dem Moment schon ein, wenn die Rollen getauscht werden: Erfahrungsgemäß nimmt nämlich der Partner, der dann an der Reihe ist, einiges von dem aktiv auf, was er in der vorigen Runde mitgespielt und gelernt hat.

Drei Fragen zum Spielverlauf. So einfach die Regeln sind, stellen sich trotzdem Fragen, die ich gebündelt habe:

1. *Die Egoismus-Frage:* «Wie egoistisch darf ich sein?» «Ist mein Partner in diesem Spiel eine Art Sexsklave?» Meine Antwort ist: Alles ist erlaubt, solange Sie und Ihr Partner sich wohl dabei fühlen. Es geht darum, daß Sie die größtmögliche Befriedigung erlangen, da wäre es ein Widerspruch, sich in Situationen zu manövrieren, die Unbehagen erzeugen. Aber noch etwas ist wichtig: Die Frage von Egoismus beim Sex, die so häufig Konflikte schürt, sollte an Wichtigkeit verlieren. Denn was für den einen gut ist und ihn glücklich macht, ist es für den anderen auch.

2. *Die Schiedsrichter-Frage:* Hier haben wir eine fast paradoxe Situation: «Wenn einer alles initiieren und entscheiden soll, was mache ich dann mit meinem Wunsch, daß es gerade der andere ist, der über mich bestimmt?» Aber es gibt eine Lösung: Wenn Sie dran sind und be-

stimmen, dann können Sie natürlich auch bestimmen, daß der andere Dinge tun soll, die Sie mögen. Und zwar soll er es tun, ohne im einzelnen dazu aufgefordert zu werden. Sie können also sozusagen eine Art Sammelwunsch äußern.

3. *Die Gefälligkeits-Frage:* Diese Frage geht an dem Spiel eigentlich vorbei. Es ist die Frage an den Partner, was er/ sie denn am liebsten hätte. Oberste Priorität ist aber sexueller «Egoismus»: Sie bestimmen, was Sie wollen. Wenn es die andere Richtung nimmt, darf der «Passive» ins Spiel eingreifen und auf die Regeln pochen! Sonst würden Sie Ihren Partner unter Umständen nur dazu ermuntern, in seiner alten Rolle – Schüchternheit, Passivität – haften zu bleiben.

Zwei Drittel aller Paare übrigens, die diese Methode mit Erfolg erprobt haben – und Erfolg heißt, daß zumindest einer der Hauptkonflikte, die sie im Bett hatten, gelöst wurde –, wenden sie immer mal wieder an, auch wenn schon längst kein «Therapiebedarf» mehr vorliegt. Es kann ein Spiel sein, das Paare ein Leben lang spielen können und das immer wieder neue Impulse gibt, die Ihre Sexualität nur bereichern können.

Zweite Etappe: Knoten lösen. Nach dem «Allzweckmittel» kommen wir nun zu konkreten Punkten, an denen Paare, die zur Beratung oder Therapie kommen, nicht mehr weiterwissen.

1. *«Wir können über alles offen reden, aber über Sex nicht.»* Geht Ihnen das auch so? Dann befinden Sie sich in bester Gesellschaft. Ich werde nie vergessen, wie eine in meiner Gegend sehr prominente Sexualtherapeutin mit ihrem Mann zu mir in die Praxis kam: Sie, die mit unzähligen Paaren über Sexualität redete, hatte Probleme damit in ihrer eigenen Beziehung! Probleme, ihrem Mann offen zu sagen, welche Gefühle und Wünsche sie insgeheim hat.

So geht es tatsächlich den meisten Leuten. Wie jedoch will man eine Verkrampfung lösen, wenn man die Stelle quasi nicht anrühren darf, vor allem nicht der notwendig Beteiligte, der Partner? Für meine Arbeit mit Paaren habe ich ein Hilfsmittel entwickelt, das die Scheu, Dinge direkt vor dem Partner auszusprechen, umgeht und das die Partner untereinander austauschen.

«MEIN PERSÖNLICHES SEX-BREVIER»

1. Das Wichtigste, was du über mich beim Sex wissen mußt, ist:

2. Drei Dinge, die ich mir von dir öfter wünsche:

3. Drei Dinge, die ich nicht so gerne mag:

4. Drei Dinge, die du mich öfter machen lassen könntest:

5. Drei Dinge, mit denen du mir zeigen kannst, daß du mich begehrst:

6. So oft möchte ich Sex mit dir haben (pro Woche/pro Monat):

7. Das kannst du als Liebhaber am besten und mag ich am liebsten:

Versuchen Sie, spontan zu antworten, aber setzen Sie sich nicht unter Druck: Wenn Sie auf einen Punkt zunächst keine Antwort wissen, wird Sie das anregen, über sich nachzudenken. Sie stellen auf diese Weise selbst eine Diagnose, wo Ihre Schwierigkeiten liegen, und sind damit der Lösung Ihres Problems schon ein ganzes Stück näher: Ist eine Angst erst einmal ausgesprochen, können Sie sie leichter überwinden. In einer Diagnose steckt immer auch schon ein Heilungsansatz!

Zwei Ängste sind es, die Paare hauptsächlich bewegen: die Angst, den anderen zu kritisieren, und die Angst, Neues auszuprobieren.

- *Zur Angst, den anderen zu kritisieren:* Wenn Sie dem Partner Ihre Wünsche und Abneigungen sagen, denken Sie an die Leitsätze aus dem vorherigen Kapitel. Sie dürfen einen Wunsch niemals als Vorwurf formulieren, und umgekehrt können Sie Kritisches auch positiv ausdrücken. Sagen Sie Ihrem Partner also nicht, was Sie nicht mögen, sondern zeigen Sie ihm, wo Sie gerne gestreichelt und berührt werden möchten. Bestätigen Sie Ihrem Partner, daß er/sie ein toller Liebhaber ist, und verbinden Sie Ihre Komplimente damit, ihr/ihm zu sagen, was Sie gerne mit ihr/ihm genießen würden.

- *Zur Angst, Neues auszuprobieren:* Ein Mann schilderte mir einmal, wie er und seine Partnerin sich gesagt hatten, was sie am liebsten tun wollten beim Sex, und als sie es dann ausprobieren wollten, geriet es zu einem großen Desaster. Am Ende waren sie beide frustriert und mutlos. Hier kann ich nur raten, sich Zeit zu nehmen. Der Erwartungsdruck, daß Neues auf Anhieb perfekt sein muß, lähmt Sie nur noch mehr. Gehen Sie es spielerisch an, und seien Sie auch offen dafür, das, was Sie ausprobieren möchten, während Sie es tun, zu verändern oder es auch abzubrechen, weil Sie sehen, daß es in der Praxis doch nicht so ist, wie Sie es sich vorgestellt haben.

2. *«Unser Sex ist eigentlich okay, und trotzdem habe ich schon lange das Gefühl, daß etwas fehlt.»* Wenn diese Aussage zutrifft, dann liegt das Problem bei den meisten betroffenen Paaren nicht daran, daß sie etwas verkehrt oder ungenügend machen, sondern daran, daß ihre Gefühle nicht im Einklang damit sind. Kein besserer Sex, sondern mehr Gefühl! lautet in solchem Fall mein Rezept. Wenn Paare leidenschaftlicher miteinander Sex haben, kann es der normalste Sex der Welt sein, und sie werden ihn als wunderbar erleben!

Hier stellt sich jedoch häufig ein Problem, das genaugenommen ein Kommunikationsproblem ist: Ihr Partner glaubt, Ihnen durch seine Reaktion seine ganze Leidenschaft zu zeigen, Sie dagegen interpretieren sein Benehmen vollkommen anders, weil Sie mit «Leidenschaft ausdrücken» etwas ganz anderes verbinden.

Rezept: Jeder hat ganz bestimmte Vorstellungen davon, wie Gefühle ausgedrückt werden, und geht dabei meistens von sich selbst aus: «Wenn ich mich über etwas freue, dann zeige ich das doch auch, und zwar so und so» – mit diesem ureigenen Maßstab werden auch die emotionalen Reaktionen oder Äußerungen des Partners beurteilt. Die meisten Paare sind sich dessen nicht bewußt, aber erstens glauben sie zu wissen, was beim anderen jeweils Leidenschaft hervorruft (hervorrufen muß, denn bei einem selbst ist es ja auch so...!), und zweitens glauben sie zu wissen, wie Emotionen sich äußern.

Verkürzt kommt eine Gleichung heraus wie: Wer traurig ist, weint, oder: Wer leidenschaftlich ist, reißt dem anderen die Kleider vom Leib, etc. Mit dieser gegenseitigen Zuschreibung von Gefühl und Gefühlsäußerung müssen Sie aufhören! Reden Sie statt dessen über die Art, wie Sie «funktionieren» und wie Sie etwas verstehen oder eben nicht verstehen. Damit räumen Sie dieses Problem, das genau besehen nur ein Mißverständnis ist, schnell aus dem Weg.

3. *«Unser Sex ist mehr und mehr zur Routine geworden, aber wir finden den Kick nicht, ihn wieder aufzupeppen.»* Wenn diese Aussage auf Sie zutrifft, dann sind auch Sie diesem Illustrierten-Glauben aufgesessen, daß es diesen speziellen «Kick» gibt, der Sex nicht zur Routine werden läßt. Doch geht es nicht darum, Ihre Sexualität durch Techniken und Methoden «aufzupeppen», sondern darum, alle Ihre Sinne daran zu beteiligen.

Habe ich oben gesagt «mehr Leidenschaft», kann ich hier sagen: mehr Sinnlichkeit, alle fünf Sinne beim Sex einbeziehen, riechen, schmecken, hören Sie! Oder gehört es zu Ihrer Routine, sich bei Kerzenschein und schöner Musik zu lieben, kaum verhüllt in verführerische Stoffe und kostbare Düfte verbreitend, sich zwischendurch mit kleinen köstlichen Häppchen zu füttern, dann ein heißes, benebelndes Bad zu nehmen und nach einer gegenseitigen Massage mit betörenden Ölen sich wieder zu lieben, um dann vor den knisternden Kamin auf rote Kissen zu sinken und sich im Arm zu halten?

Sie sehen, was ich sagen will: Entdecken Sie Ihre sensitiven Seiten, und das Gefühl von Routine wird sich verflüchtigen.

4. *«Sex bedeutet eigentlich ziemliche Arbeit, und du bekommst wenig zurück.»* Ich denke, an der Tatsache kommen wir nicht vorbei: Es gibt Männer und Frauen, die einfach keine Sexfans sind. So wie es Menschen gibt, die nicht gerne Achterbahn fahren. Oder kein Bier mögen. Oder Paris nicht berauschend finden, so gibt es welche, für die ist Sex eben nicht das Schönste, Wichtigste der Welt. Sie finden Sex okay, aber es muß nicht unbedingt sein...

Rezept: Die Paarkonstellation, in der einer zu dieser
«Sex-ist-okay»-Fraktion gehört und der andere nicht,
wirft das Problem auf, daß letzterer sexuell eher unterversorgt ist. Obwohl es auch Paare gibt, die dieses Problem meistern. Zwei Voraussetzungen müssen dabei be-
achtet werden:

Erstens dürfen beide den sexuellen Hunger nicht als
Beweis oder Gegenbeweis von Liebesgefühlen verstehen und daraus einen Beziehungskonflikt machen nach
dem Muster: «Wenn du mich wirklich liebtest, würdest
du mehr mit mir schlafen.» Und andersherum: Derjenige, der weniger Sex will, muß sich freimachen von dem
Gefühl, daß etwas nicht stimmen kann, daß es doch
nicht «normal» ist etc. So können beide Partner das
gegenseitige Bedürfnismuster akzeptieren: So bin ich,
so ist der andere.

Zweitens: Haben beide die Situation akzeptiert, ist es
meist kein Problem für den «Sexmuffel», dem anderen
zuliebe doch aktiver zu werden. Das Schlüsselwort hier
ist «dem anderen zuliebe»: Wenn Sex stattfindet aus
dem Gefühl heraus, daß es freiwillig ist (und eben kein
notwendiger Liebesbeweis) und dem anderen guttut,
können Paare dieses Bedürfnisgefälle meistern. Und oft
stellt sich das Vergnügen an Sex bei beiden ein, wenn
das Gefühl ehrlich ist, «dem anderen zuliebe» etwas zu
tun.

Man kann diesen Mechanismus sehr gut mit einem
banalen Alltagsproblem vergleichen: Ich zum Beispiel
liebe Einkaufstouren am Wochenende, für meinen
Mann dagegen ist es eher ein Streß. Aber weil er weiß,
wie gut es mir tut, das mit ihm zusammen, und eben
nicht mit einer Freundin, zu unternehmen, kommt er
mit – mir zuliebe. Ich freue mich darüber, genieße es,
habe gute Laune, und ihm geht es deshalb auch nicht so
schlecht, und er genießt das Gefühl, großzügig und lie-

bevoll zu seiner Frau zu sein. Kein schlechter Handel, wie ich finde.

5. *«Ich wünsche mir etwas ganz Bestimmtes von meinem Partner, bringe es jedoch nicht über die Lippen.»* Natürlich können Sie das nicht, denn Ihr Partner würde vollkommen aus der Fassung geraten. Oder? Was immer es ist, Sie würden eher sterben, als darum zu bitten, denn Sie fürchten, daß Ihre Frage ein schlechtes Licht auf Sie werfen oder eine Beleidigung für den anderen sein könnte. Und doch bedeutet Ihr Wunsch Ihnen viel.

Rezept: Fragen Sie sich als erstes, wie sehr Sie das, was Sie nicht aussprechen können, wirklich wollen. Manchmal sind wir gerade von sogenannten «verbotenen» sexuellen Praktiken besessen, obwohl weder die Sache selbst noch die Überwindung, die für Sie damit verbunden ist, noch ein eventueller Schaden, der daraus entsteht, es wert sind.

Nehmen Sie zum Beispiel den Fall eines Mannes, der darauf brannte, seiner Frau den Vorschlag eines Dreiers zu machen: er mit zwei Frauen in einem Bett. Er quälte sich mit diesem Wunsch herum, der sich zu einer regelrechten Obsession ausgewachsen hatte, und war sich gleichzeitig sicher, daß seine Frau nur entsetzt wäre. Irgendwann dachte er die ganze Sache nüchtern durch und machte sich klar, daß seine Frau nie und nimmer einverstanden wäre, auch nicht ihm zuliebe lügen würde und er schon deswegen nicht das ultimative Vergnügen daran hätte, daß eine Dritte dabei zuguckt, wie er mit seiner Frau schläft. Und schließlich, war es wirklich die ganze Sache wert? Er kam zu dem Schluß: nein.

Wenn Sie dennoch an Ihrem Wunsch festhalten, hier eine Vorgehensweise, die sich gerade bei heiklen Themen bewährt hat:

- Fragen Sie Ihren Partner, ob er bereit wäre, neue Sexpraktiken mit Ihnen auszuprobieren, über die Sie beide noch nie geredet haben. Die meisten Leute bejahen diese Frage!
- Machen Sie Ihrem Partner einen Vorschlag: Jeder von Ihnen schreibt drei Dinge auf, egal wie verrückt oder «verboten» Sie Ihnen scheinen, die Sie zumindest einmal ausprobieren würden. Dann tauschen Sie die Zettel aus, und jeder willigt in einen Wunsch des anderen ein.
- Vielleicht sucht Ihr Partner sich nicht den Wunsch aus, den Sie selbst insgeheim erhofft haben – aber wie auch immer, eine von Ihren drei wichtigsten, bis vor kurzem tabuisierten Sexphantasien wird Realität: Probieren Sie es auch.
- Reden Sie hinterher darüber, was Sie angesichts der zwei jetzt nicht erfüllten Phantasien für Gefühle haben.
- Und: Sprechen Sie über die Wünsche, die denen Ihres Partners vergleichbar sind oder zumindest in deren Nähe kommen. Sie können hier überraschende Gemeinsamkeiten entdecken!

Was Sie auf jeden Fall erreichen, sind Offenheit, Akzeptanz und Austausch – Dinge, die in bezug auf Sex die lähmende Depression verhindern, die oft einhergeht mit Schuldbewußtsein und Entfremdung. Wie wir schon im vorigen Kapitel gesehen haben, ist nämlich nicht das unbefriedigte Bedürfnis an sich das Problem, sondern das Bewußtsein, es nicht einmal zeigen zu können geschweige denn, zumindest auf ein Entgegenkommen des Partners zu hoffen.

6. *«Ich habe meinen Partner offen um bestimmte Dinge im Bett gebeten – umsonst!»* Die Diagnose liegt hier auf der

Hand: Sie haben deutlich gesagt, was Sie wollen, Ihr Partner aber weigert sich, Ihre Wünsche zu erfüllen. Aber haben Sie sich gefragt, warum in Wirklichkeit nicht? Haben Sie sich abgefunden mit Antworten wie: «Ich will eben nicht» oder «Ich mag nicht»?

Rezept: Versuchen Sie, spezifische Antworten zu bekommen, konkrete Gründe. Vielleicht stellt sich ja heraus, daß das Problem gar keines ist, sobald Sie es wissen. Sind es frühere schlechte Erfahrungen? Fürchtet Ihr Partner, Sie nicht zufriedenstellen zu können?

In 90 Prozent der Fälle, die ich kenne, sind es in der Tat ganz konkrete Gründe, die einen Partner eine Praktik, beispielsweise Cunnilungus, ablehnen lassen. In einem Fall war es die Tatsache, daß der Partner sich dabei so verrenkte, daß er schmerzhafte Nackenstarre bekam…

Wenn Sie konkrete Hinderungsgründe, weswegen Sie bestimmte Sexualpraktiken ablehnen, offenlegen, können diese meist behoben werden.

Wenn der Hinderungsgrund schwerwiegend ist, sollte sich der andere allerdings mit der gleichen Ernsthaftigkeit die Frage stellen, die ich unter 5. empfohlen habe: Liegt einem wirklich alles auf der Welt daran, daß der Wunsch erfüllt wird? Wäre es unter Umständen nicht wichtiger, die Vorbehalte des Partners zu respektieren?

7. **«Eigentlich wünschen wir uns beide mehr Sex.»** Sie staunen vielleicht, aber dies ist der Punkt, an dem die meisten Paare hängen, die ihr Liebesleben als unbefriedigend und konflikthaltig empfinden! Das beiderseitige Verlangen nach Sex ist da, aber «irgendwie» finden sie keinen Weg, es entsprechend umzusetzen.

Hier kommt wieder der Liebeskiller Alltag zum Zug –

zu gestreßt, zu beschäftigt, auch zu verschieden in bezug auf «Freizeiten» (der eine könnte morgens, der andere muß aus dem Haus hetzen...). Sie könnten natürlich die Situation akzeptieren, wie sie ist, und sich sagen, daß der Alltag nun mal keine Flitterwochenzeit sein kann. Für die meisten Fälle, die ich kenne, ist dies jedoch keine akzeptable Lösung. Eine Sache ist, eine Zeitlang auf Kinobesuche oder Essenseinladungen zu verzichten, eine andere ist Sex.

Rezept: Beherzigen Sie das Rezept, das ich für Liebes-killer Nr. 3, den Alltag, empfohlen habe. Sei es, daß Sie sich bewußt Freiräume schaffen oder daß Sie Rituale einführen, daß Sie Signale verabreden. Ich weiß von einem Paar, für welches das Öffnen einer Flasche Wein am Abend das Zeichen war: Ich bin entspannt, ich habe jetzt Zeit, ich würde jetzt gerne... Damit war gleich-zeitig auch für den Partner das Signal gegeben, und er beschäftigte sich dann nicht mit anderen Dingen, son-dern widmete sich dann auch wirklich ausschließlich dem Partner.

8. *«Er kommt immer so schnell, daß ich gar nichts davon habe.»* Oder umgekehrt: «Sie braucht immer so lange, daß ich die Lust verliere.» Hier kommt der weitver-breitete Mythos zum Tragen, daß ein perfekter Orgas-mus gemeinsam und gleichzeitig erlebt wird. Ansonsten Frustration – und auch das auf beiden Seiten. Warum setzen Sie sich diesem Erwartungsdruck aus? Haben Sie probiert, davon Abschied zu nehmen und Ihren Sex trotzdem zu genießen?

Rezept: Auch wenn es eine bittere Pille ist, weil Sie damit ein angebliches Ideal fallenlassen: Vergessen Sie den «großen gemeinsamen O». Erleben Sie statt dessen bewußt, was Ihr Sexleben sonst noch so bietet, ohne Zielvorgabe. Ist er wirklich so miserabel?

Übrigens gilt hier wie in allen Lebensbereichen, die mehr die Seele als das sportliche oder intellektuelle Leistungsvermögen betreffen, daß Erwartungshaltungen oder gar Erwartungsdruck kontraproduktiv sind. Denken Sie nur an die Anweisung: «Sei spontan» – und sofort sind Sie blockiert! Befinden Sie sich allerdings in Situationen, die Ihnen unausgesprochen die Möglichkeit geben, spontan zu sein, dann sind Sie es einfach oder lernen, es sein zu können.

9. *«Ich kann einfach nicht abschalten, auch beim Sex gehen mir tausend andere Dinge durch den Kopf.»* Wenn es Ihnen so geht, dann gibt es meiner Erfahrung nach vier konkrete Gründe dafür und ebenso viele Lösungswege:

- *Sie haben tatsächlich zu vieles, was Sie beschäftigt.* In diesem Fall müssen Sie um der Beziehung willen etwas ändern. Sei es im Beruf oder in einem zu überladenen sozialen Leben. Gehen Sie hier mit der bewährten Methode der zehn Dinge vor, die Sie am meisten beschäftigen und Zeit kosten, und streichen Sie die letzten drei, oder besser noch fünf Dinge. Oder reagieren Sie flexibel: Ein Paar kam auf die Lösung, statt abends Sex zu haben, wenn beide nur müde sind und schlafen wollen, die eher entspannten Morgenstunden zu nutzen.

- *Wenn Zeit wäre für Sex, haben Sie eher das Bedürfnis zu reden.* Das geht tatsächlich vielen Paaren so: Die wenige Zeit, die sie miteinander verbringen, muß eigentlich für alle Bedürfnisse ausreichen. Und oft ist der Startschuß für Zärtlichkeiten gleichzeitig der, endlich zu reden. Nur: Viele wollen oder können erst dann reden, wenn sie Sex hatten, und vielen wiederum geht es umgekehrt. In dieser Situation müssen Sie darauf achten, daß ein Gleichgewicht der Bedürfnisse da ist. Fühlt einer sich ständig vernachlässigt, was das Reden betrifft oder die Nähe vor und nach dem Sex? Das Gefühl, keine Zeit zu haben, ist oftmals mehr eine emotionale Hürde als ein Fakt. Oder haben Sie tatsächlich keine Viertelstunde zusätzlich Luft?

- *In dem Moment, wo Sie entspannen, beginnt es in Ihrem Kopf zu schwirren.* Dies ist ein Phänomen, von dem speziell erfahrene Meditationslehrer ein Lied zu singen wissen. Die Aufforderung, an nichts zu denken oder sich nur auf die momentane Situation zu konzentrieren, löst das Gegenteil aus. Ein Zenmeister formuliert es so: «Klammere dich nicht fest, wenn du loslassen willst.» Und er gibt seinen Schülern den Rat, den schwirrenden Kopf zu akzeptieren, die Situation so zu lassen, wie sie ist. Und paradoxerweise werden auch Sie vermutlich feststellen, daß Sie dann beginnen, langsam «loszulassen» und sich zu entspannen.

- *Wenn es zum Sex kommt, denken Sie an all die Dinge, die Sie insgeheim phantasieren, und nicht an das, was tatsächlich vor sich geht.* In Ihnen stauen sich allzu viele unausgesprochene Wünsche, so daß Sie in Gedanken ganz woanders sind als Ihr Partner. Hier hilft nur zu reden. Geben Sie sich selbst die Erlaubnis, den Mund aufzumachen, und Ihrem Partner damit die Chance, Ihnen nahe zu sein.

10. *«Ich finde nie wirklich Befriedigung.»* Ich habe drei verschiedene Gruppen von Paaren ausgemacht, bei denen es darum geht, daß einer sich beklagt, nicht ausreichend befriedigt zu werden.

- Die erste Gruppe, die ich hier nennen will, geht einfach von unrealistischen Erwartungen aus. Sei es, daß sie das besondere Prickeln der ersten Verliebtheit vermißt, sei es, daß sie nicht in Betracht zieht, daß es mal länger, mal weniger lang braucht bis zum Orgasmus, daß es keine Standards gibt, in welcher Intensität dieser zu erleben ist.

- Die zweite Gruppe hat Probleme, zum Höhepunkt zu kommen, weil die jeweiligen Partner nicht wissen – oder zuwenig darüber wissen –, welcher der beste Weg wäre. So bediente z.B. ein Mann seine Frau hingebungsvoll mit Cunnilingus, ohne zu wissen, daß sie das gar nicht besonders schätzte und aufregend fand. Die Lösung hier ist wiederum: reden, offenlegen, konkret sein.

- Die dritte Gruppe leidet an einer Mischung aus allen möglichen hier aufgezählten Dingen, die sexuelle Depression auslösen können. Daß allgemeine Unlust oder Frustration Hand in Hand geht mit mangelnder Befriedigung, leuchtet jedem ein. Ich rate in solchen Fällen, sich zunächst einmal von den Vorstellungen, was optimale Befriedigung betrifft, zu lösen und zu versuchen, ein allgemeines, ganz «normales» Vergnügen an Sexualität wiederzufinden. Gehen Sie also Punkt für Punkt die Heilungsschritte durch und beginnen Sie mit dem, der Ihnen am einfachsten fällt und am naheliegendsten scheint. Damit stärken Sie Ihr Gefühl, daß Sie etwas tun können – was ein erster Schritt Richtung Befriedigung ist.

Stärkungsmittel Nr. 6:
Individuelles Lustempfinden entdecken

Leidenschaft, die sogenannte, vielbeschworene animalische, existiert in der Tat. Das will ich gar nicht leugnen. Aber ist sie eine ausreichende Basis für eine dauerhafte

Beziehung? Hängt daran alles, was Sie als Paar zusammen-
hält? Sie wissen die Antwort: Natürlich nicht. Und ich weiß
aus meiner jahrelangen Erfahrung, daß jedes Paar für sich
ganz bestimmte Wege gefunden hat, ein erfülltes Liebesleben zu haben. Ich sage bewußt «Liebesleben», denn es
schließt Sex natürlich ein.

Hören Sie Nicks Geschichte, ein Mann, der noch vor
kurzem nicht im Leben daran dachte, daß Sex ihm mehr
bedeuten könne als der ultimative Orgasmus:

«Ich dachte immer, ich bin eben so ein Mann: Sex heißt,
zur Sache kommen, sich nehmen, was man braucht. Ich
habe meine Frau geliebt, und ich fand sie auch sehr attraktiv, aber beim Sex kam es mir vor allem darauf an, zum
Orgasmus zu kommen. In den zwei Jahren, seitdem sie
gestorben ist, geht mir immer nur im Kopf herum, wie leid
mir das tut, wie sehr ich wünschte, Marla selbst mehr be-
achtet zu haben dabei. Sie selbst. Mir ist jetzt erst klar, was
ich eigentlich verloren habe und was ich so furchtbar ver-
misse. Das ist nicht der Sex, das ist ihre Nähe. Was gäbe ich
dafür, sie lieben zu können und zu wissen, daß ich ihre
Haut liebe und ihren Geruch und die Art, wie sie sich
bewegt. Das war es, was unsere Sexualität eigentlich erst
wirklich schön machte, und ich würde alles dafür geben,
das wiederzubekommen.»

Ein Blick nach vorne. Sexualität ist das, was Paare anfänglich am stärksten verbindet, und gleichzeitig scheint es der
Konfliktstoff, der sie dann sagen läßt: Wir sind eben zu
verschieden. Im nächsten Kapitel will ich untersuchen, wo
das Gefühl, zu verschieden zu sein, wirklich entsteht und
warum.

8

«Wir finden einen Mittelweg»

Liebeskiller Nr. 7:
Wenn Gegensätze sich nicht ergänzen

Frage:
**Leiden Sie daran, daß Sie in vieler Hinsicht
einfach zu verschieden sind?**

Ist es nicht schön, wie wunderbar Sie beide zusammenpassen? Und ist es nicht schrecklich, das Gefühl zu haben,
daß die Unterschiede zwischen Ihnen derart Gewicht bekommen haben und so zahlreich sind, als hätten Sie in dem
Menschen, mit dem Sie Ihr Leben teilen, eigentlich einen
Unbekannten vor sich?

Unterschiede und Gegensätzlichkeiten hochzuhalten ist
heutzutage beliebt, besonders in bezug auf männlich/weib-
lich gehört es geradezu zum guten Ton. In Beziehungen
jedoch ist die so häufige Klage «Wir sind einfach zu verschieden!» eine Grabrede auf das Paar: zu verschieden, um
zusammen leben zu können. Dieser Schluß ist jedoch
falsch. Hat sich der Gedanke aber einmal eingenistet und
verzweifeln Sie inzwischen, weil Sie in so vielen Bereichen

«zu verschieden» sind, kann er tatsächlich die Beziehung so in Frage stellen, daß Sie resignieren. Dieses Problem ist allerdings einfacher zu beseitigen, als Sie vielleicht glauben! Sie müssen nur verstehen, was verschieden sein in einer Beziehung wirklich bedeutet und wie Sie damit umgehen können, ohne an Trennung zu denken.

Aber hören wir statt einer langen Vorrede diese Geschichte, in der sich viele von Ihnen, da bin ich überzeugt, wiederfinden werden:

Dan und Jackie. Seit Schulzeiten sind Dan und Jackie ein Paar, dafür bekannt und bewundert, daß sie so perfekt zusammenpassen, die absolut gleiche Wellenlänge haben. Sie mochten die gleiche Musik, spielten beide gerne Tennis, liebten Pizza, aber haßten Pizza mit Anchovis, träumten vom Landleben mit Gemüsegarten und Hühnern und waren am empfänglichsten für Sex früh am Morgen. Alles perfekt, und doch gab es auch Unterschiede: Dan war über ein Meter achtzig groß, Jackie war eher klein; Dan zog sich elegant an, Jackie hippiemäßig; Dan liebte rauhe Aktivitäten in der Natur, Jackie war musisch und aquarellierte für ihr Leben gerne. Dan hatte ein konservatives katholisches Elternhaus, Jackie kam aus einer liberalen jüdischen Familie.

Ihre Gemeinsamkeiten jedoch führten sie zusammen, und aus der Teenie-Liebe wurde eine Ehe. Dan hatte einen einträglichen Job, so daß Jackie sich ihrer Kunst verschreiben konnte. Oft verbrachte sie ganze Wochenenden allein, irgendwo in der Natur, und malte. Sie vermißten sich dann zwar, aber auch Dan war eigentlich gedient, wenn Jackie alleine loszog: So konnte er sich ungestört von seinem beruflichen Streß erholen. Irgendwann kamen auch Kinder, und irgendwie geschah es – der älteste war inzwischen zehn –, daß sie beide überrollt wurden von dem Gefühl, nichts gemeinsam zu haben, nur nebeneinanderher zu leben.

Wie das geschehen konnte, wissen sie nicht. Aber es läßt sich rekonstruieren. Es sind größere und kleinere Sachen, die im Laufe der Zeit ins Gewicht fielen: Jackie zum Beispiel entwickelte mehr und mehr Interesse an Religion und Spiritualität, während Dan froh war, aus seinem religiösen Elternhaus fort zu sein. Oder: Dan war eigentlich sehr ordnungsliebend und brauchte einen organisierten Alltag, Jackie hingegen, Künstlerin, die sie war, verbreitete ein «kreatives Chaos» um sich. So gerieten alle gemeinsamen Unternehmungen, sei es in der Familie oder mit Freunden oder auch allein, zu einem Beziehungskonflikt: Dan mußte alles bis ins einzelne vorausplanen, Jackie wollte es auf sich zukommen lassen. Auf der anderen Seite nahm Dan immer mehr die Haltung an: «Nimm's leicht», während Jackie das Bedürfnis hatte, ernsthafte und tiefschürfende Gespräche zu führen. Er fühlte sich von ihr bedrängt und flüchtete mehr und mehr in Oberflächlichkeit, und sie fühlte sich von ihm vernachlässigt.

Was sie anfänglich zwar auch als unterschiedlich empfanden – ihrer beider familiärer Hintergrund und ihre intellektuellen Orientierungen –, wovon sie sich aber angezogen fühlten, hatte sich also über die Jahre hinweg zu etwas Trennendem entwickelt.

Das Gefährliche an diesem Liebeskiller ist, wie die Geschichte von Dan und Jackie so exemplarisch zeigt, daß er erstens an womöglich unvermuteter Stelle ansetzt und zweitens unmerklich wachsen kann – bis die Partner sich wie Fremde gegenüberstehen. Gegensätze ziehen sich nicht mehr an, sie werden als trennend empfunden, und zwar manchmal so sehr, daß die Motivation fehlt, sie zu überbrücken: «Mit jemandem, der so anders ist als ich und so anders denkt, kann und will ich eigentlich gar nicht leben», geht womöglich beiden Partnern durch den Kopf.

Wo ist der Punkt, an dem die Sache kippt? Warum kön-

nen manche Paare sagen: «Wir sind verschieden, ja und?»
und gut damit leben, und warum konstatieren andere: «Zu
verschieden, es geht nichts mehr»?

Durch die folgenden Fragen können Sie für sich selbst
herausfinden, ob Sie diesseits oder jenseits der kritischen
Linie stehen.

Diagnose Nr. 7:
Leiden Sie an dem
«Wir sind zu verschieden»-Virus?

Ich kenne kein Paar, das nicht irgendwann mit Unterschie-
den oder auch Gegensätzlichkeiten zu kämpfen hat. Und
alle, mit denen ich gearbeitet habe, können im nachhinein
bestimmte Symptome benennen, die sie hätten alarmieren
müssen. Akzeptiert man diese Unterschiede, ohne ihnen
auf den Grund zu gehen, lebt man sich rasch auseinander.
Diese Symptome habe ich zu diagnostischen Fragen gebündelt:

Symptom Nr. 1: Mangelnde Akzeptanz
Sind Sie der Meinung, daß ernsthaft etwas nicht in Ord-
nung ist, weil Sie beide so verschieden sind, und zweifeln
Sie an sich selbst, weil Sie überhaupt mit so jemandem eine
Beziehung haben?
_____ Ja   _____ Nein

Symptom Nr. 2: Entgegengesetzter Lebensstil
Gibt es in einem der folgenden Bereiche unterschiedliche
Vorstellungen:
• wie Sie leben und was Sie in Ihrer Freizeit tun;
• wo Sie leben;
• was Sie sich von der Zukunft erhoffen?
_____ Ja   _____ Nein

Symptom Nr. 3: Verbindungslosigkeit
Kommt in Zeiten, die Sie nur zu zweit verbringen – seien es
nur Stunden oder Urlaubstage –, bei Ihnen das Gefühl auf,
daß Sie den Draht zueinander verloren haben, weil Sie so
verschieden sind?
____ Ja   ____ Nein

Symptom Nr. 4: Geschlechterkampf
Dreht eines Ihrer Hauptgesprächsthemen sich darum, daß
Sie beide so verschieden sind, weil es zwischen Männern
und Frauen eben grundsätzliche Unterschiede gibt?
____ Ja   ____ Nein

Symptom Nr. 5: «Früher war es ganz anders»
Sprechen Sie immer wieder einmal darüber, daß Sie früher
so viel gemeinsam hatten, wovon nicht mehr viel übrig
geblieben ist, und daß Sie jetzt so verschieden sind?
____ Ja   ____ Nein

*Symptom Nr. 6: Die Summe von Kleinigkeiten gibt den
Ausschlag*
Geraten Sie immer in Streitigkeiten, sobald gemeinsame
Entscheidungen anstehen, auch wenn es nur darum geht,
ob bei klirrender Kälte ein Fenster auf bleibt oder nicht
oder ob morgens das Radio läuft und ob zu bestimmten
Zeiten gegessen wird und ob man den Kindern dies er-
lauben soll und das nicht und und und?
____ Ja   ____ Nein

Welches der Symptome auch immer Sie mit Ja angekreuzt
haben: Nur eines davon ist ausreichend für die Diagnose,
daß Sie Ihre Gegensätzlichkeit zum Schaden Ihrer Beziehung austragen.

Rezept Nr. 7:
Legen Sie Ihre Unterschiede ad acta

Zu Beginn des Kapitels habe ich schon angedeutet, daß es überraschend einfach ist, diesen Liebeskiller «Unterschiede» auszukurieren, selbst wenn Ihnen Ihre Beziehung schon krankenhausreif erscheint.

Krempeln Sie die Ärmel hoch und stellen Sie sich vor, Sie müßten nach einer wilden Party das ganze Haus aufräumen oder auch nur einen überquellenden Schreibtisch in Ordnung bringen. Sie sehen sich also einem Chaos gegenüber, im Falle der Party einer ziemlichen Sauerei. Und dann fangen Sie einfach an: Sie nehmen jedes Ding einzeln in die Hand und entscheiden, was damit passiert und wohin damit: schmutzige Gläser in die Küche, Plastikabfälle in den Container, verstreute Asche und Krümel: ein Fall für den Staubsauger, Essensreste je nachdem in den Müll oder in den Kühlschrank und so weiter… Allmählich sehen Sie Land. Der Trick dabei ist, den Blick von dem Gesamtchaos wegzulenken auf die einzelnen Dinge und diese Stück für Stück zu «bewältigen» – und was stellen Sie fest? Die Aufgabe ist nicht mehr unüberwindbar, Sie müssen nur weitermachen, und Sie müssen sich Zeit dafür nehmen.

Diese Methode des Sortierens auf die Unterschiede zwischen Partnern anzuwenden war nicht meine eigene Idee – ich habe sie von betroffenen Paaren gelernt, und ich darf sie voll Überzeugung an Sie weitergeben. Folgendes müssen Sie also tun:

- Vereinbaren Sie mit Ihrem Partner einen Termin, um Ihr Thema «Wir sind zu verschieden» aufzuarbeiten. Nehmen Sie sich hierfür viel Zeit, am besten mehrere Stunden am Stück. (Dies ist tatsächlich das einzige Rezept in diesem Buch, das viel Zeit von Ihnen verlangt.)
- Wenn es soweit ist, nehmen Sie Papier und Bleistift.

Schreiben Sie eine gemeinsame Liste aller Unterschiede, die Sie parat haben oder die Ihnen beim Durchgehen der sechs diagnostischen Fragen eingefallen sind oder womöglich jetzt im Gespräch darüber gerade klarwerden. Und zwar Unterschiede in bezug auf Lebensstil und Wertvorstellungen, auf Wünsche und Ziele, auf Arten, Probleme zu lösen oder sich Anforderungen zu stellen: Unterschiede, die so gravierend sind, daß sie den Partner wütend oder auch traurig machen und unverträglich erscheinen für ein gutes Zusammenleben. Solch eine Liste umfaßt in der Mehrzahl der mir bekannten Fälle höchstens eine Seite, worüber die Betroffenen erst einmal erstaunt sind, denn sie waren fest davon überzeugt, sie könnten Seite um Seite mit «Unverträglichkeiten» füllen.

- Jetzt nehmen Sie die untenstehende Liste der Top Ten für den Umgang mit Gegensätzlichkeiten. Jeder Punkt auf dieser Liste ist einem Platz vergleichbar, an dem Sie beim Aufräumen Dinge verstauen. Legen Sie Ihre eigene Liste daneben und gehen Sie sie Punkt für Punkt durch: Mit welchem Lösungsvorschlag von 1 bis 10 läßt sich welche Differenz am besten beilegen? Wenn Sie sich nicht gleich auf eine Möglichkeit einigen können, wählen Sie zwei Optionen – Sie haben jede Zeit der Welt, Lösungswege auszuprobieren und den Dingen auf den Grund zu gehen: Schließlich geht es um Ihre Beziehung! Notieren Sie diese Nummer (oder Nummern) hinter jedes Ihrer Stichworte. Sie haben jetzt quasi den Platz gefunden, wo Ihr Problem am besten aufgehoben ist und sich lösen läßt.

Hier nun die Liste der Lösungswege:

DIE TOP TEN FÜR DEN UMGANG
MIT GEGENSÄTZLICHKEITEN

1. Werfen Sie eine Münze. Diese Methode ist optimal, wenn Sie sich zum Beispiel ständig in Streitereien darüber verlieren, welchen Kinofilm Sie ansehen wollen oder ob Sie chinesisch oder mexikanisch essen gehen: also bei Alltagsentscheidungen, wo Sie lieber das eine tun würden, aber das andere eigentlich auch könnten. Geben Sie hier die Entscheidung aus der Hand und verabschieden Sie damit gleichzeitig einen Konfliktherd!

2. Lassen Sie die Gegensätzlichkeit, wie sie ist, ignorieren Sie sie! Ein Paar stritt immer wieder, weil einer sich mit spirituellen Dingen beschäftigte und der andere überhaupt nichts damit anfangen konnte. Jeder wollte den anderen jedoch stets von seiner Sichtweise überzeugen. Als sie dann beschlossen, nicht mehr darüber zu streiten, und jeder den anderen denken ließ, was er wollte, ist auch nichts weiter Tragisches passiert. Im Gegenteil: Ihr großes Problem, «zu verschieden» zu sein, löste sich auf.

3. Gehen Sie streckenweise getrennte Wege. Es gibt Paare, die können sich einfach nicht einigen, wie die ersten Abendstunden verlaufen sollen: Einer will gleich kochen und erzählen und Radio hören und am liebsten alles auf einmal, der andere will nichts sehen, nichts hören, nichts essen – einfach seine Ruhe. Regelmäßig kommt es zu Spannungen. In solchen Fällen ist es das beste, ein oder zwei Stunden «Auszeit» zu beschließen: Jeder geht seiner Wege, ganz konkret und bewußt, und dann trifft man sich wieder. Das ist allemal besser, als zusammen zu sein mit dem Gefühl, der andere sei im Grunde meilenweit entfernt!

4. Vereinbaren Sie einen Handel. Auf diesem Wege können Sie zwei Probleme auf einmal lösen: Einer von Ihnen erklärt sich bereit, bestimmte Wünsche und Auffassungen zurückzustellen, wenn im Gegenzug der andere das gleiche tut. Banales Beispiel: «Wenn du einmal im Monat mit mir durch die Stadt bummelst, halte ich beim Autofahren deine Fahrweise aus, ohne Kommentare abzugeben. Einverstanden?» Einverstanden.

5. Machen Sie dem anderen zuliebe ein Zugeständnis. Angenommen, ein Paar hat sich immer mehr entfremdet, weil der eine nicht damit zurechtkommt, daß der andere so wenig oder gar nicht über seine Gefühle nachdenkt, geschweige denn reden möchte. Sie (in diesem Fall war es die Frau) machte ihm klar, wie wichtig dies für sie sei, und er erklärte sich bereit, bewußter damit umzugehen. Natürlich war er nicht auf Knopfdruck plötzlich ein anderer Mensch, aber das Gefühl, emotional nichts miteinander teilen zu können, verschwand bei ihr, weil sie sah, daß er zumindest versuchte, ihr entgegenzukommen.

6. Ist eine Gegensätzlichkeit wirklich unverträglich? Ein Paar baut sich zusammen ein kleines Ladengeschäft auf. Nach einiger Zeit bekommt die Frau das Gefühl, daß ihr Mann sie den Hauptteil der Arbeit tun läßt, während er sich in ihren Augen einen schönen Tag macht: Er telefoniert viel, genießt den Plausch mit Kunden, steht vor der Tür, geht und kommt scheinbar nach Belieben. Er hingegen wirft ihr vor, verbissen zu sein und arbeitssüchtig, weil sie gleich frühmorgens im Geschäft sein will und nur Hektik verbreitet. Dann haben sie eine Aussprache, in der beide jeweils ihre Vorstellungen und Ziele ganz konkret offenlegen. Sie merken, daß sie grundsätzlich übereinstimmen, nur daß eben jeder von ihnen seinen eigenen Stil hat. Die Tatsache, daß dieser sehr verschieden war, verlor ihre bedrohliche Dimension – für das Geschäft ebenso wie für die Beziehung.

7. *Ist der Unterschied für einen Partner gravierender als für den anderen?* Angenommen, es geht um die religiöse Erziehung Ihrer Kinder und Sie beide haben unterschiedliche Konfessionen. Hier können Sie die auch sonst bewährte Punkte-Methode (von 1 bis 10 nach Wichtigkeit) anwenden, wenn es darum geht, wer sich gegen wen mit seinen Wünschen durchsetzt. Der Fall, daß beide ihre Auffassung mit 10 beziffern, ihr also existentielle Wichtigkeit geben, ist äußerst selten, und sollte es so sein, dann führt meist ein tiefergehendes Gespräch weiter, in dem Sie Verständnis für die Dringlichkeit des Wunsches Ihres Partners entwickeln können oder umgekehrt sich selbst (endlich) Gehör verschaffen. Voraussetzung hierfür ist natürlich, daß es beiden Partnern strikt um die Sache geht, nicht darum, einen Machtkampf zu gewinnen!

8. *Beziehen Sie einen unbeteiligten Dritten ein.* Unterschiedliche Auffassungen über Geld können Paare in bitterbösen Streit verwickeln, in dem Vorwürfe wie «Geizhals» oder «Verschwender» und Begriffe wie «verantwortungslos» oder «buchhalterisch» nur so hin und herschwirren. Ich kannte ein Paar, das sich endlich Rat und Unterstützung für die jeweilige Sicht bei Freunden holte, die ihnen wiederum rieten, sich einen Finanzplan aufstellen zu lassen – von einem Fachmann, der sein Budget einfach mal ganz nüchtern analysieren und Spielräume und Engpässe aufzeigen würde. Beide stimmten zu, sich daran zu orientieren, und waren mit diesem Kompromiß die Streitereien los.

9. Können Sie aus «entweder – oder» ein «und» machen?
Warum eigentlich nicht? Warum nicht, wenn Sie neues
Geschirr kaufen, das bunte und das schlichte weiße
nehmen? Wenn Sie beide unbedingt auf Ihrer Wahl
bestehen, dann sollte es Ihnen das Geld wert sein, das
Sie zusätzlich brauchen. Es sollte Ihnen mehr wert sein
als ein Streit mit Resignation oder Wut oder sonst einem bösen Gefühl, mit dem Sie das Geschäft verlassen.
Das können Sie auch in vielen anderen Bereichen
praktizieren: Warum die Kinder nicht in zwei Reli-
gionen unterrichten? Warum nicht einen Urlaubsort
suchen, der Ruhe und Trubel gleichzeitig bietet? Warum nicht selbst so großzügig und flexibel sein, wie Sie
es an anderen so bewundern oder sich vom Partner
erhoffen?

10. Es gibt einen dritten Weg. Wenn Sie sich gar nicht einigen können, ist dies eine Möglichkeit: Sie beide treten
von Ihrem Standpunkt, Prinzip oder Ihrer Vorliebe zurück und gucken, ob es nicht jenseits des «entweder-
oder» noch eine dritte Alternative gibt. Natürlich gibt
es sie – wenn Sie wollen. Denken Sie an das obige
Beispiel mit dem Geschirr: Sie können sich nicht einigen, wollen aber nicht zwei komplette Services haben
und könnten eigentlich auch ganz gut weiterleben,
ohne überhaupt ein neues Service zu kaufen. Also:
Lassen Sie es einfach sein und machen Sie mit dem
Geld etwas *ganz* anderes!

Unter all diesen möglichen Lösungswegen werden
auch Sie etwas finden, das Ihnen das Gefühl nimmt,
«verschieden» zu sein münde über die Jahre in «zu
verschieden» zu sein und damit zwangsläufig in das
Ende der Beziehung. Ich zumindest kenne kein Paar,
das seine Differenzen nicht mit dieser Methode bei-

legen konnte, wobei natürlich die Grundvoraussetzung die Bereitschaft ist, auch sich selbst kritisch unter die Lupe zu nehmen.

Stärkungsmittel Nr. 7:
Es war einmal ein Paar ...

Als Sie sich verliebt haben, haben Sie es in dreifacher Hinsicht getan: Sie waren hingerissen von der anderen Person, ihrem Aussehen, ihrer Art zu reden, ihrer Ausstrahlung, einfach von allem; dann liebten Sie sich selbst für dieses Verliebtsein und Geliebtwerden, Sie fanden sich schön, klug, stark, witzig, interessant und fühlten sich ganz im Einklang mit sich selbst, so, wie Sie immer sein wollten; und drittens waren Sie verliebt in die Idee, daß Sie ein Paar waren, in das, was Sie gemeinsam unternahmen und wie Sie als Paar nach außen hin auftraten, was die Zukunft alles für Sie bereithielt: Sie waren stolz auf sich.

Wenn Sie sich auf dieses Gefühl, das Glück über Ihr Zusammensein, über Sie beide als Paar, besinnen, haben Sie das Stärkungsmittel schon in der Hand. Denn dieses Paar, das sich sicher war, sich niemals wie so viele andere im Restaurant anzuschweigen oder in der Öffentlichkeit nie als zankende Eltern ihre Kinder zu erziehen oder was es sonst noch an stillschweigender spontaner Übereinkunft zwischen Ihnen gab, dieses Paar gibt es noch: Es sind Sie und Ihr Partner! Wenn es nicht zu spät ist und Sie beide ab jetzt auf der Hut vor den Dingen sind, die Ihrer Beziehung tatsächlich den Boden entziehen, dann brauchen Sie nur zuzugreifen, und Sie haben sich wieder: Reden Sie darüber, was Sie verbindet, erinnern Sie sich an die Anziehung, die Sie zusammengebracht hat, an all das Gemeinsame, was Sie genießen konnten und was Ihnen Grund gab, auf eine Zukunft für Sie als Paar zu hoffen. Bei dieser Erinnerungsarbeit verlieren die Gegensätzlichkeiten, die dennoch bestehen und bestehen bleiben, ihre Schärfe. Wer ist nicht verschieden in mancher Hinsicht? Und wer würde ernstlich von sich sagen, er könne nur mit jemandem auskommen, der genau gleich ist?

Sie können mit den hier vorgestellten Lösungsmethoden das Rad von «zu verschieden sein» zurückdrehen auf «verschieden sein» und dies als normal und letztlich als «gut so» empfinden.

Für viele Paare bedeutet das Durchsprechen von Problemen in erster Linie, daß sie Pflaster auf ihre Wunden erhoffen, die ihnen der Partner irgendwann einmal in der Beziehung – und das kann lange Jahre zurückliegen – zugefügt hat. Das können Wunden sein, die z.B. aus Gegensätzlichkeiten heraus entstanden sind oder durch nicht erfüllte Sehnsüchte, auf jeden Fall aber sind es Verletzungen, die einen Graben zwischen Ihnen ausgehoben haben. Ob solche alte Wunden, von denen Ihr Partner womöglich gar nichts weiß oder die er vergessen hat, in Ihrer Beziehung schwelen und was Sie hier tun können und tun sollten, werden Sie im nächsten Kapitel herausfinden.

9
Ein Pflaster für die Liebe

Liebeskiller Nr. 8:
Das Gift der alten Wunden

Frage:
**Gibt es in Ihrer Beziehung Wunden
aus der Vergangenheit, die nicht verheilt sind?**

Sind in Ihrer Beziehung einschneidende Ereignisse passiert, die Sie Ihrem Partner seither übelnehmen, die Sie einfach nicht vergessen können? Wunden, die schwelen und immer noch oder von Zeit zu Zeit weh tun? Daß man sich in jeder Beziehung irgendwann einmal weh tut, den anderen verletzt, ihm unrecht tut, das ist wohl nicht zu leugnen, und das kennen wir alle aus eigener Erfahrung. Wovon ich in diesem Kapitel sprechen will, sind Verletzungen, die tiefgehende und auch langfristige Konsequenzen haben und die Basis der Beziehung in Frage stellen. Das ist ein wichtiger Unterschied, den Sie beachten müssen, wenn Sie Ihre eigenen Verletzungen überdenken: Haben Sie verziehen, ohne daß «Reste» bei Ihnen zurückgeblieben sind? Oder haben Sie verziehen, werden aber niemals vergessen?

Wollen Sie nicht? Können Sie nicht? Ist es überhaupt menschenmöglich, «so etwas» zu verzeihen? Und was bedeutet das für Sie, aber auch für Ihren Partner?

Schritt für Schritt zeige ich Ihnen, wie Sie all diesen Fragen, die sich Ihnen stellen und die Sie vielleicht schon lange Zeit beschäftigen, auf den Grund gehen können. Dann erst haben Sie nämlich die Chance, klar zu erkennen, ob Ihre Beziehung tatsächlich von diesem unheilvollen Liebeskiller Nr. 8 betroffen ist und was Sie nun dagegen tun können.

Eine gefährliche Mischung

Eine Verletzung, die der Partner einem zufügt, kann klein oder groß sein – davon ist nicht abhängig, ob sie sich zum Liebeskiller auswächst, sondern es müssen ganz bestimmte Umstände zusammenkommen. Diese Faktoren werden erst im Zusammenspiel zu dieser gefährlichen Mischung. Das ist durchaus vergleichbar mit einer körperlichen Wunde, die nicht verheilt, sich entzündet hat und sich vielleicht sogar ausgebreitet. So etwas passiert nicht durch die Wunde an sich, sondern beispielsweise durch Schmutz, der hineingeraten ist, durch mangelnde körpereigene Abwehrstoffe, durch falsche Behandlung usw... Es können individuell ganz verschiedene Dinge sein, die eine Heilung verhindern.

Für den Fall der seelischen Verletzung kann ich Ihnen dagegen die Faktoren, die im Zusammenspiel eine Heilung verhindern, ganz konkret benennen. Es sind genau drei Schritte:

1. Schritt: In dem Moment, wo ein Partner den anderen verletzt, beginnt die Kette der Ereignisse. Ganz oben auf der Liste der Dinge, von denen Paare in diesem Zusammenhang berichten, steht der Betrug. Wobei es nicht unbedingt immer sexuelle Untreue ist; als äußerst schwerwiegend wird auch der Betrug durch uneingelöste Versprechen oder schockierendes, weil enttäuschendes Verhalten empfunden. Hierzu zwei typische Beispiele:

Joan: Am Anfang ihrer Beziehung stand eine Abmachung: Sie würde Geld verdienen, während er sein Jurastudium machte. Danach würde er im Gegenzug das Geld verdienen, um sie zu unterstützen bei ihren Berufsplänen, welchen auch immer. Dann aber kam alles anders: Nach seinem Examen wurde sie schwanger, und weil er nicht den gutbezahlten Job ergatterte, auf den sie beide gehofft hatten, war auch nach der Babypause nicht genügend Geld da, damit sie ihre Ausbildung machen konnte. Und dann noch ein Baby... So gingen zehn Jahre ins Land, ohne daß er sich jemals an die Abmachung erinnerte oder sie erwähnte. Und Joan trug einen ständigen, untergründigen Ärger und das Gefühl, betrogen worden zu sein, mit sich herum, wodurch von der anfänglich glücklichen Beziehung am Ende nichts mehr blieb.

Karen: Was war mit ihm geschehen, mit diesem netten, sensiblen Mann? Karen mochte es kaum glauben, wie er sich während ihrer ersten, sehr schwierigen Schwangerschaft verhielt: verständnislos, genervt, fordernd, und immer seltener verbrachte er die Abende zu Hause. Als sie eines Mittags in seinem Büro anrief und Alarm schlug, es sei so weit, die Wehen seien losgegangen und das Taxi stehe vor der Tür, versprach er, so schnell wie möglich in die Klinik zu kommen. Stunden später erst, als die Entbindung bereits vorüber war, traf er dann ein, angeblich hatte ihn sein Chef aufgehalten. Wie könnte sie das jemals vergessen?

In beiden Beziehungen war ein einziger, aber kapitaler Betrug genug, um die Gefühlsbasis zu zerstören. In vielen Fällen summieren sich aber auch viele kleine Ereignisse, die alle mit einem ganz bestimmten Beziehungsthema verbunden sind. Für sich genommen wären sie vielleicht gar nicht so tragisch, in der Summe jedoch verletzen auch sie die Gefühle des anderen, stellen das Vertrauen in Frage, lösen mitunter Folgeprobleme aus, die beide Partner gleichsam betreffen, und verändern immer auch die bisher heile Grundverfassung der Beziehung bzw. der Familie. Eines dieser zentralen Themen ist z. B. das Geld, gemeinsames Geld.

Stellen Sie sich folgende Situation vor: Ihr Partner überrascht Sie mit einem nagelneuen Golfset, das er Ihnen freudestrahlend präsentiert: Er mußte es sich einfach kaufen! Sie haben zwar vorher nicht darüber gesprochen, ob so ein Kauf überhaupt drin ist im Moment, und verkneifen sich selbst schon länger einen ganz bestimmten Wunsch, aber – na gut. Wenig später lädt er drei alte Schulfreunde in ein teures Restaurant ein: Es mußte einfach sein. Und daß ein neues Auto fällig ist, wissen Sie selbst, und Sie waren einer Meinung über das Limit. Aber als er dann Ihrer beider eiserne Reserve anzapft und doch viel mehr ausgibt als nötig, frißt sich der schwelende Ärger in Ihnen allmählich fest. Immer mehr solcher Aktionen, die Sie egoistisch finden und die auf Ihre Kosten gehen, lassen Ihren Partner allmählich in einem Licht dastehen, das Sie an ihm zweifeln läßt und bewirkt, daß Sie sich permanent betrogen fühlen.

2. Schritt: In den Beispielen klingt schon an, daß zu einer bleibenden Verletzung immer auch der andere beiträgt: Wenn jemand Ihnen weh tut, in welcher Form auch immer, können Sie «Aua» schreien, sich sofort dagegen wehren und reagieren aktiv. Wenn Sie allerdings den Schmerz für sich behalten, dem anderen die Wunde nicht zeigen und auch sonst nicht weiter reagieren – so wie in den geschilderten Fällen –, dann braut sich die gefährliche Mischung zusammen.

Dazu kann ich selbst eine Geschichte beisteuern: Als ich mit meinem Mann ein paar Monate zusammen war, erzählte er mir eher nebenbei, daß er demnächst eine Frau wiedersehen würde, die er kurz vor mir kennengelernt hatte, die aber auf dem Sprung war ins Ausland, wo sie den Sommer verbringen wollte. Jetzt sei sie wieder zurück und habe sich gemeldet. Was war schlimm daran? Warum sollte er sie nicht treffen? Er hatte schließlich keine Verpflichtungen ihr gegenüber? Und warum hätte er mir gleich beim Kennenlernen auftischen sollen, daß er gerade eine Kurzliaison hinter sich hatte? Also, sagte ich mir, reiß dich zusammen. Und doch hat es mich verletzt. Es kam mir vor wie eine Heimlichkeit, und gerade unsere rückhaltlose Offenheit miteinander liebte ich so. Warum will er sie wirklich sehen? Warum sagt er ihr nicht am Telefon, daß es mich jetzt gibt – wochenlang vergrub ich mich in diesem Gefühl, betrogen worden zu sein, weil er mir nicht früher von dieser Frau erzählt hatte. Ich sah in ihr eine böse Rivalin, denn wenn sie nicht weggefahren wäre, wer weiß? Dann wäre mein Mann doch noch mit ihr zusammen, oder? In diesen Wochen, bis ich ihm verzeihen konnte, lag über unserer Beziehung ein dunkler Schatten.

Es war nicht allein die Verletzung, die unser Verhältnis bedrohte, es war auch meine Reaktion darauf, mein wochenlanges Schweigen über meine wahren Ängste und meine Eifersucht.

3. Schritt: Bis zu diesem dritten und letzten Schritt, der dem Liebeskiller Nr. 8 endgültig die Türen öffnet, haben Sie noch eine Chance, die ganze Sache sozusagen mit einem Pflaster zu erledigen. Jetzt kann aber etwas hinzukommen, das ich mit einem Magneten vergleichen möchte: Der Schmerz über die Verletzung bleibt kleben, er haftet, er will und will nicht vergehen. Daß es diesen Magneten gibt, hat einen ganz bestimmten Grund oder auch mehrere Gründe, auf die ich gleich zu sprechen komme.

Zunächst jedoch ein Beispiel, wo der Boden für diesen Magneten in jeder Hinsicht bereitet schien, und doch hatte er keine Chance: Der Schmerz blieb nicht haften. Mich selbst hat in diesem Fall beeindruckt, daß man den dritten Schritt nicht gehen muß, auch wenn das Ereignis und der Schmerz darüber besonders schlimm ist:

Ruth und Ernie: Vom Partner geschlagen zu werden, diese Demütigung und Angst, so denken wir eigentlich, kann eine Frau wohl nie vergessen. Zwischen Ruth und Ernie ist so etwas vorgefallen. Als sie es mir erzählten, lag die Sache schon fünfzehn Jahre zurück. Ernie hatte seinem alkoholkranken Bruder die Hälfte von ihrem gemeinsamen Sparkonto «geliehen». Ruth konnte es einfach nicht fassen und brachte das Thema immer wieder auf den Tisch. Es kam zu dem einen Streit, in dem sie sich die fürchterlichsten Dinge an den Kopf warfen, bis Ruth Ernie ins Gesicht schlug. Und er schlug zurück.

Ihr war augenblicklich klar, daß sie ihn dazu herausgefordert hatte und daß er ganz bewußt nicht einen Deut mehr Kraft in seinen Schlag gelegt hatte, als in ihrem steckte. Irgend etwas war an diesem Schlagabtausch dran, an diesem: Da hast du's! – Da hast du's zurück!, das in ihr keine Angst auslöste, er würde so etwas jemals wieder tun. Ernies Schlag bedrohte nicht die Beziehung. Ebenso erging es Ernie: Auch er konnte sich eingestehen, daß Ruth sich niemals ohne seine Provokationen so weit vergessen hätte. Beide vergaßen diesen Vorfall nicht, aber er blieb auch nicht als Gift an ihrer Beziehung kleben.

Diese Geschichte führt uns dahin, was für den dritten Schritt nochmals zusammenkommen muß. Es sind drei Faktoren:

- Angst: «Was du mir angetan hast, und weil du es getan hast, und weil sich seitdem nichts geändert hat zwischen uns, das alles macht mir angst, du würdest es immer wieder tun.»
- Verunsicherung: «Die Sache an sich war ja vielleicht gar nicht so schlimm. Aber die Art, wie du das gemacht hast, das fand ich schlimm. Bist du das wirklich? Der Mann, den ich kenne, der würde so etwas nicht tun, nicht so.»
- Verlust: «Als du das gemacht hast, habe ich etwas Wichtiges verloren, was ich gebraucht habe und geliebt habe an dir, und ich weiß nicht, wie ich es zurückholen kann.»

Wenn wir über etwas nicht hinwegkommen, beherrschen uns immer diese drei Gefühle gleichzeitig. Nehmen wir als Beispiel den für viele schlimmsten Betrug, die Untreue: Ich habe Angst, was aus unserer Beziehung wird und ob so etwas wieder passiert; ich bin verunsichert, was meinen Partner betrifft und seine Gefühle mir gegenüber; und ich habe etwas verloren, von dem ich dachte, daß nur wir beide es jemals teilen würden.

Die Verletzung ist also passiert, aber wenn wir verstanden haben, was genau sie so hartnäckig kleben läßt, haben wir auch ein Gegenmittel. Sie müssen weder das verletzende Ereignis leugnen oder weniger schlimm machen, als es nun einmal für Sie war, Sie müssen auch Ihren Schmerz nicht unterdrücken, sondern Sie können den «Magneten» entschärfen. Bevor wir dahin kommen, ist aber erst einmal die Diagnose wichtig: Ist die Verletzung, die Sie nicht vergessen können, wirklich ein «Beziehungsgift»?

Diagnose Nr. 8:
Haben sich die Verletzungen bei Ihnen so angehäuft, daß Ihre Beziehung davon vergiftet ist?

Nachdem Sie bis hierher gelesen haben, werden Sie vielleicht spontan «ja» sagen. Aber seien Sie mit der Diagnose vorsichtig. Selbst wenn Sie etwas nicht vergessen können und nie verzeihen werden, muß Ihre Beziehung nicht grundsätzlich davon bedroht sein!

Die Fragen, die eine Diagnose erlauben, habe ich durch die Arbeit mit speziell ausgewählten Paaren gewonnen. Es sind Paare, bei denen der gleiche Vorfall ganz unterschiedliche Konsequenzen nach sich zog. So konnte ich untersuchen, welche Eigenschaften der Partner, welche Gefühle und welche Verhaltensweisen dazu geführt haben, daß ein Betrug in dem einen Fall zum Scheitern der Ehe führte und in dem anderen eben nicht, und in einem dritten Fall wiederum zu etwas anderem.

Nehmen wir das Beispiel von Jill und Charles, in deren Ehe einiges an Verletzungen passiert ist. So wird am besten klar, was ich genau mit den Fragen meine:

Jill und Charles. Die beiden sind gleich alt, um die Vierzig, und sie sind seit dreizehn Jahren verheiratet. Ihr Sohn ist acht Jahre alt. Sie kamen in meine Praxis, weil etwas passiert ist: Charles hat nach all den Jahren plötzlich erfahren, daß Jill um die Zeit herum, in der ihr Sohn gezeugt worden sein mußte, als sie mit ihrem Chef auf einer Geschäftsreise in Denver war, dort per Zufall (was Jills Version ist, Charles glaubt, daß sie es so geplant hatte) ihre große Liebe aus der Collegezeit über den Weg lief. Dieser Mann hatte sie damals ohne Erklärung verlassen. Am meisten an der Geschichte machte Charles die Idee zu schaffen, daß das Kind von diesem Mann sein könnte. Ein Test brachte ihm Klarheit, daß es nicht so war: Charles war der Vater.

Jill tat das alles entsetzlich leid, und ihre Version, daß sie das Treffen nicht heimlich arrangiert hatte, war überzeugend. Ebenso wie ihre Geschichte: Sie verbrachte mit diesem Mann deswegen einen Abend und auch die Nacht, um endlich ihre Phantasien, die sie mitunter befielen, daß dies der Mann ihres Lebens gewesen war, loszuwerden. Sie mußte die Gelegenheit einfach ergreifen.

Charles schien beruhigt, und doch blieb eine angespannte, ungute Stimmung zwischen ihnen, die ich mir nur dadurch erklären konnte, daß da noch etwas anderes sein mußte, an dem Charles nagte, zusätzlich zu dieser quälenden Vorstellung: Sie hat mich betrogen...

Ich fragte Jill, was sie davon hielt, und sie gab mir mit kalter Stimme zu wissen: «So wie er sich gibt, das ist nur vorgetäuscht. In Wirklichkeit ist er jemand anderer. Ich bin mir nicht einmal sicher, ob seine Enttäuschung und seine Verletzung wirklich echt sind. Mir kommt es so vor, als ziehe er eine Befriedigung daraus, als genieße er es sogar, jetzt etwas gegen mich in der Hand zu haben. Endlich!»

Nach und nach wurde mir ihre Beziehungsgeschichte klar: Am Anfang stand wenn nicht Betrug, so doch eine Täuschung. Charles, als angehender Zahnarzt und obendrein sehr attraktiv, schien für Jill, die als Sekretärin arbeitete, der große Fang. Zumal Charles ihr die gemeinsame Zukunft glaubhaft ausmalte: Sie hätte ein vollkommen sorgloses Leben, bräuchte nicht zu arbeiten, weder mit noch ohne Kinder. Und dazu machte er noch viel Aufsehens um sein Kunstinteresse, seine eigene Malerei, und gab ihr zu verstehen, daß unter dem Zahnarztkittel das Herz eines wahren Künstlers schlug.

Warum mußte er so aufschneiden und so viel dazudichten, ich liebte ihn doch auch so? fragt Jill sich heute und fühlt sich betrogen. Denn kurz nach ihrer Heirat entpuppte sich der «Künstler» als jemand, der am liebsten mit vielen Freunden vorm Fernseher saß und ansonsten viel Sport trieb, und Geld war immer so knapp, daß Jill nicht daran denken konnte, nicht zu arbeiten. Ihr machte ihr Beruf großen Spaß, sie war mittlerweile einige Sprossen nach oben geklettert in einer renommierten Firma. Sie machte Charles keine Vorwürfe, daß sie arbeiten mußte, aber was sie ihm vorwarf, war sein «so tun als ob», als hätte sie wirklich die Wahl gehabt. Untergründig wußte Charles, daß er ihr etwas schuldete, daß er nicht ehrlich gewesen war: weder über seine wahren Vorlieben noch über seine wahre Lebensplanung. Und jetzt war die Situation eingetreten, daß sie, Jill, unrecht gehandelt hatte. Ein Ausgleich. Ich verstand, was Jill meinte mit: «Charles scheint es zu genießen.»

In dieser Beziehung hat sich also etwas zusammengebraut, diese gefährliche Mischung, die überkocht, wenn Verletzung auf Verletzung kommt. Aber war dadurch ihre Beziehung im Kern bedroht? Um hier eine Diagnose zu stellen, verwende ich den Begriff der «Gram»: Sie spüren eine Art quälende Traurigkeit über den Streit, den sie wegen eines bestimmten Vorfalls hatten, über die schlechten Erinnerungen daran, über die Gefühle von Verbitterung, die daraus entstanden sind und mit denen sie leben müssen. Jills kalte Feststellung zum Beispiel über Charles' wahre Motive, aus der Dienstreise damals so ein Theater zu machen, war ein deutliches Zeichen für diesen «Gram».

Kommen wir jetzt zu Ihrer Diagnose. Sie tragen also eine Verletzung mit sich herum, die Sie nicht vergessen können und die weh tut bis heute, wenn Sie daran denken. Ist es wirklich ein Liebeskiller oder nicht?

1. Haben Sie das Gefühl, daß selbst in schönen Zeiten eine gewisse Bitterkeit mitspielt, so daß Sie nie wirklich glücklich sind?
   ____ Ja   ____ Nein

2. Fühlen Sie sich wie besessen von Gram über das, was Ihnen passiert ist in der Beziehung?

____ Ja ____ Nein

3. Wenn Sie mit Ihrem Partner im Gespräch sind und auch nur in die Nähe des Themas kommen, verstricken Sie sich dann unvermeidlich in Streitereien?

____ Ja ____ Nein

4. Wenn Sie über Ihre Verletzungen streiten, verläuft es dann immer gleich? Als ob Sie ein und denselben Kampf ständig wieder ausfechten?

____ Ja ____ Nein

5. Kommt es Ihnen so vor, als wäre der Schmerz und der angerichtete Schaden mit der Zeit nicht kleiner geworden?

____ Ja ____ Nein

6. Sind Sie sich hundertprozentig sicher, daß Sie Ihren Partner niemals geheiratet hätten, wenn Sie damals schon die bittere Lehre geahnt hätten, die Sie aus Verletzung ziehen würden?

____ Ja ____ Nein

Wenn Sie nur eine der sechs Fragen bejahen können, dann schwelt tatsächlich ein Ereignis aus der Vergangenheit so sehr, daß es ein Liebeskiller ist. Und um zu Charles und Jill zurückzukommen: Deren Antworten waren vollkommen unterschiedlich.

Charles konnte für sein Gefühl keine der Fragen mit ja beantworten, obwohl er Jills Untreue auch noch nach so langen Jahren als gravierend empfand. Jill dagegen bejahte gleich vier der Fragen! Sie konnte sich einfach nicht damit abfinden, daß Charles vorgegeben hatte, jemand ganz anderer zu sein, und noch lange so getan hatte als ob. Immer wenn sie im Büro einem interessanten Mann begegnete, ging ihr durch den Kopf: «So ein Typ zu sein, das gaukelte er mir immer vor.» Jill war sich sogar ganz sicher, daß sie

Charles niemals geheiratet hätte, wenn sie ihn damals schon durchschaut hätte – obwohl sie ihm im Streit dennoch vorhielt, daß sie ihn auch ohne diese Fassade und die Aufschneidereien großartig gefunden hätte. Am schwerwiegendsten jedoch war ihr Mißtrauen ihm gegenüber: Selbst wenn er offen und ehrlich von seinen Gefühlen sprach, z.B. daß er Verantwortung für seine Patienten fühle, merkte sie, daß sie nichts, was er über sich selbst sagte, wirklich glauben und ernst nehmen konnte. Sie traute ihm nicht.

Rezept Nr. 8
Entgiften Sie die Wunde

Vielleicht machen Sie sich bereits die größten Sorgen, ob Sie es schaffen werden, Ihre Beziehung vor diesem Liebeskiller zu retten. Sie werden es schaffen und die besten Voraussetzungen dafür haben,

- wenn Sie den Wunsch haben, die Beziehung aufrechtzuerhalten und sich in ihr wieder wohl zu fühlen;
- wenn Sie erkennen, warum Sie an Ihrem Schmerz, Ihrem Gram, Ihrer Wut oder sonstigen heftigen negativen Gefühlen festhalten, wenn Sie also den «emotionalen Magneten» gefunden haben;
- wenn Sie es schaffen, sich von diesen Gefühlen zu lösen und sie ein für allemal zu verabschieden.

Vor allem beim letzten Punkt brauchen Sie vielleicht Unterstützung durch eine Therapie. Andererseits ist es nicht so ungewöhnlich, daß Leute aus sich heraus die Stärke spüren, von einer Wut oder einem Groll abzulassen. Manchmal braucht es nicht einmal eine bewußte Entscheidung, sondern es braucht einfach eine gewisse Zeit, die verstreichen muß.

Gehen Sie systematisch vor

Haben Sie denn alle Möglichkeiten bedacht, wie Sie Ihren Schmerz loswerden können? So wie Sie beispielsweise mit kühlem Kopf einem Pfirsichfleck auf dem neuen Damasttischtuch zu Leibe rücken würden? Damit Sie mich nicht falsch verstehen: Ich weiß, daß ein seelischer Schaden in keiner Weise vergleichbar ist mit einem versauten Tischtuch – aber lassen Sie sich ein paar Minuten auf die Problemlösungstaktik für solche Fälle ein, und ich verspreche Ihnen, daß Sie damit auch bei Ihrem Beziehungsproblem weiterkommen.

Also: Sie stehen vor dem Fleck, und anstatt wie wild mit einem nassen Tuch herumzureiben oder den Fleck mit Seife zu bearbeiten, sagen Sie sich: Nichts überstürzen, lieber fragen, was andere in solchem Fall machen, vielleicht hat jemand einen guten Tip. Und genau den werden Sie ausprobieren. Was könnten Sie Besseres tun? Die chemische Reaktion von Pfirsich mit Damast studieren und sich in Ihrer Hexenkammer tausendundeine Mixtur zusammenbrauen? Natürlich nicht – es gibt immer Leute, die vor Ihnen schon eine Lösung für welches Problem auch immer gefunden und getestet haben. Gott sei Dank, wie ich finde!

In genau diesem Sinne will ich Ihnen hier erprobte Lösungen für Ihr Problem anbieten. Sie haben sich vielfach bewährt und sind einfach zu befolgen. Auch wenn Sie also Ihr Problem für nicht lösbar halten, probieren Sie es aus! Mehr Schaden, als Ihre Beziehung nehmen würde, wenn Sie gar nichts unternähmen, wird es auch nicht anrichten.

Mein Rezept besteht aus fünf Schritten:

Schritt 1: Treffen Sie die Entscheidung, den Schmerz zu beseitigen. Für manche ist dies der einfachste Schritt. Sie setzen sich mit Ihrem Partner zusammen und reden Klartext: «Wenn wir nicht endlich etwas unternehmen, um die Sache zu bereinigen und damit es nicht mehr so nagt an mir, ist unsere Beziehung bald am Ende. Laß uns nicht darüber streiten, wer wem mehr Unrecht getan hat und wie oft schlimme Sachen passiert sind. Laß uns einfach einig sein, daß wir etwas unternehmen müssen.»

In Schritt 1 müssen Sie beide in diese vier Punkte einwilligen:

a) zugeben, daß mit Ihrer Beziehung etwas nicht mehr stimmt;
b) zugeben, daß sich das Problem nicht von selbst lösen wird;
c) gegenseitige Rücksicht auf Verletzungen und Empfindlichkeiten nehmen;
d) Bereitwilligkeit zeigen, das Notwendige zu tun.

Vergewissern Sie sich gegenseitig, daß Sie beide diese Voraussetzungen für eine echte Bereinigung Ihrer Beziehung erfüllen wollen. Und dann nehmen Sie sich Zeit… Ich will nicht sagen, daß das Sprichwort «Zeit heilt alle Wunden» wortwörtlich stimmt, aber daß Zeit eine Rolle spielt bei Heilung, das ist unbestritten. Deshalb mein Vorschlag an dieser Stelle: Lassen Sie zwischen den vier folgenden Schritten jeweils eine Woche vergehen.

Schritt 2: Wir wollen uns versöhnen. (Beginn der 1. Woche) Sie sollen jetzt nicht aus dem Stand heraus alles vergeben und vergessen. Das können Sie auch gar nicht. Aber Sie können sich ein Versprechen geben, Sie könnten sich sagen:

«Es gibt einige Dinge, die wir aufarbeiten müssen, und ich verspreche dir, daß ich dabei meinen Groll und meine Bitterkeit, die ich sonst so sehr verspüre, zurückstelle. Ich möchte jemand sein, der verzeihen kann. Ich bin es müde, unversöhnlich und unnachgiebig zu sein.»

Dieses Versprechen, verzeihen zu wollen, gehört einfach in eine Welt, in der es Liebe geben soll. Niemand, der liebt, darf sagen, daß Verzeihung unmöglich ist. Unversöhnlich zu sein heißt nichts anderes, als das Ende der Beziehung zu besiegeln – dann gibt es in der Tat keine Rettung mehr.

Allen und Judy: Judy, die Schwierigkeiten mit diesem Schritt hatte, sagte: «Ich hoffe wirklich, daß ich das alles vergessen kann, andererseits weiß ich einfach nicht, ob ich es dir verzeihen kann, wie du all die Jahre an meinem Selbstwertgefühl gerüttelt hast. Wie soll ich dir verzeihen, daß du mich zu einem Nichts degradieren wolltest?»

Keiner kann an Dingen, die einmal passiert sind, etwas ändern. Aber was wir ändern können, ist unser Verständnis dessen, was damals geschehen ist. Auch unseren Blick darauf, was heute vor sich geht und was vielleicht in der Zukunft sein wird, können wir ändern.

Was heute vor sich geht auch in Ihrer Beziehung, wenn Sie ähnliches erlebt haben und fühlen wie Judy, stellt Sie vor eine klare Alternative: Entweder Sie geben dieses Versprechen, daß Sie versuchen werden zu verzeihen, oder Sie beenden die Beziehung. Judy wußte, daß sie trotz allem die Beziehung zu ihrem Mann nicht beenden wollte. Also gab sie – Zweifel hin oder her – dieses Versprechen. Nicht mehr und nicht weniger müssen auch Sie in diesem zweiten Schritt tun.

Schritt 3: Verschaffen Sie sich Sicherheit. (Beginn der 2. Woche) Noch sind Sie nicht soweit, sich mit den Wunden aus der Vergangenheit zu versöhnen. Was Sie jetzt brauchen, sind drei Dinge: Sie müssen sicher sein, daß die Verletzung endgültig der Vergangenheit angehört und sich niemals wiederholen wird. Sie müssen verstehen, warum geschehen ist, was geschehen ist, welchen Anteil Ihr Partner, welchen Sie selbst daran hatten. Und Sie müssen Ihr Selbstwertgefühl stärken bzw. zu ihm zurückfinden. Stellen Sie sich also folgende drei Fragen:

1. *«Warum muß ich den Schmerz wachhalten?»* Bei unserem Beispiel von Allen und Judy war es Angst. Judy fand heraus, daß sie durch ihr anhaltendes Verletztsein eine Wachsamkeit entwickelt hatte: aus Angst, daß Allen sie weiterhin verletzen könnte. Diese Angst treffe ich bei nahezu jedem Paar an, das alten Schmerz nicht überwinden kann. Wir haben Angst, daß das, was der andere getan hat, aus seinem Wesen heraus gekommen ist und daß dieses innerste Wesen ja heute nicht anders ist als damals. Sie brauchen also irgendeine Sicherheit, daß das, was Ihren Partner damals bewegt hat, Sie zu verletzen, heute nicht mehr vorhanden ist und auch in Zukunft nicht sein wird. Sie müssen wieder Vertrauen finden. Ein erster Schritt ist Offenheit. Sagen Sie Ihrem Partner zum Beispiel:

«Mir fällt es schwer zu vergessen, wie weh du mir getan hast, weil ich Angst davor habe, daß es wieder passieren könnte. Ich weiß, daß du mir keinen Beweis geben kannst, daß das nicht stimmt. Aber irgend etwas Verläßliches brauche ich einfach von dir.»

Ich erlebe oft, daß die Angst vor wiederholter Verletzung auch daher rührt, daß der Partner nie wirklich vermittelt hat, daß er die Verletzung des anderen in ihrem vollen Ausmaß anerkennt und sich vorstellen kann, daß der Schmerz seine Berechtigung hat. Es ist nicht immer Mißachtung, sondern eher Schuldbewußtsein, aus dem heraus er vermittelt: «Soo schlimm war das doch auch nicht!» Bitten Sie Ihren Partner in diesem Fall anzuerkennen, was er Ihnen angetan hat, und Ihren Schmerz zu respektieren.

2. *Warum ist es passiert, und was bedeutet es?* Bitten Sie Ihren Partner, und bitten Sie ihn gegebenenfalls auch mehrere Male, daß er Ihnen erklärt, warum er dies oder das getan hat. Bleiben wir bei der sexuellen Untreue: Was den betrogenen Partner am meisten quälen kann, ist die Unsicherheit über die Gründe, und selbst wenn er noch so eindringlich fragt: «Warum?» erhält er vielleicht die Auskunft: «Ich weiß ja selbst nicht. Es ist eben passiert.» Damit wird die Angst, es könne sich wiederholen, natürlich geschürt. Sie können mit vollem Recht von Ihrem Partner verlangen, daß er sich zumindest im nachhinein Gedanken macht und Ihnen eine ehrliche Antwort gibt. Wenn er dies nicht kann: Will er im Ernst behaupten, er sei ferngesteuert gewesen? Wohl kaum! Bestehen Sie auf einer Antwort. Aber gehen Sie nicht in Angriffshaltung, so daß Ihr Partner wiederum fürchten muß, wie Sie reagieren, wenn er Ihnen unangenehme Dinge sagt, daß er zum Beispiel mehr Sex wollte und sich unterversorgt fühlte von Ihnen, oder daß er eine Phase hatte, wo er an Ihrer Beziehung überhaupt gezweifelt hatte.

3. *«Was ich mir von dir wünsche…»* Nutzen Sie diese dritte Woche zum Nachdenken, was Sie von Ihrem Partner erwarten, sozusagen als Gegenleistung für Ihr eigenes Bemühen, ihm zu verzeihen. Das müssen Sie ganz allein für sich selbst herausfinden, Sie haben Angst und wissen am besten, was passieren muß, damit sie verschwindet. Das können ganz konkrete Dinge sein: Nehmen Sie die Frau, die ihren Partner bat, nicht mehr dort zum Tennisspielen zu gehen, wo er regelmäßig weiterhin mit der Frau zusammentraf, mit der er sie betrogen hatte. Er rang sich dazu durch, obwohl es ihn hart ankam – nicht wegen dieser Frau, aber weil der Platz besonders schön war. Nun, er fand einen anderen, und er lieferte einen sichtbaren Beweis seines guten Willens.

An dieser Stelle ist jedoch eine Warnung angebracht: Von Ihrem Mann ein wertvolles Schmuckstück zu fordern, quasi als Wiedergutmachung für jahrelange mangelnde Wertschätzung, ist vielleicht nicht das geeignete Mittel. (Oder fühlen Sie sich wieder wertvoller mit einer doppelreihigen Perlenkette um den Hals, für die er Ihrer beider Konto abräumt?) Ebenso wie die unrealistische Forderung, der Mann solle in diesem Fall nicht seine Tennispartnerin, sondern seine Mitarbeiterin, mit der er eine Affäre hatte, nie wiedersehen: Soll er bzw. kann er sie überhaupt kündigen? Soll er sie bitten, von sich aus zu gehen? Soll er selbst kündigen? – Bei allem berechtigten Anspruch, den Sie an Ihren Partner haben: Bleiben Sie fair, dies ist nicht die Stunde der Rache! Ihr Partner muß eine reelle Chance haben, Ihre Bitte nach Vertrauens- und Liebesbeweis zu erfüllen.

Schritt 4: Eine endgültige Bereinigung. (Beginn der 3. Woche) Manche Leute, die das Rauchen aufgeben wollen, besiegeln diesen Entschluß mit einer Zeremonie: Sie rauchen bewußt eine allerletzte Zigarette, vernichten eventuelle Vorräte, entfernen sämtliche Aschenbecher aus dem Haus. So verschwindet zwar nicht ihr Verlangen zu rauchen, das wird noch eine Zeitlang dauern, aber sie markieren damit einen echten Schlußpunkt. Genau so eine Zeremonie schlage ich Ihnen für die 3. Woche Ihrer Versöhnungszeit vor:

• *Geben Sie ein letztes Mal all Ihrer Wut und Verletzung nach.* Setzen Sie sich dabei ein striktes Limit von fünf Minuten, in denen Ihr Partner Ihnen zuhören muß: egal ob Sie weinen, fluchen, ihm alles noch einmal an den Kopf werfen: Sie haben genau fünf Minuten. Auch wenn es Ihnen zu kurz scheint für all das, was Sie mit sich herumtragen: Glauben Sie mir: Es ist ausreichend. Und Ihrem Partner wird es wie eine Ewigkeit vorkommen –

versetzen Sie sich nur einmal in die andere Position. Wer würde sich nicht ducken, wenn ihm etwas an den Kopf geworfen wird, egal ob faule Eier oder Vorwürfe oder unverdeckter Schmerz?

• *Bitten Sie Ihren Partner um eine Reaktion.* Er muß sich jetzt weder entschuldigen noch verteidigen, er muß einfach Ihre Wut, Ihren Schmerz anerkennen. Und selbst, wenn es Ihnen zu «lasch» vorkommt: Wenn er sagt: «Ich habe verstanden, daß du gekränkt und beleidigt bist», wenn Sie selbst sagen würden, Sie seien zutiefst verzweifelt und am Boden zerstört – honorieren Sie, daß er verstanden hat, Ihre Gefühle verletzt zu haben.

• *Zum Abschluß die Entschuldigung.* Egal, wie Sie es sagen, hierbei gibt es eine Regel: Formulieren Sie niemals mit «ja –aber»! Ich wurde einmal Augenzeugin des definitiven Endes einer Beziehung, als das Paar, das bei mir in Therapie war, all die notwendigen Schritte bis hierhin geschafft hatte und es dann krachte. Der Mann, an dem es war, sich zu entschuldigen, begann damit, daß er seine Partnerin niemals verletzen wollte, daß es ihm leid tue, was er ihr angetan habe, aber... Und dann zählte er Dinge um Dinge auf, für die er es überhaupt nicht einsehe, sich entschuldigen zu müssen, und wieso eigentlich nur er und so weiter. Seine Frau hörte wie erstarrt zu: Das war keine Entschuldigung, das bedeutete für sie das Ende der Beziehung.

Eine Entschuldigung ist eine uneingeschränkte Anerkennung des Leids, das ich jemand anderem angetan habe. Hier ist weder Platz noch Berechtigung für ein «aber». Sie sind an diesen Punkt, den richtigen Zeitpunkt für eine Entschuldigung gekommen, weil die Vorarbeit – eben die «aber», die Erklärungen, die Gefühlsausbrüche – jetzt hinter ihnen liegt. Speziell in dieser dritten Woche haben Sie Ihren Schmerz ein letztes Mal ausgedrückt, er ist von Ihrem Partner erkannt und anerkannt worden, jetzt können Sie ihn im wahrsten Sinne des Wortes begraben und damit Ihrerseits Ihrem Partner verzeihen. Und auch dies ohne Wenn und Aber.

Schritt 5: Erholungszeit (Beginn der 4. Woche) Die Hauptarbeit ist getan, jetzt gönnen Sie sich noch einmal Zeit. Ihre Wunde tut vielleicht immer noch weh und ist nicht ganz verheilt. Was macht das schon? Sie müssen sich keine Sorgen machen: Weder ist die Wunde infiziert, noch fehlt Ihnen ein Verband, noch zweifeln die Ärzte am erfolgreichen Ausgang der Operation. Sie haben ein Kapitel Ihrer Beziehung abgeschlossen, lassen Sie es in Zukunft ruhen. Und nutzen Sie diese vierte und abschließende Woche zur Rekonvaleszenz: So wie Sie am ersten fieberfreien Tag nach einer Grippe nicht gleich wieder aufspringen und zum Tagesgeschäft übergehen, sondern ein paar Ruhetage im Bett oder zumindest auf dem Sofa anhängen.

Vielleicht kommt Ihnen die Situation jetzt sogar paradox vor: Sie wollen vergessen, und Sie wollen, daß so etwas nicht wieder passiert, also müssen Sie die Erinnerung an Ihren Schmerz doch irgendwie wachhalten, damit es nicht wieder dazu kommt. Das muß jedoch kein Widerspruch sein – im Gegenteil, Sie können diese Situation konstruktiv nutzen!

Stärkungsmittel Nr. 8:
Eine bereinigte Sache

Es gehören in einer Beziehung immer zwei dazu, daß ein Konflikt eskaliert und unlösbar scheint. Erinnern Sie sich: Am Anfang dieses Kapitels sprach ich bereits davon, daß der Partner, der sich zum Beispiel über lange Jahre der Beziehung betrogen fühlt oder den wiederholte Ereignisse verletzt haben, durch eine gewisse Hinnahme der Situation zumindest duldete, daß sich etwas zusammenbraut.

Für den Fall, daß Sie beide wieder gefährlich in die Nähe dessen kommen, was Sie sich eigentlich geschworen haben, sich nie mehr anzutun: Drücken Sie auf den Alarmknopf. Um noch einmal zu Judy und Allen zurückzukommen: Allen passierte es doch immer wieder, an Judy herumzukritisieren, sie zu belehren, wie sie etwas anders oder besser machen solle – eben die alte Leier. Judy verwahrte sich in solchen Fällen sofort: «Allen, genau mit dieser Art hast du mich so lange Jahre kleingehalten. Ich habe das für mich abgehakt, bitte gib mir nicht neuen Anlaß, mich wieder wie damals fühlen zu müssen.» Ihr Partner bekommt ein sofortiges, faires Feedback und kann mit einem «Tut mir leid» die Situation wieder bereinigen. In diesem Sinne können Sie die Erinnerung an alte Wunden konstruktiv nutzen: Sie gehen bewußter mit der eigenen Verletzlichkeit um und damit auch bewußter mit der Beziehung. Zugleich apellieren Sie an die gemeinsame Basis, die Sie wiedergefunden haben: Sie wollen sich nicht absichtlich verletzen, selbst wenn es mal passieren sollte, es gibt keinen alten Groll oder bohrende Rachegefühle oder sonst etwas, das Ihre Beziehung weiterhin vergiften könnte.

Es gehören immer zwei dazu, habe ich oben gesagt. Fast immer, muß ich jetzt einschränken, denn der nächste Liebeskiller ist tatsächlich einer, der mit nur einem der Partner zusammenhängt. Ich werde jetzt von Problemen sprechen, die nicht aus der Beziehung heraus entstehen, sondern weil ein Partner selbst höchst problematisch ist.

10

Nicht die Beziehung,
sondern der Partner ist das Problem

Liebeskiller Nr. 9:
Persönlichkeitsprobleme

Frage:
Hat Ihr Partner oder haben Sie mit sich selbst Probleme,
die auch die Beziehung belasten?

Vivian war eine der ersten meiner Klienten, die ich für dieses Buch interviewt habe. Gleich auf meine eingangs gestellte Frage, wie sie ihre Beziehung schildern würde, sagte sie: «Wie kann man zehn Jahre seines Lebens zurückbekommen? Gibt es irgendeine Anlaufstelle, der man melden kann, daß jemand mir zehn Jahre gestohlen hat, und die sie mir wiederbeschafft?» Aus ihr sprach eine tiefe Frustration. Diese zehn Jahre, die sie «zurückhaben» will, verbrachte sie mit aufreibender Beziehungsarbeit, in der Überzeugung, daß die Probleme, die sie und ihr Mann miteinander hatten, eben Beziehungsprobleme seien. Walter, ihr Ehemann, hatte jedoch Persönlichkeitskonflikte, die die Beziehung zwar natürlich beeinträchtigten, aber ursächlich hing beides in keiner Weise zusammen. Vivian also versuchte, ihre «Eheprobleme» zu lösen, die in Wirklichkeit Walters Probleme waren.

Ich könnte gar nicht sagen, wie viele der Paare, mit denen ich gearbeitet habe, immer die gleiche Frage stellen: «Wir wissen doch eigentlich, wie eine Beziehung funktioniert, warum fällt es nur so schwer?» Auf meine Nachfrage, was genau denn so schwer sei, kommen sie auf die ständige Frustration zu sprechen, weil sie selbst sich bemühen und bemühen, der andere hingegen nicht mitzieht: «Wir können einfach nicht glücklich sein, weil er/sie dieses Problem mit sich selber hat.»

Wenn einer der Partner so etwas zugibt, ist schon ein wichtiger Schritt getan. Normalerweise besteht nämlich eine Art Tabu, dem anderen «die Schuld zu geben» oder ihn als «das Problem» hinzustellen. Der meist in Streitsituationen geäußerte Vorwurf: «Du bist ja krank!» oder: «Du bist doch nicht normal» wird als tiefste Kränkung und Beleidigung empfunden und oft mit einem Gegenangriff beantwortet. Nicht selten haben Paare, die zu mir kommen, schon ihre Runde bei Paar- oder Familientherapeuten gemacht, und die zweifache Botschaft, die sie von dort mitgenommen und verinnerlicht haben, lautet: 1. vor allem nicht den Partner als Schuldigen hinstellen und 2., wenn persönliche Probleme vorliegen, dann als Resultat der konflikthaften Beziehungsdynamik.

Beziehungsprobleme oder persönliche Probleme?

Wenn Sie selbst diese Botschaft erhalten haben und derjenige sind, der insgeheim davon überzeugt ist, daß das persönliche Problem Ihres Partners es ist, das Ihre Beziehung so schwierig macht, dann müssen Sie sich großartig fühlen: Natürlich wollen Sie nicht Schuld austeilen, schon gar nicht an jemanden, den Sie lieben. Also tun Sie so, als sei alles in

Ordnung mit Ihrem Partner. Aber das Zusammenleben nimmt mehr und mehr Schaden und wird immer unerträglicher für Sie. Lesen Sie, wie es Vivian in ihrer Ehe erging:

Vivian und Walter: Nach achtzehn Jahren Ehe standen sie kurz vor der Scheidung, die aber zu guter Letzt abgewendet werden konnte. Gut die Hälfte ihrer gemeinsamen Zeit als Ehepaar verbrachten sie beide in dem Gefühl, daß mit ihrer Ehe irgend etwas nicht stimmte, daß sie zu schwierig sei, zu problematisch. Es war eigentlich die alte Geschichte eines Paares, das nicht miteinander reden konnte, ohne in Streit zu geraten. Worum sie stritten, ist jedoch interessant: Es ging immer darum, daß Vivian sich darüber beklagte, daß Walter sich zu nichts aufraffen würde, sie nicht unterstützen oder ihr zuliebe etwas tun würde. Sei es, daß er sich nie darum kümmerte, ob das Auto in Ordnung war oder genügend Benzin im Tank, oder daß er sie, die oft Geschäftsreisen machte, vom Flughafen abholte und eingekauft hatte. Oftmals waren es kleine Dinge, aber für Vivian bekamen sie immer mehr Gewicht. Weil sie obendrein das Gefühl hatte, daß Walter ziemlich ungerührt auf ihre Enttäuschung reagierte, wurde sie heftiger, und es kam ständig zu Szenen. Dann sagte Walter ihr, wenn sie so unglücklich mit ihm wäre, solle sie doch gehen und sich einen anderen suchen. Worauf Vivian es bereute, daß sie überhaupt etwas gesagt hatte.

Sie glaubten, daß Kinder ihnen das ersehnte Gefühl geben würden, eine wirkliche Familie zu sein und zusammenzugehören. Als dann das erste Baby kam, war das einzige, was sich in ihrem Leben veränderte, daß sie nur noch mehr Streß hatten und auch die Anforderungen an Walter als Familienvater höher wurden. Das Problem, daß er «nichts tat», sich um nichts kümmerte, wurde nur noch schwerwiegender.

Sie begannen eine Paartherapie, und in den folgenden

zehn Jahren wechselten sie zweimal den Therapeuten. Vivian hatte immer das Gefühl, daß die Therapie an den wirklichen Problemen vorbeiging. Aber keiner gab jemals Walter «die Schuld». Inzwischen weiß Vivian, daß ihr Gefühl sie nicht getrogen hatte: Irgend etwas stimmte tatsächlich nicht mit Walter, er hatte ein Problem. Welches, das fand ein naher Freund heraus, der als Schulpsychologe arbeitete. In den vielen Gesprächen, die er mit Walter über dessen Ehe und ihn selbst geführt hatte, konkretisierte sich sein Verdacht immer mehr: Walter litt unter einem depressiven Syndrom – er traute sich nichts zu und hatte zu nichts Lust, war ohne Energie, Motivation und Antrieb, und er nahm es hin wie etwas Schicksalhaftes. Als verzweifelt empfand er sich nicht, eher als gedrückt.

Walter willigte in eine Therapie ein, deren Ergebnis nicht war, daß er nunmehr der Strahlemann wurde, aber er richtete sich auf. Er konnte Vivian und seiner Familie jetzt etwas geben, und er wollte es.

Vivian und Walter haben ihre Ehe retten können, weil Walter sein persönliches Problem gelöst hatte. Und weil Vivian auf ihr Gefühl vertraut hatte, daß nicht etwas mit ihrer Ehe nicht stimmte, sondern mit Walter. Wie oft hatte sie bei Freunden gesessen und sich fragen lassen: «Wenn er nie etwas tut und du nur frustriert bist, warum verläßt du ihn nicht? Es ändert sich doch nichts, egal, wie du dich aufregst!»

«Probleme mit sich selbst hat doch jeder einmal...»

Zugegeben, wer sagt nicht mal über seinen Partner, daß er depressiv sei, oder krankhaft eifersüchtig, oder daß er seine Gefühle nicht zeigen könne. Aber heißt das auch immer, daß Ihr Partner oder Sie eine Therapie brauchen, eine ärztliche, psychiatrische Behandlung? Daran denken Sie wahrscheinlich als letztes, wenn Sie das sagen. Sie müssen diese Gedanken jedoch ernst nehmen. Was, wenn es tatsächlich so ist und Ihr Partner nicht einfach eine Verstimmung hat, eine «schlechte Phase» oder ähnliches, sondern tatsächlich ein psychologisches Problem, eine Persönlichkeitsstörung?

Sie sind kein Psychologe oder Psychiater, und Sie sollen in diesem Kapitel auch keine Diagnose stellen, was Ihrem Partner fehlen könnte, oder gar selbst versuchen, das Problem zu therapieren. Aber was Sie tun müssen, ist sich klar darüber zu werden, ob Ihr Partner ein solches Problem haben könnte. Wenn Sie das nicht erkennen und Sie sich in Ihrer Beziehung weiterhin mit Dingen abkämpfen, die außerhalb der Beziehung und unabhängig von Ihnen ihre Ursache haben, tun Sie es erstens umsonst. Und zweitens nimmt nicht nur Ihre Beziehung Schaden, sondern auch Sie selbst. Erinnern Sie sich an Vivians Klage über zehn verlorene Lebensjahre...

Diagnose Nr. 9:
Hat Ihr Partner ein psychologisches Problem?

Eine Persönlichkeitsstörung ist manchmal äußerst schwer zu diagnostizieren. Zumal für Laien, und wieviel schwerer für Menschen, die mit den Betroffenen vielleicht lange Jahre gelebt haben und sich vielleicht damit abgefunden haben, daß der andere «empfindlich» ist oder «Ängste hat» oder «schwermütige Stimmungen». Vielleicht sind die Symptome ja auch erst kürzlich aufgetreten? Gibt es konkrete Auslöser? Hat Ihre berufliche oder private/familiäre Situation sich gravierend verändert? Gibt es eine Krankheit? Ist es vielleicht doch die Beziehung, die den anderen «krank macht»? – Die folgenden Fragen helfen Ihnen, das abzuklären. Sie sind keinesfalls Ersatz für eine klinische

Diagnose, aber sie sind eine Art Erste Hilfe, damit Ihre Beziehung nicht zwangsläufig kaputtgeht, obwohl Ihrem Partner zu helfen wäre.

Antworten Sie auf jede der elf Fragen mit einem einfachen Ja oder Nein:

1. Ist Ihr Partner so niedergeschlagen, unausgeglichen oder schlecht gelaunt und gereizt, daß er Ihnen auffallend verändert vorkommt – sowohl von seiner Persönlichkeit her wie von seinen Aktivitäten? Scheint er wie in eine düstere Wolke gehüllt, oder klagt er oft darüber, daß er mutlos sei und daß alles keinen Sinn habe? Beobachten Sie dies schon über einen Monat? Kurz: Hat sich für Ihren Partner das Leben verdunkelt?
____ Ja   ____ Nein

2. Befürchten Sie, daß Ihr Partner Alkoholiker ist? Trinkt er Ihrer Meinung nach regelmäßig zu viel? Hat sein Alkoholkonsum schon Probleme oder Ärger außerhalb der Beziehung oder der Familie erzeugt?
____ Ja   ____ Nein

3. Handelt Ihr Partner so, als geriete alles in Unordnung und aus dem Gleis, wenn er nicht die Kontrolle darüber hätte? Setzt er alles daran, daß die Dinge nach seinen Vorstellungen laufen? Reagiert er auf Leute, die anders sind und einen anderen Stil haben, gewöhnlich gereizt und frustriert? Hat ihn seine Kontrollhaltung schon Freundschaften gekostet und Beziehungen zu anderen generell schwierig gemacht?
____ Ja   ____ Nein

4. Hat Ihr Partner Stimmungsschwankungen, wenn er Drogen oder andere Suchtmittel nimmt? Oder braucht er diese, um im Gleichgewicht zu bleiben?
____ Ja   ____ Nein

5. Hat Ihr Partner fixe Ideen und scheint er davon so besessen, daß es ihn im Job beeinträchtigt oder auch in der

Beziehung? (Ich meine hier nicht unbequeme Meinungen, sondern regelrechte Obsessionen, die so abnormal sind, so daß wir diesen Menschen «seltsam» finden: z.B. Aberglauben, UFO-Glauben und andere Einbildungen dieser Art.)

_____ Ja   _____ Nein

6. Jeder von uns macht Fehler und hat mal Pech, aber scheint Ihr Partner in überdurchschnittlich vielen Situationen nicht zurechtzukommen, zu scheitern, keinen Durchblick zu haben oder einen Schlamassel anzurichten?

_____ Ja   _____ Nein

7. Ist Ihr Partner ungewöhnlich ängstlich, auch gegenüber Dingen, die andere ganz harmlos finden? Und beeinträchtigt diese Angst sein Handeln, eigentlich sein ganzes Leben?

_____ Ja   _____ Nein

8. Gibt es etwas, das Ihren Partner so in Beschlag nimmt, wovon er regelrecht besessen oder dem er scheinbar willenlos ausgeliefert ist, daß geschehen kann, was will, er kann nicht davon ablassen? Beeinträchtigt diese Art Sucht sein sonstiges Leben?

_____ Ja   _____ Nein

9. Ist Ihr Partner in eindeutig illegale Unternehmungen verwickelt? Macht er Ihnen angst durch die Dinge, die er tut?

_____ Ja   _____ Nein

10. Hat Ihr Partner extreme Stimmungsschwankungen, die nicht mit bestimmten Ereignissen in Zusammenhang stehen, so daß er in einem Moment aus heiterem Himmel tieftraurig und unglücklich ist und zu anderen Zeiten mitreißend gutgelaunt und sprühend vor Lebensfreude? Befindet er sich ständig auf einer Gefühlsachterbahn?

_____ Ja   _____ Nein

11. Wenn Sie Ihren Partner mit Menschen ähnlicher Veranlagung, Temperament, Vorlieben und Abneigungen vergleichen und an die Seiten von ihm denken, die Sie beunruhigen: Unterscheidet er sich darin auffällig von anderen?

_____ Ja   _____ Nein

Wenn Sie eine der elf Fragen mit Ja beantworten, dann liegt zumindest ein begründeter Verdacht vor, daß Ihre Beziehungsprobleme daher rühren, daß Ihr Partner ein psychologisches Problem haben könnte. Das heißt aber nicht, daß es so sein muß: Überlegen Sie besonders sorgfältig bei Frage elf und haben Sie dabei im Hinterkopf, daß nicht Äpfel und Birnen verglichen werden sollen. Also nicht einen gerade pensionierten Hochschullehrer mit einem 45jährigen Werbekaufmann vergleichen, oder eine weitgereiste Journalistin mit der Heimarbeiterin mit drei Kindern. Wie jeder von ihnen mit dem gleichen Problem umgeht – sei es Liebeskummer oder Gewichtsprobleme –, kann vollkommen unterschiedlich sein. Beziehen Sie die Lebenserfahrungen und den jetzigen Lebenshintergrund Ihres Partners immer mit ein, wenn Sie vergleichen, wie andere sind, und überlegen Sie, ob etwas noch «normal» ist. Bill war jemand, der mich in diesem Zusammenhang eine Lektion gelehrt hat, die ich nicht vergessen werde:

Bills Geschichte: «Noch vor ein paar Jahren war ich drauf und dran, meine Frau in die geschlossene Anstalt einweisen zu lassen. Ich war sicher, sie leide unter manischer Depression und sei neurotisch oder sonst irgendwie krank. Ich muß dazu sagen, daß ich ohne Geschwister aufgewachsen bin, meine Mutter hatte Gebärmutterkrebs und dann diese Operation, aber weder sie noch mein Vater haben jemals darüber gesprochen. Im College hatte ich keine Freundinnen, dann war ich beim Militär, und dann lernte ich Marti kennen. Sie war zwar nicht meine erste Frau, ich hatte immer wieder welche, aber noch nicht eine wirkliche Beziehung. Marti war also die erste Frau, mit der ich zusammenlebte. Und Marti hatte diese Aussetzer: Sie schrie mich an, war gemein und unberechenbar, sie weinte und jammerte und ging nur noch auf mich los. Als sei sie verrückt, durchgedreht. Mich jedenfalls hat es krank gemacht, ich konnte, selbst wenn der Sturm vorbei war, kaum normal reagieren. Sie hatte sich beruhigt und war lieb und nett, und ich saß da wie das Kaninchen vor der Schlange und wagte kaum daran zu denken, wann es wieder losgehen würde. Dann, zwei Wochen später, als ich mich wieder wohl fühlte mit Marti und alles in Ordnung schien, begann das Theater von neuem...

Ich hatte mich damit abgefunden, daß sie manisch war, eine ausgewachsene manische Depression hatte und daß das nichts mit mir oder unserer Beziehung zu tun hatte. Sieben Jahre haben wir so gelebt, und ich habe ein normales Zusammenleben einfach abgeschrieben. Schließlich setzte ich mich mit meinem Bruder zusammen und erzählte ihm die ganze Geschichte mit Marti. Und er? Er sagte, Sandy, seine Frau, sei noch schlimmer. Ich wollte es kaum glauben: nichts weiter dabei? So sind Frauen nun manchmal? Der übliche Ehestreß? Das mußte ich genauer wissen, und ich begann, mich umzuhören. Ich sprach sogar zwei Kolleginnen darauf an, mit denen ich auch sonst eigentlich über alles reden konnte. Mein Gott, wenn ich daran denke, was für Sorgen ich mir gemacht habe, daß Marti ein Fall für die Psychiatrie sei und so weiter. Unsere Situation änderte sich schlagartig zum Guten, als ich Marti als völlig normal betrachtete und auch normal mit ihr umging.»

Mit dieser Geschichte im Hinterkopf möchte ich Sie nochmals auf die elf Fragen verweisen: Was Ihnen vielleicht an Ihrem Partner als «neurotisch», als ungewöhnlich problematisch vorkommt, könnte eine subjektive Einschätzung sein (so wie Bill es ergangen ist), es könnte aber genauso gut objektiv so sein. Deshalb meine wiederholte Betonung, daß es sich bei den diagnostischen Fragen in diesem Kapitel nicht um eine veritable Diagnose einer psychischen Störung handelt, sondern um die Bestärkung oder eben auch Abschwächung einer Vermutung.

Und selbstverständlich sollen Sie selbst sich auch angesprochen fühlen: Sind Sie es, die unter Konflikten mit sich selbst leidet, wodurch die Partnerschaft so belastet wird? Tun Sie es nicht ab, wie ich es so oft erlebe, indem Sie sagen: «Gut, ich bin das Problem, aber das habe ich schon im Griff, das schaffe ich allein.» Oder können Sie auch Arthritis oder Diabetes durch Ihren Willen allein kontrollieren? Sicherlich nicht, und eine psychische Krankheit ebensowenig – warum sollten Sie dies von sich verlangen?

Anstelle eines Rezeptes:
Was Sie tun können und was Sie tun müssen

An dieser Stelle kamen in den anderen Kapiteln meine «Rezepte» zur Behandlung und Heilung einer Beziehung von einem ganz bestimmten Liebeskiller. Hier, wo es darum geht, ob die Persönlichkeitsstruktur eines der Partner die Hauptursache für Beziehungskonflikte sein könnte, kann ich natürlich kein Rezept ausstellen. Aber ich kann Ihnen zwei Dinge sagen, die nach der Bestätigung Ihrer Vermutung durch die diagnostischen Fragen für Sie anstehen: erstens, was Sie unbedingt tun *sollten*, und zweitens, was Sie im Zusammenleben mit einem schwierigen Partner tun *können*.

1. Suchen Sie therapeutische Hilfe. Neben der Besorgnis um Ihren Partner haben Sie eigentlich einen guten

Grund, erleichtert zu sein: Es ist nicht Ihre Beziehung, die nicht stimmt, Sie müssen sich nicht weiter mit Konflikten abmühen, die Sie immer als Paarkonflikte aufgefaßt haben. Sondern Sie leben deswegen in einer schwierigen Beziehung, weil Ihr Partner persönliche Probleme hat. Wenn Sie dies allerdings nicht erkennen, und zwar beide nicht, kann es doch zu einem Liebeskiller werden, weil Sie an einer Stelle reparieren, die gar nicht kaputt ist, während der wirkliche Schaden sich weiter hineinfrißt. So wie wenn Sie Ihr plattes Fahrrad wieder und wieder aufpumpen, weil «natürlich» das Ventil undicht ist, dabei hat der Schlauch ein Loch, und bald, wenn Sie weiter damit fahren und immer neue Luft hineinpumpen, wird aus dem Loch ein Riß, und der Schlauch ist hin.

Sie müssen also beide dem Problem ins Auge sehen und konkret werden. Bitten Sie Ihren Partner um ein Gespräch und sagen Sie, was Sie bewegt: daß Sie über ein Verhalten/einen Wesenszug/eine Stimmungslage des anderen nachgedacht haben und daß Sie sich Sorgen machen: um den Partner, um die Beziehung. Fragen Sie ihn, ob er nicht, um Ihrer beider willen, psychologische oder therapeutische Hilfe annehmen wolle. Vermutlich wird der andere spontan erst einmal abwinken. Aber bestehen Sie darauf. Erklären Sie ihm an konkreten Beispielen und ausführlich, warum Sie glauben, daß Hilfe von außen notwendig ist. Natürlich dürfen Sie auf keinen Fall Dinge sagen wie: «Du bist nicht normal, du bist krank, neurotisch» etc. Erstens ist das hochgradig abwertend (denken Sie an Liebeskiller Nr. 2!), und zweitens geht es ja gerade darum herauszufinden, ob Ihr Partner seelisch krank ist; also stempeln Sie ihn nicht im Vorfeld ab! Wer hört schon gerne die Diagnose des Taxifahrers, der einen zum stadtbekannten Gynäkologen fährt: «Ah, Sie sind schwanger!»?

Wenn es jedoch bei der Weigerung des Partners bleibt, suchen Sie selbst einen Therapeuten auf, und lassen Sie sich beraten, was weiter zu tun ist. Eine Klientin von mir, Hilary, beriet sich mit ihrem Schwager, weil sie wußte, daß ihr Mann Clark ein sehr vertrauliches Verhältnis zu ihm hatte. Ihr Schwager war Anwalt und konfrontierte seinen Bruder mit folgender klaren Alternative – im Beisein von Hilary: «Du hast die Wahl: Entweder du konsultierst einen Therapeuten, oder du suchst dir einen guten Scheidungsanwalt!» Clark wählte den Therapeuten. Ihr Beziehungsproblem Eifersucht – Clark mißtraute seiner Frau auf Schritt und Tritt – stellte sich als Clarks ureigene Paranoia heraus, die Clark mit Hilfe der Therapie überwinden konnte.

2. *Psychologische Probleme sind keine Beziehungsprobleme.* Wie können Sie mit einem schwierigen Partner zusammenleben, ohne daß dessen Probleme Ihre Partnerschaft infizieren? Die Antwort ist überraschend einfach: Halten Sie selbst die Konflikte aus der Partnerschaft heraus! Mit anderen Worten: Ihr Mann hat sich nicht das Bein gebrochen, um Ihnen noch mehr Arbeit aufzubürden, sondern weil er einen Unfall beim Skifahren hatte. Jetzt liegt er im Gips und braucht eine gute Portion mehr Grundversorgung (denken Sie an die Top-Ten-Gebote der Liebe im 2. Kapitel). Das verändert Ihren Alltag, vielleicht auch Ihre Gesprächsthemen, aber es verändert nicht die Basis Ihrer Beziehung: daß Sie sich lieben und einer für den anderen da ist, so banal und abgenutzt das klingen mag!

Also: Zeigen Sie Ihrem Partner Ihre Wertschätzung, versuchen Sie sich in seine Lage hineinzuversetzen, unterstützen Sie ihn bei seiner Therapie, indem Sie zuhören, auch wenn er immer wieder das gleiche erzählt, bezweifelt, fragt. Aber zeigen Sie ihm auch Ihre Grenzen. Sie sind nicht der Therapeut, und Sie sind auch nicht ein Holzklotz, an dem der andere sich abreagieren kann, wenn ihm danach ist, herumzuwüten oder sich sonstwie gehenzulassen. Hier ein paar Beispiele:

Raserei und Wutausbrüche: Wie reagieren Sie am besten, wenn Ihr Partner außer sich ist, die Fassung verliert und scheinbar grundlos herumtobt? Was wäre für Sie selbst das Beste, wenn Sie einen Wutausbruch haben und ihn auch haben wollen?

Das Beste ist natürlich, der andere hört erst mal zu, läßt es quasi über sich ergehen. Das kann man in der Regel aber nicht lange, vor allem, wenn die Wut irrational ist. Das Zweitbeste, aber Praktikablere ist, sich selbst für einen Moment Gehör zu verschaffen. Sagen Sie Ihrem Partner: «Stop! Laß mich was sagen, nur eine Minute.» Sagen Sie das so oft oder so eindringlich, bis Sie sich durchgesetzt haben. Und dann machen Sie Ihrem Partner Ihre Grenzen klar:

«Wenn es dir darum geht, Dampf abzulassen und einfach nur wütend zu sein, dann sag mir das, und ich werde dir, so lange ich das aushalten kann, zuhören. Wenn du aber Reaktionen und Antworten möchtest, kann ich das nur, wenn du wieder auf den Boden kommst und du mich nicht anschreist.»

So zeigen Sie bei allem Verständnis und aller Unterstützung, daß Sie nicht bereit sind, sich respektlos behandeln zu lassen, egal, welche Probleme der Partner haben mag. Mit dieser Haltung bewahren Sie übrigens auch Ihren Partner davor, ihn nicht ernst zu nehmen, daß Sie ihn wie jemanden behandeln, der sowieso nicht weiß, was er tut, daß Sie ihn also letztlich entmündigen: auch eine Form von Respektlosigkeit!

Depressionen und Ängste: Wenn Sie depressiv sind, trauen Sie sich und der Welt nichts mehr zu, alles ist verdüstert. Wenn Sie Ängste haben, ist es vielleicht umgekehrt: Sie trauen «der Welt» alles zu (Ihr Flugzeug kann abstürzen, der Fahrstuhl nimmt Ihnen die Luft zum Atmen, Menschenmengen entziehen Ihnen den Boden unter den Füßen). So verschieden die Symptome sein mögen, als Partner können Sie folgendes tun: Reden Sie dem Betroffenen nicht aus, was er fühlt, selbst wenn es für Sie irrational ist, und ermutigen Sie ihn, trotzdem «weiterzumachen». Hören Sie ihm zu, aber nicht mit der Aufforderung: «Sprich darüber, dann geht es dir besser» (weil das nicht stimmt!), sondern vielleicht so: «Sprich darüber, ich möchte gerne wissen, was in dir vorgeht.»

Aber setzen Sie auch hier Grenzen und zeigen Sie Ihre eigenen Gefühle: «Ich kann das bald nicht mehr aushalten, wie du dich fühlst. Was meinst du, wie lange das noch dauern wird? Wie kann ich dich unterstützen? Ich kann alles akzeptieren, solange du etwas gegen deine Depression/Angst unternimmst.»

«Übergeschnappt?»: Hier geht es um Verhaltensweisen, die ich in der diagnostischen Frage Nr. 5 angesprochen habe: Jemand verhält sich so seltsam und merkwürdig, daß wir uns Gedanken machen. Sei es, daß derjenige einer Sekte verfällt oder sich fortan weigert, sich im Büro «negativen Strahlungen» auszusetzen (die gibt es dort überall, und seine Weigerung kann ihn seinen Job kosten!), oder sei es, daß derjenige irgendwelche Ticks entwickelt, bei seiner Kleidung oder beim Essen.

Hier eine bewährte Methode festzustellen, ob jemand wirklich aus dem Gleichgewicht geraten ist:

1. Vertrauen Sie Ihrem Instinkt. Wenn es um sogenannte «Macken» geht, manchmal sagen wir sogar «liebenswerte Macken» – solange derjenige sich und andere damit nicht beeinträchtigt oder gar gefährdet (auch was z.B. die materielle Sicherheit der Familie angeht wie im obigen Fall der «Büro-Hysterie»): Warum sollten Sie sich Sorgen machen? Ihr Partner ist vielleicht ein bißchen «verrückt» in manchen Dingen, aber da ist er in bester Gesellschaft – und in zahlreicher!

2. *Sprechen Sie offen mit Ihrem Partner.* Fragen Sie ihn direkt und ohne «Verniedlichungen», warum er dies und das tut, weil Sie oder auch Freunde/Bekannte sein Verhalten auffällig und merkwürdig finden. Manchmal ist es Menschen gar nicht bewußt, daß sie etwas «Seltsames» tun, und sie hören ohne Umstände auf damit, wenn es ihnen aufgeht, wie seltsam das auf andere Menschen wirkt, daß es sie gar beunruhigt und ihnen Sorgen macht.

3. *Vertrauen Sie Ihrem Partner.* Angenommen, Sie haben Ihren Partner auf etwas Bestimmtes angesprochen, was Sie an seinem Verhalten beunruhigt. Wenn er Ihnen sagt, Sie sollen sich keine Sorgen machen, dann geben Sie ihm eine Chance! Hierfür habe ich ein wunderbares Beispiel: Eine Klientin erzählte mir, daß ihr Mann von heute auf morgen seine Anstellung verloren hatte, am Nachmittag nach Hause kam, sich ins Bett legte und dort blieb. Am dritten Tag stellte seine Frau ihn zur Rede und wollte wissen, was das zu bedeuten habe, ob er den Verstand verloren hätte? Er sagte: «Schatz, ich fühle mich vollkommen erledigt, und ich bin müde, ich werde hier im Bett bleiben, eine Woche. Dann stehe ich auf und sehe mich nach einer neuen Stelle um.» Sie dachte sich: In Ordnung, wenn er es wirklich so macht, kann ich noch ein paar Tage warten. Und tatsächlich, am folgenden Montag, nach genau sieben Tagen, stand er

auf, zog sich an, verließ das Haus und ging auf Stellensuche. So können Sie es auch machen: Fragen Sie Ihren Partner offen, was los ist, vertrauen Sie darauf, was er Ihnen sagt, und setzen Sie eventuell – wie in obigem Beispiel – eine Frist. Sollte dies nicht funktionieren und das «seltsame» Verhalten andauern oder Sie selbst und Ihr Familienleben beeinträchtigen, müssen Sie sich Hilfe von außen holen. Womöglich sogar von einem Anwalt, wenn es um finanzielle oder berufliche Dinge geht. Täten Sie das in einem solchen Falle nicht, würden auch Sie sich «seltsam» benehmen: untätig zu bleiben, wenn nicht nur Ihr Zusammenleben, sondern auch Ihre eigene Existenz und die Ihrer Familie auf dem Spiel steht ...

Stärkungsmittel Nr. 9:
Zeigen Sie Herz!

Jemanden, der vollkommen in eigene Probleme vergraben ist oder diese an dem anderen ausagiert, als gleichberechtigten, liebenden Partner wahrzunehmen, das ist sicherlich alles andere als einfach. Vielleicht finden Sie es als derjenige, an den der andere scheinbar nur austeilt oder zu dem er keinerlei Nähe aufkommen läßt, auch zuviel verlangt. Und auf Dauer ist es wohl auch zuviel verlangt: daß Sie nämlich die Person, die mit sich selbst zu kämpfen hat, von der trennen, die Sie liebt, die letztlich mit Ihnen zusammensein will und Sie braucht. Wenn Sie jedoch wissen, daß Ihr Partner eine Therapie macht, sich beraten oder sonstwie unterstützen läßt, dann wissen Sie auch, daß er aktiv etwas für Ihre Liebe tut, für den Bestand einer Beziehung, die nicht daran scheitern soll, daß Probleme nicht erkannt worden sind.

Abgesehen von den wenigen Fällen, die ich persönlich

kenne, in denen auch eine Therapie nicht verhindern konnte, daß die Partner sich haben scheiden lassen (was allerdings auch das beste in diesen Fällen war), kann ich Ihnen Mut machen: Die Beziehung gewinnt in dem Maße, in dem Ihr Partner sich wieder besser fühlt. Und die «Umgangsregeln für den Notfall», die ich im vorigen Abschnitt vorgestellt habe – von Ausrasten bis Überschnappen –, können Sie ruhig im Hinterkopf behalten. Die schaden auch nicht, wenn Sie beide «ganz normal» aneinandergeraten…

Stichwort «ganz normal»: Im nächsten Kapitel kommen wir zum letzten Liebeskiller aus meiner Sammlung, die ich hier in diesem Buch vorgestellt habe. Was ist, wenn Ihre Beziehung einfach «ganz normal» ist, zu normal? Wenn die Luft raus ist? Waren Sie jemals krank, haben das Fieber auskuriert, aber dann einfach nicht die Kraft gehabt, wieder aufzustehen? Dann hatten Sie kein Problem mehr mit der Krankheit, aber gesund waren Sie auch nicht: Die Rekonvaleszenz war jetzt das Problem. Etwas Vergleichbares kann auch in Beziehungen geschehen.

11

Und morgen ist ein neuer Tag...

Liebeskiller Nr. 10:
Die «Erwartung-gleich-null»-Falle

Frage:
**Wie können Sie Ihre Beziehung
wieder neu beleben?**

Bis hierher haben Sie jetzt gelesen und haben bei keinem
Liebeskiller eine eindeutige Diagnose stellen können, und
trotzdem ist Ihre Beziehung nicht gut? Nicht so gut, wie sie
sein könnte, wie sie einmal war? Dann könnten Sie an dem
Punkt sein, an dem viele Paare früher oder später einmal
ankommen: Sie scheinen keine Kraft mehr füreinander zu
haben, als sei Ihnen auf halber Strecke die Puste ausge-
gangen. Ein typisches Beispiel dafür, wie so etwas vor sich
gehen kann, liefert folgende Geschichte:

Kevin und Rita: Für dieses Paar dauerten die Flitterwochen
bis zur Ankunft ihres ersten Kindes. Als sie sich kennenlernten – beide waren Ende Zwanzig –, hatte Kevin gerade
die Schreinerwerkstatt seines Vaters übernommen. Rita als

Designerin für Inneneinrichtung wußte, wieviel Arbeit auf Kevin zukam mit der Schreinerei, aber voller Vorfreude auf ihr gemeinsames Leben wollte sie ihn unterstützen, wo sie konnte. Und dann kam das erste Baby. Rita hatte ohnehin mehr als genug Arbeit, doch jetzt hatte sie gar keine Ruhe mehr. Was sie an zeitlichen und emotionalen Reserven hatte, ging von Kevin auf das Kind über. Und Kevins Verhalten verstärkte ihre Abkehr: Er beklagte sich, benahm sich wie ein verwöhnter Junge und wurde zunehmend egoistischer. Rita fand ihn immer weniger attraktiv, und sie rückte noch weiter von ihm ab. Als Kevin, dem vor allem der Sex mit ihr fehlte, eine Affäre hatte, ging sie nicht, wie man meinen sollte, vollends an die Decke, im Gegenteil: Sie war erleichtert!

Das Ende einer Liebe? Nein, wie so viele Paare, die sich schon aufgeben wollen, sind Kevin und Rita eigentlich nur eine Handbreit von ihrer einstmals glücklichen Beziehung entfernt.

«Gebranntes Kind scheut das Feuer»

Wenn Sie vom Pferd fallen und sich ein Bein brechen, dann heilt das Bein irgendwann. Aber zurückgeblieben ist die Angst, noch mal auf ein Pferd zu steigen, Sie bleiben von nun an lieber ganz von Pferden weg.

Ähnliches passiert auch, wenn eine Beziehung angeknackst ist. Am Beispiel von John und Jane will ich Ihnen die vier Phasen verdeutlichen, die ein Paar durchläuft, das sich sozusagen «ein Bein gebrochen» hat.

1. Phase: John: *«Wenn ich mir weh tue, gehe ich auf Sicherheitsabstand.* Sie kritisiert nur an mir herum, ist ungerecht und feindselig, also gehe ich ihr aus dem Weg. Ich werde ihr einfach so weit aus dem Weg gehen, bis sie nichts mehr an mir zu kritisieren findet – außer der Tatsache, daß ich so weit weg bin.»

2. *Phase: Jane: «Je mehr du auf Distanz gehst, desto mehr gebe ich dir in deinen Augen Grund dazu.* Ich tue dann einfach immer weniger für dich, weil ich selbst auf Abstand gehe. Und du guckst, wie du deine Bedürfnisse bei anderen erfüllen kannst. Also noch mehr Distanz und entsprechend noch weniger, das von mir kommt...»

3. *Phase: John: «Wenn wir uns so voneinander entfernt haben, wo ist dann eine gemeinsame Basis?* Als wir letztes Mal miteinander reden wollten, hatten wir uns nichts zu sagen. Ein schreckliches Gefühl! Am besten versuchen wir es gar nicht mehr, dann ersparen wir uns wenigstens das Gefühl, daß unsere Beziehung nichts mehr wert ist.»

4. *Phase: Jane: «Wenn es keine Basis mehr gibt, worauf sollen wir dann unsere Beziehung wieder aufbauen?* Ich tue nichts für dich, weil du nichts für mich tust, und umgekehrt.»

Und weiter:

John: «Du hast mein Vertrauen untergraben, also untergrabe ich deines.»

Jane: «Wenn du mir weh tust, tue ich dir auch weh.»

John: «Dir ist alles egal, mir auch.»

Jane: «Du hast dich mir so entfremdet, daß ich nur noch deprimiert bin. Folge ist, daß du noch weiter auf Abstand gehst.»

So wortwörtlich, wie ich es hier schematisch dargestellt habe, sagt das natürlich niemand. Aber dieses 4-Phasen-Muster, wo Verletzung, Mißtrauen und Angst vor neuer Verletzung in Pessimismus münden, der wiederum verletzt, durchlaufen viele Paare in sensiblen Beziehungsbereichen. Zum Beispiel im Sexleben:

Zoe: «Wenn ich zurückdenke, weiß ich gar nicht, ob wir

jemals richtig guten Sex hatten – womit soll ich das vergleichen? Irgendwie kam er mir immer oberflächlich vor. Aber wir hatten Sex. Und jetzt nicht mehr. Unser Leben haben wir so eingerichtet, daß auch gar kein Platz dafür wäre. Und wenn, dann müßten wir jedesmal feststellen, daß wir uns überhaupt nichts zu geben haben, entsetzlich! So eine Leere zwischen uns. Das ist, als wenn wir zusammen in einen Park gehen, in dem wir immer mit unserem Hund waren, der nicht mehr lebt: Alles, was man spürt, ist, daß etwas fehlt.»

Zoe und ihr Mann haben also auch diesen Sicherheitsabstand gewählt: sich ja nicht zu nahe kommen, das könnte nur wieder weh tun. Sie meinen, sie paßten auf diese Weise hundertprozentig auf sich auf, daß ihnen nichts passiert, und unterdessen passiert ihrer Beziehung etwas Schlimmes: Sie ist dem Leerlauf ausgeliefert. Dabei läge auch bei diesem Paar das Nötige in Reichweite.

Versprechen gebrochen, Herz gebrochen

Mein Stiefvater hatte einen engen Freund, der meine ganze Kindheit und Jugend begleitet hat. Er hat mir die wundervollsten Dinge versprochen. Zwei, dreimal im Jahr tauchte er auf, und wenn die ganze Familie abends beim Essen saß, malte er mir aus, was er alles mit mir unternehmen wolle: in den Zirkus gehen, Dampfboot fahren oder ähnliche abenteuerliche Dinge, die mein Herz höher schlagen ließen vor lauter Vorfreude. Heute kommt es mir vor, als hätte er dieses Theater um mich gemacht, um bei meiner Mutter einen Stein im Brett zu haben. Denn er hat nicht ein einziges seiner Versprechen jemals eingelöst. Nach ein paar Jahren war ich an seine leeren Versprechungen so gewohnt, daß ich kaum mehr hinhörte. Ich sagte nur noch lahm:

«Mal sehn…», wenn er hereinwirbelte mit einer neuen großartigen Idee.

Ich war wie alle Kinder eigentlich nicht zu stoppen, redete wie ein Wasserfall, war schnell von allem begeistert und konnte mich riesig auf alles mögliche freuen. Bei diesem «Onkel» waren diese Seiten an mir wie weggepustet, als wollte ich keine unnötige Energie an ihn verschwenden. Weder erwartete ich etwas von ihm, noch war ich bereit, ihm etwas zu geben: Das war die Situation, die er geschaffen hatte.

Ich nenne dies die «Erwartung-gleich-null»-Falle. Eine Falle ist es aus dreierlei Gründen:

- je weniger Sie erwarten, desto weniger geben Sie von sich
- je weniger Sie von sich geben, desto weniger bekommen Sie
- je weniger Sie bekommen, desto weniger erwarten Sie.

Sie bewegen sich also in einem Teufelskreis. In meinem Fall hatte es keine große Bedeutung für mein Leben, da dieser Freund meines Vater nicht so wichtig war für mich. Aber was glauben Sie, wie Ehen scheitern? Als direkte Konsequenz dieser Haltung, mit der man nichts mehr vom anderen erwartet und ihn deswegen aufgibt. Haben Sie diese Haltung? Wollen Sie lieber gar keine Versprechungen mehr als leere?

Diagnose Nr. 10:
Sind Sie in der «Erwartung-gleich-null»-Falle?

Überlegen Sie bei den folgenden zehn Aussagen, ob sie Ihre eigene Situation ziemlich genau wiedergeben oder eher nicht:

1. «Wenn ich Lust bekomme, etwas Schönes mit meinem

Partner zusammen zu unternehmen, komme ich schnell an den Punkt, wo ich mir dann überlege: Lieber doch nicht...»

_____ Das trifft auf mich ziemlich genau zu
_____ Das trifft eher nicht zu

2. «Wenn einer von uns enttäuscht, verletzt oder auch genervt ist, läuft immer das gleiche Muster ab, daß er sich einfach zurückzieht und dichtmacht.»

_____ Das trifft auf mich ziemlich genau zu
_____ Das trifft eher nicht zu

3. «Das wenige, was wir zusammen machen, ist hauptsächlich Routinekram.»

_____ Das trifft auf mich ziemlich genau zu
_____ Das trifft eher nicht zu

4. «So wie mein Partner sich verhalten hat, habe ich kein Bedürfnis, wieder auf ihn zuzugehen, es sei denn, er macht den ersten Schritt.»

_____ Das trifft auf mich ziemlich genau zu
_____ Das trifft eher nicht zu

5. «Unser Zusammenleben langweilt mich.»

_____ Das trifft auf mich ziemlich genau zu
_____ Das trifft eher nicht zu

6. «Keiner von uns hat dem anderen viel zu geben.»

_____ Das trifft auf mich ziemlich genau zu
_____ Das trifft eher nicht zu

7. «Meine Erfahrung ist, daß ich am besten fahre, wenn ich mir so wenig wie möglich von dieser Beziehung erwarte.»

_____ Das trifft auf mich ziemlich genau zu
_____ Das trifft eher nicht zu

8. «Ich habe die Hoffnung aufgegeben, irgendwann herauszufinden, was in meinem Partner wirklich vor sich geht.»

_____ Das trifft auf mich ziemlich genau zu
_____ Das trifft eher nicht zu

9. «Ich glaube, mein Partner nimmt mich überhaupt nicht wahr, als wäre ich unsichtbar.»

_____ Das trifft auf mich ziemlich genau zu

_____ Das trifft eher nicht zu

10. «Nach all dem, was zwischen uns passiert ist, ist gegenseitiger Respekt kaum noch möglich.»

_____ Das trifft auf mich ziemlich genau zu

_____ Das trifft eher nicht zu

Haben Sie zwei oder mehrere Male zugestimmt, dann befinden Sie sich tatsächlich in dieser Falle, in dem Teufelskreis. Und wenn Sie die anderen Liebeskiller für Ihre Beziehung ausschließen konnten (oder es bald können werden, denn Sie wissen ja jetzt, wie!), dann machen Sie sich keine Sorgen: Wie ich eingangs dieses Kapitels sagte: Der Patient ist nicht (mehr) krank, es hapert nur mit der Erholung. Das Wichtigste also ist, daß Sie wieder auf die Füße kommen.

Rezept Nr. 10:
Alte Versprechen einlösen

Wenn jemand seine Versprechen nicht hält, wenden sich die anderen ab. Was könnte derjenige tun, um das Rad aus Erwartung und Enttäuschung zurückzudrehen? Ganz einfach: Er dreht es zurück! Das heißt, er besinnt sich auf sein Versprechen, erfüllt die auf Eis gelegte Erwartung und gewinnt Vertrauen zurück. Ganz einfach ist das natürlich nicht, aber genauso funktioniert es.

Besinnen Sie sich auf die Liebesversprechen, die Sie einst gegeben haben und auch – damals zumindest – einlösen konnten: ehrlich sein, sich respektieren und sich die Liebe bewahren. Diese drei Dinge enthalten jedes für sich viele kleine Versprechen. So wie das Versprechen, Freun-

237

den beim Umzug zu helfen, bedeutet, zum verabredeten Zeitpunkt zu kommen, mit anzupacken, Dinge nach Kommando von hier nach dort zu tragen, nicht im Weg herumzustehen und den Kaffee wegzutrinken, bis zum Schluß dabei zu sein usw. Es sind Freundschaftsdienste, auch wenn sie nicht nur lustig sind und Spaß machen: Die Freundschaft ist es wert.

Wenn wir jetzt die Versprechen in der Liebe einmal der Reihe nach durchgehen, können Sie herausfinden, wo Sie es versäumt haben, sie einzulösen, oder wo Ihr Partner dies versäumt hat, und wie Sie Ihre Versprechen erneuern.

Versprechen Nr. 1: Offenheit

«Wir haben geredet und geredet und konnten gar nicht mehr aufhören.» «Ich habe ihm Dinge erzählt, die ich noch nie jemandem erzählt habe.» «Wir können über alles reden, über alles!» «So offen wie sie hat noch keine mir etwas erzählt, ich hätte so etwas früher vielleicht auch nicht hören wollen, aber mit ihr ist es etwas ganz anderes.» Solche Sätze fallen immer wieder, wenn ich Paare bitte zu erzählen, was in der ersten Verliebtheit mit das Schönste für sie gewesen sei: die Erfahrung, offen zu sein und Offenheit zu erfahren, ohne Wenn und Aber.

Wie grausam ist dann die Erfahrung, daß es doch ein «aber» gibt: Sie sind offen, und Ihr Partner weist Sie ab, kritisiert Sie, verwendet gewisse Dinge in Auseinandersetzungen gegen Sie oder behandelt Sie nicht vertraulich. Oder auch so: Die Offenheit des anderen ist nichts als maskierte Grausamkeit, im Sinne von: «Ich will dich ja nicht anlügen» oder: «Wollten wir nicht immer offen sein, dann muß ich dir sagen, daß...» Das bedeutet im Klartext: Sie können sich nicht mehr sicher fühlen, weder mit der eigenen Offenheit noch mit der des Partners. Damit ist eine Grundvoraussetzung für Offenheit einfach nicht mehr gegeben, Sie verlieren mit der Sicherheit gleichzeitig Vertrauen in den Partner und Nähe zu ihm, denn Sie zeigen sich nicht mehr (lesen Sie hierzu nochmals «Liebeskiller Nr. 4»).

Diese drei Dinge – Sicherheit, Vertrauen, Nähe – schaffen erst den Raum, den beide Partner brauchen, um die anfängliche Offenheit zu einem Versprechen auf Dauer zu machen und es zu bewahren.

Könnten Sie sich vorstellen, sich mitten in einem großen Kaufhaus bis auf den Slip auszuziehen? Natürlich, denn dort gibt es spezielle Räume, und Schilder, die Ihnen den Weg weisen: «Umkleidekabine». Eine praktische und sichere Sache. Machen Sie es in Ihrer Beziehung genauso: Schaffen Sie sich Ihren Raum für Offenheit und hängen Sie ein Schild an die Tür. Übertragen heißt das: Sagen Sie Ihrem Partner nicht aus heiterem Himmel: «Wir haben überhaupt keinen Spaß mehr zusammen.» Sondern hängen Sie quasi ein Schild auf und bitten Sie ihn in Ihren Raum: «Darf ich offen zu dir sein? Ich erwarte gar nicht, daß du irgendwas tust, ich möchte es einfach nur sagen können, weil es mich so beschäftigt.»

Sagt Ihr Partner «ja», dann erst können Sie sagen: «Wir haben überhaupt keinen Spaß mehr zusammen.» Wenn er daraufhin anfängt zu argumentieren und sich zu verteidigen, sagen Sie ihm: «Ich sage das nicht, damit wir jetzt streiten, ob ich recht habe oder nicht, oder darum, was bei uns anders laufen müßte. Es geht mir um Offenheit, ich möchte, daß du weißt, was in mir vorgeht. Alles, was du tun könntest, wäre zu sagen: ‹Ich habe gehört, was du sagst, ich denke drüber nach.›»

Kommt es Ihnen nicht auch so vor, als würden hier zwei Freunde miteinander reden, zwei gute Freunde? Appellieren Sie bei Ihrem Partner an dieses Gefühl, auch gute Freunde zu sein, wenn Sie offen miteinander reden. Das funktioniert vor allem bei heiklen Themen, bei denen Sie beide sich vielleicht noch nicht wieder «heraustrauen».

Stellen Sie sich vor, Sie seien der engste Freund, der vertraute Bruder, zu dem Ihr Partner Vertrauen hat: Wie würde derjenige das Thema anschneiden, was würde gesagt werden?

Offenheit und sich sicher fühlen zu können hängen also direkt voneinander ab, ohne dies könnte keine Freundschaft bestehen, wie dann eine Beziehung aus Liebe?

VERSPRECHEN NR. 2: RESPEKT

Bleiben wir beim Thema Freundschaft: Dieses zutiefst freundschaftliche Bedürfnis, daß der andere weiß, wie es einem geht, ohne daß er sich verpflichtet fühlen muß, gleich zu springen, um etwas zum Positiven zu verändern, und ohne sich unwohl und mitschuldig fühlen zu müssen – dieses Bedürfnis entspringt aus gegenseitigem Respekt: Der andere soll wissen, wie es einem geht, er nimmt dies als Vertrauensbeweis und hat gleichzeitig die Freiheit, zu handeln oder auch nicht.

Wie komplex «Respekt» wirklich ist, wie viele Haltungen, Einstellungen dem anderen gegenüber im Respekt zusammenkommen, merke ich immer wieder daran, daß Paare sich so schwer tun, konkret zu sagen, was genau sie sich unter Respekt vorstellen. Was jedoch «respektlos» bedeutet, das spürt man instinktiv, und typische Aussagen dazu kommen zuhauf:

- «Ich fühle mich wie ein Nichts, unsichtbar.»
- «In unserer Beziehung habe ich immer dieses dumme Gefühl, als komme automatisch ein Nein, wenn ich meinen Partner nur um irgend etwas bitte, egal um was.»
- «Wenn ich mit ihr über meine Gefühle rede, kommt sofort, was sie für Gefühle hat beim Zuhören. Was heißt überhaupt zuhören? Sie antwortet zwar, aber nie auf das, was ich eigentlich gesagt habe.»
- «Diese ständige Kritisiererei! Das allein wäre ja schon schlimm genug. Aber dann seine Art, ‹Geduld zu zeigen›

mit mir oder mir etwas ‹zu erklären› ... Er sagt nicht nur, daß ich ein Idiot bin, er zeigt es mir auch noch!»

Was ist hier übrig vom Versprechen, den anderen zu respektieren? Positiv gewendet heißen diese Sätze: Respekt ist, wenn mich jemand als in jeder Hinsicht gleichwertig wahrnimmt – emotional und intellektuell. Jemanden also nicht nur sehen im Sinne von registrieren, sondern sehen im Sinne von erkennen. Und was ist näher an Liebe als dieses «erkennen».

Sie müssen also wieder genauer hinsehen. Das kostet Zeit, das kostet Aufmerksamkeit, und Sie müssen miteinander reden. Wenn Sie zum Beispiel das Gefühl haben, Ihr Partner sieht Sie gar nicht mehr: Kann es daher kommen, weil er nichts sagt, er Sie aber sehr wohl sieht und wahrnimmt, wie es Ihnen geht? Sagen Sie denn Ihrem Partner unaufgefordert, was Sie bei ihm gerade beobachten?

Schlagen Sie hier eine Bresche in den Alltag (und lesen Sie nochmals das Kapitel zum Liebeskiller Nr. 3) und machen Sie eine Art Partnerspiel daraus:

- «Was glaubst du, wie ich mich in letzter Zeit in meinem Job fühle?»
- «Was glaubst du, wünsche ich mir im Moment am meisten?»
- «Was glaubst du, denke ich über uns?»

Auf diese Weise können Sie alle Bereiche abklopfen, die Ihnen wichtig sind oder über die Sie sich einfach einmal mit Ihrem Partner austauschen möchten. Vielleicht machen Sie sogar eine überraschende Entdeckung über Ihren Partner: daß er viel mehr an Ihnen wahrnimmt, als Sie wiederum ahnten!

Hier kommen wir zu der anderen Komponente von Respekt (neben dem «Hinsehen»): der Sorge füreinander. Fürsorge können wir das auch nennen, und Fürsorge in

Beziehungen zwischen Erwachsenen heißt eben nicht, daß einer da ist, der die Milch warm macht, und der andere sie trinkt. Sondern Fürsorge ist eigentlich die Konsequenz daraus, daß man sich gegenseitig wahrnimmt. Also: Wenn Sie sehen und wissen, wie gestreßt und genervt Ihr Partner in letzter Zeit wegen seines Berufs oder der Kinder oder sonst etwas ist, dann können Sie an den Ursachen wenig ändern, aber Sie könnten Ihr Versprechen, füreinander dazusein, wenn's brennt, einlösen: Vielleicht ein bißchen mehr «Grundversorgung»? Oder ein «Extra» wie Lieblingsessen oder Nackenmassage?

Reklamieren Sie dies auch für sich selbst, und erinnern Sie notfalls Ihren Partner daran, daß er versprochen hat, dies oder das zu tun – zeigen Sie mir eine Beziehung auf der Welt, in der jemand nichts von dem vergißt, was er alles gesagt und angekündigt und versprochen hat!

Deshalb möchte ich hier gleich auch ein Warnschild hochhalten: Es wäre dumm von Ihnen, wenn Sie diesen Abschnitt in dem Bewußtsein lesen würden, jetzt einen Freibrief zu haben, Ihrem Partner all seine uneingelösten Versprechen vor die Füße zu kippen, ihm Vorwürfe zu machen und aufzuzählen, wann Sie sich schlecht behandelt gefühlt haben und zu kurz gekommen sind. Damit verschaffen Sie sich bestimmt keinen Respekt! Wenn Sie Ihrem Partner offen sagen, was Sie von ihm brauchen, dann sollten Sie das aus dem Motiv heraus tun, daß er wieder mehr in Ihre Nähe rückt, und nicht, um ihn abzuschrecken. Lassen Sie ihn von sich wissen, daß Sie mehr sind als ein Bündel aus unerfüllten Bedürfnissen! Wenn er Respekt zeigen und genau hinsehen soll, dann muß er auch sehen können, warum Sie für ihn etwas Besonderes sind, und daß sich das Hinsehen lohnt.

VERSPRECHEN NR. 3: DIE LIEBE BEWAHREN

Liebe hat natürlich mit Sex zu tun, aber nicht nur. Das Liebesversprechen einzulösen, das bedeutet für mich persönlich, eine Leidenschaft wachzuhalten, die nicht mechanisch gestillt werden kann. Fast ist es die Sehnsucht, die man nach jemandem schon dann wieder spürt, wenn er gerade erst am Aufbrechen ist. Oder die Sehnsucht, die einen treibt, ein besonderes Abendessen zu kochen, weil man weiß, daß der Geliebte bald kommt. Es ist eine leidenschaftliche Sehnsucht, die Hand in Hand mit Freude geht. Sie wird erfüllt, und die Freude darüber ist schon eine Vorfreude auf das nächste Mal.

Wenn eine Beziehung einen Knacks hat, dann geht zuallererst diese Leidenschaft verloren. Und das zeigt sich am deutlichsten beim Sex. «Es ist so unpersönlich», erklärte eine Klientin, «er meint gar nicht mich, Hauptsache, *es* passiert.» Und ihr Mann protestierte: «Nein, das stimmt nicht, natürlich will ich *es*, aber *mit dir*!»

Man konnte ihr sofort ansehen, wie gut ihr diese Worte taten, und trotzdem hatte sie Einwände: «Wenn das wirklich so ist, warum zeigst du mir dann nicht, daß du nicht nur Lust auf Sex hast, sondern daß deine Lust etwas mit mir zu tun hat?»

Dieser Dialog macht klar, daß Sex als wesentlicher Bestandteil und sichtbarer Ausdruck von Leidenschaftlichkeit diese persönliche Note haben muß. Allein die Lust auf Sex hält eine Beziehung nicht zusammen. Und bis gar kein Sex mehr stattfindet, ist in der Regel schon vorher der persönlich gemeinte Sex auf der Strecke geblieben. Der Partner spürt, daß nicht er als jemand ganz Besonderer mit seinen Wünschen gemeint ist, weil der andere darauf nicht mehr eingeht. Oder scheinbar nicht mehr eingeht. Daß davon auch der Rest der Beziehung nicht unberührt bleiben kann, daß wir kaum Motivation und Vorfreude auf andere gemeinsame Dinge schöpfen können, wenn die intimste Art, zusammen zu sein, eigentlich offenbart, wie weit Sie sich voneinander entfernt haben, das ist wohl jedem klar.

Aber, wie gesagt, Sie stehen nur eine Handbreit neben der Lösung: Ihre Gefühle füreinander sind nicht weg, sie sind lahmgelegt. Wie Sie sie wieder auf die Beine bringen können und daß auch hier der erste Schritt das Miteinander-Reden ist, das Offenlegen von Wünschen, können Sie in Kapitel 7 noch einmal nachlesen.

Was ich an dieser Stelle aber wiederholen und dick unterstreichen möchte, ist eine ganz klare Regel:

- *Nehmen Sie die Liebe nicht hin wie etwas Selbstverständliches:*
- *Gehen Sie auf Tuchfühlung!*
- *Sagen Sie etwas Nettes!*
- *Tun Sie etwas Nettes!*

Erinnern Sie sich an das Beispiel aus Kapitel 6 über unerfüllte Bedürfnisse, wo eine Frau unter der «Gefühlskälte» ihres Mannes litt? Sie vermißte es einfach ganz furchtbar, daß er sie nie berührte, z. B. ihre Hand nahm beim Spazierengehen. Und natürlich tat er das, nachdem ihm überhaupt erst einmal klargeworden war, wie wichtig diese «Kleinigkeiten» sein können. Besinnen Sie sich darauf! Sagen Sie nicht einfach «hallo», wenn Sie abends nach Hause kommen, sondern sagen Sie etwas Nettes dazu. Und wenn Sie zwischendurch telefonieren: Sagen Sie neben der Kurzinfo – oder um was auch immer es geht – einen kleinen netten Satz. Und wenn einer von Ihnen Dinge zu erledigen hat wie Großeinkauf oder Hausputz oder lästige Anrufe oder Briefe schreiben, tragen Sie etwas Nettes dazu bei: Machen Sie mit, wenn Sie können, oder leisten Sie «moralischen» Beistand und zeigen Sie auch mal Verständnis für ganz viel Jammerei und Herumgeschimpfe; das ändert zwar nichts, aber es erleichtert, glauben Sie mir!

Neben diesem Nettsein möchte ich noch zwei weitere Grundsätze herausstreichen:

- *Machen Sie sich wieder füreinander interessant!*
- *Zeigen Sie Lebendigkeit!*

Sich interessant für den anderen zu machen klingt vielleicht erst einmal komisch in Ihren Ohren, Sie sind schließlich kein Zirkuspferd. Aber mal ehrlich: Ist nicht ein Hauptgrund, daß Ihre Erwartungshaltung an Ihre Beziehung so niedrig ist, dieses Gefühl, sich zu langweilen? Sich mit dem Partner zu langweilen? Weil alles immer gleich abläuft, weil er immer die alten Geschichten erzählt, weil Sie seine Antworten immer schon im voraus kennen? Weil Sie es gar nicht so spannend finden, was er denkt und erlebt?

Und umgekehrt: Wie geht es Ihrem Partner mit Ihnen? Ist er neugierig auf Sie? Sucht er das Gespräch mit Ihnen? Kennt er Ihren Bürotratsch in- und auswendig und weiß, wie es allen Nachbarn geht, obwohl sie ihm egal sind?

Sie sehen schon: Wenn Sie beide sich eingestehen müssen: «Wir haben einfach kein Interesse mehr für den anderen», dann sind Sie beide gefragt; Sie sollten sich selbst wieder interessant machen und neues Interesse am anderen entwickeln. Idealerweise wird das neue Interesse durch das neue Interessantsein ja geweckt, aber andererseits kommen interessante Dinge auch erst dann zum Vorschein, wenn man Interesse zeigt. An welchem Ende fangen Sie jetzt also an, und wer von Ihnen beiden?

Halten Sie sich mit dieser Frage gar nicht auf, es ist einfacher, als Sie denken. Zunächst einmal die Faustregel: Sich interessant für andere zu machen bedeutet, bestimmte Dinge nicht mehr zu tun! Und jetzt folgt gleich die Auflösung, nämlich zehn der wichtigsten Dinge, mit denen Sie aufhören müssen, wenn Sie Interesse wecken wollen:

Die Verbotsliste für Langweiler

1. *Beklagen Sie sich nicht.* Ich gebe zu, manchmal gibt es nichts Schöneres, als herumzujammern und sich zu beklagen. Für den, der es tut. Für den anderen allerdings gibt es nichts Langweiligeres! Wann immer Leute zusammenkommen: die Interessantesten sind die, die am wenigsten zu meckern haben.

2. *Reden Sie nicht zu lange am Stück.* Auch hier unterliegen wir vielleicht einem Trugschluß, daß nämlich die interessantesten Menschen immer die sind, die am meisten reden. Aber wenn zwei Leute auf dem gleichen Informationsstand das gleiche erzählen sollen, dann weckt garantiert derjenige mehr Interesse, der das in wenigen, treffenden Sätzen tut! (Es sei denn, Sie sind ein begnadeter Geschichtenerzähler, wenn nicht, lassen Sie andere erzählen!)

3. *Regen Sie sich nicht über Dinge auf, die Ihren Partner kalt lassen.* Jeder hat etwas, worüber er sich stundenlang aufregen könnte: «Diese Idioten» von nebenan… «die Typen» in der Regierung…, «das dumme Grinsen» des Kollegen…, «immer regnet es am Wochenende»…, «die Autofahrer spinnen alle»… und so weiter. Wenn Ihr Partner genauso denkt und sogar noch eins draufsetzt, kann diese Schimpferei herrlich sein – und sie verbindet! Wenn aber nicht… Vorsicht! Die Regel heißt: Alleine fluchen ist langweilig! Es ist so. Ich weiß das auch aus eigener Erfahrung, denn meinen Mann regt eigentlich nichts wirklich auf, nur wenn ich wegen irgend etwas losschimpfe, und schlimmer noch: Es langweilt ihn zu Tode!

4. *Reden Sie nicht über sich selbst.* Das klingt jetzt vielleicht hart, und: warum denn nicht, gerade gestern ist mir was Tolles/Schlimmes passiert… Ach ja? Kennen Sie auch diese Leute, die jedes Gesprächsthema nur als Stichwort nehmen, um von sich zu reden? Finden Sie das faszinie-

rend oder interessant? Ich auch nicht... Versuchen Sie zumindest, so wenig wie möglich über sich selbst zu reden, es sei denn, es fordert Sie jemand pausenlos dazu auf – was Sie wiederum langweilen könnte...

5. **Erzählen Sie nicht immer das gleiche.** Ich habe auch meine Lieblingsthemen und Lieblingswitze und Lieblingspointen: meine wunderbarsten Kinder, den besten Chef der Welt etc. Wer von uns hat die nicht? Okay, erzählen Sie diese Knaller einmal, und gehen Sie sicher, daß Sie das nächste Mal in gleicher Runde nicht über Ihren Chef sprechen (in gleicher Runde heißt natürlich verschärft: in der gleichen Beziehung, also mit Ihrem leidgeprüften Partner...)!

6. **Reden Sie nicht unaufgefordert über Themen, die nur Sie faszinieren.** Sie machen sich nicht interessanter, nur weil Sie über etwas mehr Bescheid wissen als Ihr Partner. Vielleicht wüßte er ja auch mehr, wenn es ihn interessieren würde. Und er würde Sie gewiß auffordern, ins Detail zu gehen, wenn Sie eine fanatische Anglerin wären und alles wüßten über Forellenzucht und Fliegenfischerei, wenn er es wirklich auch wissen wollte.

7. **Sagen Sie nicht zu oft: Keine Ahnung.** Wenn Sie interessant sein wollen, halten Sie sich auf dem laufenden, verfolgen Sie den Stand der öffentlichen Debatte, lesen Sie meinetwegen Klatschgeschichten oder surfen Sie im Internet in den Börsennews, egal! Aber nichts ist langweiliger als ein Gesprächspartner, der immer abwinkt: «Weiß ich gar nicht..., kenn' ich nicht..., hab' ich nicht gelesen...»

8. **Keine alten Kamellen.** Das ist in gewissem Sinne die Kehrseite von «Keine Ahnung»: Sie können über alles mitreden und tun das auch, und zum hundertsten Mal kommen Sie in vertrauter Runde auf dieses hochgekochte aktuelle Topthema, und jeder sagt zum hundertsten Mal, was er darüber denkt, oder wiederholt, was

vorgestern in allen Zeitungen stand. Versuchen Sie diejenige zu sein, die etwas Neues dazu sagt, wenigstens jedes zehnte Mal etwas Neues. Und hier hätten wir eine wunderbare Gelegenheit, von uns selbst zu reden: was uns höchstpersönlich zu all dem einfällt... Wenn das nichts Neues wäre!

9. **Vergessen Sie nicht, daß auch die Zukunft Interessantes bringen kann.** Neues ist wie gesagt immer interessant. Machen Sie Pläne, wecken Sie Vorfreude, regen Sie Veränderungen an. Je mehr Sie mit solchen Themen in der Beziehung aufwarten können, desto interessanter sind Sie auch für Ihren Partner.

10. **Vergessen Sie nicht, Fragen zu stellen.** Zu guter Letzt: Auch Fragen, die Sie haben und die Sie erkennbar ernsthaft haben (kein vorgetäuschtes Interesse!), machen Sie interessant für Ihr Gegenüber: Sie zeigen Anteilnahme oder gar Bewunderung für das, was er tut oder denkt, wollen etwas dazulernen, und Sie zeigen, daß Sie Ihren Partner augenscheinlich sehr interessant oder aufregend finden...

Der zweite Grundsatz hängt mit dem Interessantsein eng zusammen: das Lebendigsein. Erinnern Sie sich noch an dieses Gefühl, mit jeder Faser lebendig zu sein, als Sie frisch verliebt waren? Daß Sie damals, egal in welchem Alter, herumgealbert haben, spontanen Einfällen nachgegeben haben, sich auch äußerlich verändert und verjüngt haben? Alles war das Gegenteil von Routine, von Altbekanntem, von Festgefahrenem. Heute so, morgen anders, übermorgen wieder anders. Deshalb haben Sie sich lebendig gefühlt, und da liegt auch das Problem, das viele Paare haben, je länger sie zusammen sind: Lebendig sein heißt eingefahrene Bahnen zu verlassen, Neues zu riskieren. Viele Paare haben sich aufeinander eingespielt, haben dabei Federn gelassen und sind ganz froh, daß sie Sicherheit haben: Man weiß, was man wie zu tun hat, die Sache läuft, und beide haben etwas davon – ob im Bett oder in der Küche.

Wenn ich Sie jetzt zu Veränderungen auffordere, dazu, Neues auszuprobieren und etwas zu riskieren (es könnte ja auch ein Desaster werden!), heißt das nicht, daß ich Unruhe in Ihr Leben bringen will. Sie haben genug zu tun, eigentlich keine Zeit zu verschenken und anderes im Kopf, als chinesisch kochen zu lernen oder die Wohnung umzuräumen. Das sollen Sie auch gar nicht (obwohl es nicht schaden kann!). Sie sollen keine Unruhe in Ihr Leben bringen, sondern Lebendigkeit. Das können Sie schon durch eine Haltung, die signalisiert: Ich bin offen für Neues, ich klebe nicht an Prinzipien, ich habe nichts gegen Veränderungen. Diese Haltung ist im Grunde eine Variante zu dem, was Sie ausstrahlen, wenn Sie sich interessant machen für andere und sich selbst auch interessieren.

Das ganze Rätsel einer leidenschaftlichen Beziehung können Sie also lösen. Sie stehen nicht länger hilflos vor mysteriös abhanden gekommenen Gefühlen, sondern können bei Kleinigkeiten im Alltag beginnen, wieder lebendig zu sein. Und weckt nicht alles, was lebt, Erwartungen? Weil Lebendiges sich verändert, sich entwickelt, Überraschungen birgt, uns fordert und belohnt. Sie sind eine Beziehung miteinander eingegangen und haben sich drei Versprechen gegeben: Offenheit, Respekt, Leidenschaft. Jetzt, wenn Sie die Liebeskiller abgewehrt und Ihrer Beziehung wieder eine Chance gegeben haben, ist es Zeit, diese drei Versprechen zu erneuern und einzulösen.

12

Zum Schluß

Die Liebe ist gekommen, um zu bleiben

Sie halten an Ihrer Liebe fest, und ich kann Ihnen nur gratulieren! Oder ging es Ihnen bei der Lektüre dieses Buches wie dem Medizinstudenten, der sich so gründlich in alles hineinversetzte, was er zu lernen hatte, daß er beim Fach Gynäkologie Symptome von Brustkrebs entwickelte? Natürlich haben auch Männer eine Brust, und es gibt diese bösartigen Tumore, aber Brustkrebs bei Männern ist doch hochgradig unwahrscheinlich.

Nichtsdestotrotz, es ist ein bekanntes Phänomen, daß man bei jedem Liebeskiller, den man sich genauer im Hinblick auf die eigene Beziehung anguckt, das Gefühl hat, daß er zutrifft. Haben Sie tatsächlich mehr als eine oder zwei konkrete Schwachstellen Ihrer Beziehung diagnostiziert, an denen Sie arbeiten müßten? Dann können Sie folgendes zur Überprüfung tun:

Erinnern Sie sich daran, was ich eingangs zur Reihenfolge der Liebeskiller gesagt habe. Ich habe sie mit gutem Grund so gewählt: nach Wahrscheinlichkeit und Häufigkeit des Auftretens, nach der Reichweite und Besonderheit der Symptome – die Auswirkungen von Nr. 1, die Grundversorgung zu vernachlässigen, sind z.B. allgemeinster Art und können alle Bereiche der Beziehung beeinträchtigen – und schließlich nach Aufwand und Einfachheit der Behandlungsmethoden. So ist es fast logisch, daß Sie, wenn es an dieser Stelle hakt, das Gefühl haben, viele anderen Bereiche sind auch nicht in Ordnung. Aber wenn Sie Nr. 1 auskurieren, haben Sie sozusagen mehrere Fliegen mit einer Klappe erwischt. Halten Sie sich also bei der Aufarbeitung Ihrer Beziehung strikt an die von mir vorgegebene Reihenfolge: vom Allgemeinsten zum Besonderen (denken Sie an das liegengebliebene Auto: Erst checken, ob der Tank leer ist, bevor Sie den Mechaniker holen).

Was auch ganz wichtig ist: Konzentrieren Sie sich auf eine Sache zur Zeit, die Sie verändern und verbessern möchten, und vergessen Sie unterdessen den ganzen Rest; der Ihnen vielleicht auch noch problematisch scheint! Der positive Effekt, den Sie an einem Punkt erzielen, wird nämlich mit Sicherheit auf andere ausstrahlen, so daß der Berg, den Sie vielleicht vor sich sehen, immer kleiner wird, je näher Sie ihm kommen.

Paare, die ich auf ihrem Weg zur Heilung begleitet habe, stellen oft die Frage, ob sie überhaupt richtig gehen, wie weit es noch ist, ob sie ihr Ziel überhaupt jemals erreichen werden. Sie möchten Fortschritte machen und sind zugleich verunsichert, ob ihr Gefühl sie nicht trügt, ob sie überhaupt Fortschritte machen können.

Diese grundsätzlichen Zweifel kann ich Ihnen nicht nehmen, das kann niemand als Sie selbst! Vertrauen Sie hier ganz auf Ihr Gefühl: Haben Sie eigentlich schon längst die Beziehung verlassen? Und haben Sie diese Entscheidung gefällt, weil Sie nur noch Reste von Ihrer einstigen Liebe zum Partner fühlen, die aber zu brüchig sind, um darauf aufzubauen? Ich habe die Erfahrung gemacht, daß Paare, die schon an Liebeskiller Nr. 1 scheitern, die es nicht schaffen, sich auf die allgemeinste Zuwendung und Liebe zu besinnen, daß diese Paare in der Tat bereits auf dem Weg zur Trennung sind.

Wenn Sie auf dem anderen Weg sind und aufeinander zugehen, dann *werden* Sie Fortschritte machen! Das merken Sie zum Beispiel ganz einfach daran, daß Sie nach einer gewissen Zeit die diagnostischen Fragen anders beantworten als jetzt, zum Zeitpunkt der ersten Lektüre. Und ob Sie genügend Fortschritte machen? Auch das ist eine Frage, die mir häufig gestellt wird. Aber darum geht es gar nicht! Wenn Sie nur irgendeinen Fortschritt machen, ist das schon viel. Liebe hat letztlich ihre eigenen Regeln, und wenn Sie ernsthaft und mit gutem Gefühl an Ihrer Liebe zum Partner festhalten wollen und auf sie vertrauen, dann wird sie ihren Weg gehen: den Weg, der für Sie richtig ist, und in dem Tempo, das für Sie stimmt. Und eines Tages werden Sie wissen, ob Sie es geschafft haben – ob Sie von dem Ausgangspunkt: «Ich liebe meinen Partner eigentlich, aber in unserer Beziehung läuft nichts mehr» zu folgendem Satz gelangt sind: «Ich liebe meinen Partner, und diese Liebe ist auch in der Beziehung aufgehoben.»

Biographie

Mira Kirshenbaum, geboren 1945, ist Psychotherapeutin, Familientherapeutin und Direktorin am Chestnut Hill Institute in Massachusetts. Sie ist seit fünfunddreißig Jahren verheiratet und lebt mit ihrem Mann in Boston.